北京文化书系
红色文化丛书

北京红色先驱

中共北京市委宣传部
中共北京市委党史研究室　组织编写

张春丽　主　编

北京出版集团公司
北京出版社

图书在版编目（CIP）数据

北京红色先驱 / 中共北京市委宣传部，中共北京市委党史研究室组织编写；张春丽主编. — 北京：北京出版社，2020.4
（北京文化书系. 红色文化丛书）
ISBN 978-7-200-15120-6

Ⅰ.①北… Ⅱ.①中… ②中… ③张… Ⅲ.①英雄—生平事迹—北京 Ⅳ.①K820.81

中国版本图书馆CIP数据核字（2019）第193316号

北京文化书系　红色文化丛书
北京红色先驱
BEIJING HONGSE XIANQU

中共北京市委宣传部
中共北京市委党史研究室　组织编写

张春丽　主编

*

北京出版集团公司
北京出版社　出版
（北京北三环中路6号）
邮政编码：100120

网　　址：www.bph.com.cn
北京出版集团公司总发行
新　华　书　店　经　销
北京华联印刷有限公司印刷

*

787毫米×1092毫米　16开本　15.75印张　236千字
2020年4月第1版　2020年4月第1次印刷
ISBN 978-7-200-15120-6
定价：168.00元
如有印装质量问题，由本社负责调换
质量监督电话：010-58572393

"北京文化书系"编委会

主　　　任　杜飞进

副 主 任　赵卫东

顾　　　问　（按姓氏笔画排序）
　　　　　　于　丹　刘铁梁　李忠杰　张妙弟　张颐武
　　　　　　陈平原　陈先达　赵　书　宫辉力　阎崇年
　　　　　　熊澄宇

委　　　员　（按姓氏笔画排序）
　　　　　　王杰群　王学勤　刘军胜　李　良　李春良
　　　　　　杨　烁　余俊生　宋　宇　张　维　张　淼
　　　　　　陈　冬　陈　宁　陈名杰　赵靖云　钟百利
　　　　　　唐立军　谈绪祥　康　伟　韩　昱　程　勇
　　　　　　舒小峰　翟立新

"红色文化丛书"编委会

主　　　编　李忠杰

执 行 主 编　李　良　刘　岳

执行副主编　陈志楣　范登生　张恒彬　运子微

编　　　委　邵维正　柳建辉　关海庭　黄如军　包国俊
　　　　　　杨凤城　王树荫　公方彬　周良书　赵小卫
　　　　　　李　方　秦德占　陈洪玲　刘晓宝　林小波
　　　　　　胡献忠　曹　英　张春丽　黄延敏　孙希磊
　　　　　　张守连　孟繁华　高杨文　张　彬

编委会办公室
　　　　　　主　任　刘　岳（兼）
　　　　　　副主任　曹　楠　宋传信
　　　　　　成　员　方东杰　黄迎风　高俊良
　　　　　　　　　　王桂环　祁　霄

本 书 作 者　张春丽　丁盘龙　刘文晴　袁　昕　刘妮妮

"北京文化书系"
序言

文化是一个国家、一个民族的灵魂。中华民族生生不息绵延发展、饱受挫折又不断浴火重生，都离不开中华文化的有力支撑。北京有着三千多年建城史、八百多年建都史，历史悠久、底蕴深厚，是中华文明源远流长的伟大见证。数千年风雨的洗礼，北京城市依旧辉煌；数千年历史的沉淀，北京文化历久弥新。研究北京文化、挖掘北京文化、传承北京文化、弘扬北京文化，让全市人民对博大精深的中华文化有高度的文化自信，从中华文化宝库中萃取精华、汲取能量，保持对文化理想、文化价值的高度信心，保持对文化生命力、创造力的高度信心，是历史交给我们的光荣职责，是新时代赋予我们的崇高使命。

党的十八大以来，以习近平同志为核心的党中央十分关心北京文化建设。习近平总书记作出重要指示，明确把全国文化中心建设作为首都城市战略定位之一，强调要构建涵盖老城、中心城区、市域和京津冀的历史文化名城保护体系，更加精心保护好世界遗产，加强对"三山五园"、名镇名村、传统村落的保护和发展，加强对文物、优秀近现代建筑、工业遗产、非物质文化遗产的保护，凸显北京历史文化的整体价值，强化"首都风范、古都风韵、时代风貌"的城市特色。习近平总书记的重要论述和重要指示精神，深刻阐明了文化在首都的重要地位和作用，为建设全国文化中心、弘扬中华文化指明了方向。

2017年9月，党中央、国务院正式批复了《北京城市总体规划（2016年—2035年）》。新版北京城市总体规划明确了全国文化中心建设的时间表、路线图。这就是：到2035年成为彰显文化自信与多元包容魅力的世界文化名城；到2050年成为弘扬中华文明和引领时代潮流的世界文脉标志。这既需要修缮保护好故宫、长城、颐和园等享誉中外的名胜古迹，也需要传承利用好四合院、胡同、京腔京韵等具有老北京地域特色的文化遗产，还需要深入挖掘文物、遗迹、设施、景点、语言等背后蕴含的文化价值。

组织编撰"北京文化书系"，是贯彻落实中央关于全国文化中心建设决策部署的重要体现，是对北京文化进行深层次整理和内涵式挖掘的必然要求，恰逢其时、意义重大。在形式上，"北京文化书系"表现为"一个书系、四套丛书"，分别从古都、红色、京味和创新四个不同的角度全方位诠释北京文化这个内核。丛书共计48部。其中，"古都文化丛书"由20部书组成，着重系统梳理北京悠久灿烂的古都文脉，阐释古都文化的深刻内涵，整理皇城坛庙、历史街区等众多物质文化遗产，传承丰富的非物质文化遗产，彰显北京历史文化名城的独特韵味。"红色文化丛书"由12部书组成，主要以标志性的地理、人物、建筑、事件等为载体，提炼红色文化内涵，梳理北京波澜壮阔的革命历史，讲述京华大地的革命故事，阐释本地红色文化的历史内涵和政治意义，发扬无产阶级革命精神。"京味文化丛书"由10部书组成，内容涉及语言、戏剧、礼俗、工艺、节庆、服饰、饮食等百姓生活各个方面，以百姓生活为载体，从百姓日常生活习俗和衣食住行中提炼老北京文化的独特内涵，整理老北京文化的历史记忆，着重系统梳理具有地域特色的风土习俗文化。"创新文化丛书"由6部书组成，内容涉及科技、文化、教育、城市规划建设等领域，着重记述新中国成立以来特别是改革开放以来北京日新月异的社会变化，描写北京新时期科技创新和文化创新成就，塑造北京人民勇于创新、开拓进取的时代风貌。

为加强对"北京文化书系"编撰工作的统筹协调，成立了以"北京文化书系"编委会为领导、四个子丛书编委会具体负责的运行架构。"北京文化书系"编委会由中共北京市委常委、宣传部部长杜飞进同志担任主任,中共北京市委宣传部常务副部长赵卫东同志担任副主任,由相关文化领域权威专家担任顾问,相关单位主要领导担任编委会委员。原中共中央党史研究室副主任李忠杰、北京市社会科学院研究员阎崇年、北京师范大学教授刘铁梁、北京大学文化资源研究中心主任张颐武分别担任"红色文化""古都文化""京味文化""创新文化"丛书编委会主编。

在组织编撰出版过程中,我们始终坚持最高要求、最严标准,突出精品意识,把"非精品不出版"的理念贯穿在作者邀请、书稿创作、编辑出版各个方面各个环节,确保编撰成涵盖全面、内容权威的书系,体现首善标准、首都水准和首都贡献。

我们希望,"北京文化书系"能够为读者展示北京文化的根和魂,温润读者心灵,展现城市魅力,也希望能吸引更多北京文化的研究者、参与者、支持者,为共同推动全国文化中心建设贡献力量。

"北京文化书系"编委会

2019年9月

"红色文化丛书"
序言

北京是千年古都,有着丰厚的文化积淀。1949年伴随着中华人民共和国成立的脚步,北京获得新生。改革开放以来,北京文化得到新的更大发展。党的十八大以后,以习近平同志为核心的党中央进一步明确了北京作为全国政治中心、文化中心、国际交往中心、科技创新中心的战略定位,不仅为整个首都建设,也为北京的文化建设指明了方向、增强了动力。

为了深入挖掘北京文化内涵、推进全国文化中心的建设,中共北京市委决定编纂"北京文化书系"。书系包括"古都文化、红色文化、京味文化、创新文化"4个系列。按照市委要求和市委宣传部部署,由市委党史研究室负责,由我当主编,组织有关部门和单位的专家学者编纂了"红色文化丛书"。这是整个书系的一个重要组成部分。

对本套丛书,首先需要做几点总体上的说明和介绍。

一、北京红色文化的内涵和外延

编纂"红色文化丛书",首先要界定北京红色文化的内涵和外延,这样才能确定写什么、怎样写。

文化,作为人类改造客观世界和主观世界的活动及其成果的总和,始终伴随着人类的活动而生成、发展,从而不断展现出五彩斑斓的色彩。当代中国文化,源自于中华优秀传统文化,熔铸了中国共产党领导人民在革命、建设、改革中创造的革命文化和社会主义先进文化,到当代,本质上成为中国特色社会主义文化。如果以颜色作为象征，总体上可以说是一种以红色为基调的文化；而中国共产党培育、形成和展现的文化，则是一种比较完全意义上的红色文化。这是广义上的红色文化。

但在本套丛书中，我们对红色文化做了狭义上的界定，即将红色文化限定于主要在1949年前由中国共产党培育、形成和展现的革命文化。这样界定，主要是为了尊重文化自身内容的多样性和复杂性，避免过于宽泛造成内容上的庞杂，也为了更加突出不同时期文化的主要特点。否则，北京红色文化就会像一个硕大无比的筐子，什么都能往里装了。

因此，本套丛书所说的北京红色文化，主要是指1921年中国共产党成立至1949年中华人民共和国成立之间，中国共产党在北京地区领导人民群众为争取民族独立、人民解放而斗争所培育、形成和展现的革命文化。往前，回溯到五四运动前后红色文化的萌发；往后，延伸到新中国成立后到1966年前所创作的反映新民主主义革命的主要作品、建筑，如人民英雄纪念碑等。

无论广义还是狭义，红色文化都是中国共产党"为中国人民谋幸福、为中华民族谋复兴"的初心和使命的重要体现，都是在实现这一初心和使命的历程中培育、形成、发展和完善起来的重要成果。而北京红色文化，则是这一初心和使命在北京区域内的体现和反映。

北京红色文化与中共北京历史有着紧密的联系。北京红色文化，是中国共产党在北京的活动、工作、斗争中培育、形成和展现出来的。因此，写北京红色文化，当然要写中共北京历史。但党史又不能完全等同于文化。所以，本套丛书安排几本书梳理和介绍了北京地区党的组织和活动，展示了党在北京地区英勇和复杂的斗争。但撰写这些历史，不是简单地写历史，而是重在反映这些历史中的文化和精神，努力体现贯串其中的北京红色文化。因此，这些历史与标准的党史著作是有区别的。

二、北京红色文化的特殊地位

北京红色文化不是孤立的地域文化,而是党和国家整个红色文化中一个特殊的重要组成部分。

中国共产党这艘红船,在上海制造,在南湖起航。追根溯源,首先是在北京孕育的。北京地区的党组织,是中国共产党的地方组织,但在某些时期也超出了地方的范围。如李大钊领导的北方区委,曾负责当时北方十几个省、区、市党的工作。北京发生的许多事件,如五四运动、一二·九运动等,都对全国产生了重大影响,起到了引领作用。

特别是1949年1月北平和平解放后,中共中央决定定都北平,随即"进京赶考",从西柏坡迁驻香山,9月正式入驻中南海。在此期间,党中央、毛泽东运筹帷幄,指挥夺取了中国革命的最后胜利;筹备和召开中国人民政治协商会议,建立了中华人民共和国。北京的历史翻开了新的一页,中国的历史也翻开了新的一页。所以,从1949年初起,北平就实际上发挥了首都的作用。新中国成立之后,北京作为中华人民共和国的首都,围绕大局,服务中央,一直到今天,都发挥着特殊的作用。

所以,北京是地方的北京,但也是全国的北京。北京的红色文化,既具有地域性,也具有全局性。北京的红色文化,在党和国家整体的红色文化中,发挥着一定程度上全局性的作用;对全国的红色文化建设,也在一定程度上发挥着典型、示范和引领的作用。

所以,我们撰写"红色文化丛书",既坚持立足于北京,又坚持着眼于全党全国,把北京红色文化放在全局中来认识和撰写,不仅充分反映党中央对于北京党组织和北京地区革命斗争的领导,而且反映党中央在北京对于全国革命斗争的领导和指挥。同时,又充分反映北京地区革命斗争的实际,充分反映北京地区革命斗争在全局中发挥的特殊作用,从而正确地反映北京红色文化与党和国家整体红色文化的关系。

三、北京红色文化的形态和表现

文化有物质和非物质两类基本形态。所以，北京红色文化，既包括精神领域的红色文化，也包括物质形态的红色文化。这种物质形态的红色文化，就是指蕴含在这些物质形态之中，以物质形态表现出来的红色精神文化。比如中共中央在香山的办公旧址，表现为物质形态，但包含有丰富的文化内容。所以，我们将北京的红色遗存、红色地标等均纳入了北京红色文化的范围。

物质形态的北京红色文化，主要有3类。

第一类，是红色地标。在本套丛书中，我们提出了"红色地标"的概念。所谓红色地标，就是指北京区域内具有地标性的红色遗址遗迹和纪念建筑。一般来说，每个城市都会有自己的地标性建筑。但很多北京的地标，不仅是北京的地标，而且是全国性的地标。如北大红楼、卢沟桥、天安门广场、国家博物馆、毛主席纪念堂等，它们有些是原先就有的，有的是1949年之后建立起来的。这些地标性建筑，都具有特别重大的意义，甚至从某个角度可以代表中国共产党、代表中华人民共和国。

第二类，是红色遗址遗迹。主要是除红色地标外反映革命斗争历史和精神的大量遗址遗迹。红色地标不少也是遗址遗迹，但因为其特别重要，就单列出来了。除此之外的大量红色遗址遗迹，也蕴含着丰富的红色文化。所以我们也在本套丛书里做了研究、介绍和展示。其中不少已经被列入不同级别的文物保护名录，有的还没有被列入。北京党史部门曾对这些遗址遗迹做过调查，特别是曾按中共中央党史研究室的统一部署，做过一次大规模的全面普查，这次在本套丛书里进一步加以反映。所有这些遗址遗迹，都是北京红色文化的重要载体。

第三类，是可移动红色文物。包括红色文献，如党创办的很多杂志、出版的各种书籍；红色艺术品，如木刻、标语、宣传画、摄影作品等。1949年及之后设计的国旗、国徽也是红色艺术品。它们具有可移动性的物质形态，也是北京红色文化的重要载体。

其实还有一类，兼具物质形态和非物质形态。主要是红色的文学作品、音乐作品、戏剧作品、舞蹈作品、电影作品、民间文艺等。就其内容和表现形式而言，应该属于非物质文化形态，但它们也以一定的物质形态存留于世。其中有的是原生态的历史作品，也有的是1949年后创作的反映1949年前革命斗争的作品。

精神领域的北京红色文化，主要是指在长期革命斗争中表达和反映的思想、理论、路线、政策、主张、观点、口号、精神、规范、要求、价值取向、道德要求等等。它们总体上都可以归入红色文化的范畴。如果直接在北京区域内形成和表现出来的，就是北京红色文化。

这类北京红色文化，也是非常丰富的。本套丛书主要展示和论述了一系列革命精神，用以集中反映北京在精神领域的红色文化，如五四精神、抗战精神等。每一本书都有从不同侧面的展示，在《北京红色文化概述》里又做了集中的分析论述。

四、北京红色文化的作用和价值

文化是一个国家、一个民族的灵魂。文化的发展繁荣与国家民族的命运紧紧联系在一起。北京的文化建设不仅与北京的发展紧紧联系在一起，而且在全国的文化建设和中国特色社会主义的建设中都起着重要的作用。

北京红色文化是北京文化的重要组成部分，同样具有十分重要的作用和价值。

从时间长度上来说，北京红色文化，既在新民主主义革命的过程中具有重要的价值，发挥了重要的作用，又对1949年后的革命、建设、改革具有基础性、延续性、灵魂性的价值和影响，一直发挥并将继续发挥重要的作用。

从空间维度上来说，北京红色文化既对北京地区的革命、建设、改革有着重要的价值，发挥着重要的作用，又因为其居于首都地位，所以对党和国家的全局发挥着重要的作用，对全国的红色文化建设起着引领和示范的作用。

对于历史而言，本套丛书将北京红色文化的作用概括为：传播马列主义，解答中国问题；认知基本国情，选择革命道路；加强政治宣传，动员鼓舞群众；团结进步力量，壮大统一战线；引领革命洪流，助推全国胜利。

对于现实而言，本套丛书将北京红色文化的时代价值概括为：传承红色基因，弘扬社会主义核心价值观；挖掘红色文化，助力全国文化中心建设；厘清历史真相，反击历史虚无主义；开发红色资源，促进地区经济社会发展。

这些提炼和概括，是在《北京红色文化概述》作者和编委会认真研究的基础上形成的，代表了我们整个团队对北京红色文化作用和价值的认识。

五、北京红色文化与其他文化的关系

"北京文化书系"包括"古都文化、红色文化、京味文化、创新文化"4个系列4套丛书。因此，编纂"红色文化丛书"，除了界定北京红色文化的定义和范围之外，还必须厘清和处理好其与古都文化、京味文化、创新文化的关系。

古都文化，是一种传统文化，而且是一种以古都为特点的传统文化。古都文化当然不是红色文化。但是红色文化多少也吸收和传承了古都文化的某些因子。作为京城、古都，北京长期居于国家政治、文化的中心地位。因此，那种天下观念、家国情怀、宽广视野，对于许多革命家在北京出发、许多历史事件在北京发生、中国共产党在北京孕育、新中国在北京诞生，都起了重要的作用。作为中华人民共和国的首都，北京不仅是全国的政治中心，也是全国的文化中心。北京文化是首都文化。长期形成的都市建设理念，对北京红色地标的规划、布局和建设也产生了深刻的影响。所以，北京红色文化在很多方面传承了中国传统文化的精华，也包括古都文化中的某些思想养分。

京味文化，是兼具都城性、生活性和民间性的一种文化。北京红色文化，运用了京味文化的很多形式，如戏剧、书画、礼仪、节庆、服饰、民俗、工艺、饮食等。中国共产党在革命、建设、改革中都利用其从事宣传、动员、教育（如统一战线、党的建设、武装斗争），产生了明显的效果。比如，党中央、毛泽东在到达北平的第一天，就会见了民主党派负责人和其他民主人士，并在颐和园设宴招待和餐叙，这既是饮食，也是礼仪，既是生活，也是政治。北京红色文化，在相当程度上渗入、影响和改造了京味文化。比如，1949年，中国共产党接管北平之后，在忙于一系列重大政治、军事事务的同时，立即着手整理市容、收容乞丐、封闭妓院，从而初步清除了传统京城的糟粕，改造了某些低俗的城市文化。

创新文化，是改革开放以来提出和突出强调的新型文化。作为中国共产党提出和确立的战略要求，创新文化甚至在广义上也是一种红色文化。两者在很多方面有着内在的联系、内在的共性。红色文化应该是一种富于创新的文化，创新文化也包含着红色文化的基因。但同时，我们也懂得，文化是一种庞大的社会历史现象，具有非常明显的多样性和复杂性。其中包含着非常众多的子文化、亚文化，也会有非常众多和不同的色彩。没有必要给所有的文化都贴上一个红色或非红色的标签。所以，北京红色文化与北京创新文化是并行不悖的。两者互相促进、互相交融，共同丰富和发展着北京文化，共同构成全国文化中心建设的重要内容，共同为北京"四个中心"与国际一流的和谐宜居之都建设发挥重要作用。

六、"红色文化丛书"的框架和特点

基于上述观点、分析和考虑，"红色文化丛书"一共包含12本著作，分别是《北京红色文化概述》《北京的红色觉醒》《北平抗战的红色脊梁》《迎接北平的红色黎明》《新中国在这里诞生》《北京红色先驱》《北京学府的红色文化》《北京红色地标》《北京红色遗存》《北京红色文艺》《北京红色出版》《北京红色设计》。

这12本书所写的内容和角度并不完全一样。《北京的红色觉醒》《北平抗战的红色脊梁》《迎接北平的红色黎明》《新中国在这里诞

生》,主要按时间顺序,分4段介绍了不同时期党在北京的活动及其形成和发展的红色文化。今年是中华人民共和国成立70周年,这几本书连贯回答了中华人民共和国从何而来的问题。特别是《新中国在这里诞生》,集中介绍了中共中央在香山及到中南海筹划建立中华人民共和国的主要过程,对我们重温中共中央在香山的历史,从中汲取力量和智慧很有帮助。这4本书,均是以北京党史为基础,但又着重从文化的角度切入和贯通。党史叙事是研究和介绍北京红色文化的前提和基础。如果不说明党在北京的活动和工作,就无法说明北京的红色文化。当然,如果简单地重复党史而忽略红色文化的形成和发展,那就是党史而不是红色文化了。

《北京红色先驱》分别介绍了在北京革命斗争中涌现的著名人物和英烈模范。没有以他们为代表的共产党人和志士仁人,北京红色文化就无从产生。这些先驱,既有个体,也有群体,都是北京红色文化的创造者、体现者和代表者。

《北京学府的红色文化》集中介绍和展示了北京大、中、小学校中党的活动及其体现的红色文化。北京是学校特别是高校最集中的地区。北京学府在中共党史和中国革命史上发挥了特殊的作用。以往介绍各个学校的革命斗争史,都是一个一个学校单个研究和介绍的。但这次,我们首先把各个学校打通和整合起来,从整体上介绍北京学府红色文化的形成、发展、内容和特点。这种写法虽然要困难得多,但体现了北京学府红色文化的整体性和统一性。

《北京红色地标》《北京红色遗存》反映的是红色物质文化遗产。它们代表了北京红色文化的一个重要类别,着重介绍了具有地标意义的红色遗址遗迹、重要建筑和纪念设施。不仅介绍了有关这些建筑设施的红色历史,还从建筑学和美学的角度介绍和分析了建筑设计上的特点。突出红色地标,这是红色文化研究的一个创新,也是北京红色文化的一个重要特色。

《北京红色文艺》《北京红色出版》《北京红色设计》分别展示了北京红色文化的几个重要领域和类型。其中的红色出版和红色设计在党史研究中是个创举。迄今的党史著作，都是在叙述党史过程时提到这种或那种杂志、报纸或书籍。但它们的具体情况如何，中国共产党到底出版过哪些报纸、杂志和书籍，均语焉不详。《北京红色出版》首次做了集中研究和介绍。虽然只是北京地区的出版物，但仍然具有开创性的意义。《北京红色设计》更是一种新的探索和突破。它从艺术设计的角度介绍了一批建筑、雕塑、书刊、纪念物品、徽章标识中的红色文化，令人耳目一新，具有很强的知识性。

在这些单项著作的基础上，《北京红色文化概述》一书从整体上概述了北京红色文化的形成和发展、土壤和条件；物质形态的北京红色文化、精神层面的北京红色文化、北京红色文化的本质特点、北京红色文化的传承和发展、北京红色文化的时代价值、通过弘扬北京红色文化推进新时代新北京的建设等。这本书兼具历史概述和理论分析，集中回答了"北京红色文化是什么、有哪些"的基本问题。

所有这12本书，由于内容、角度不同，体例和风格上也有不同。我们一直努力保持体例和风格的统一，但很难完全统一，只能从实际出发，发挥各自的特色。不同角度、不同写法、不同风格，正好可以起到互补和整合的作用。

七、"红色文化"工程的实施和推进

编纂"红色文化丛书"，是北京市委的决定和部署，是贯彻落实习近平总书记对于北京首都建设和文化建设重要指示的重要举措。丛书编委会和所有作者，特别是负责单位市委党史研究室，都不断增强"四个意识"、坚定"四个自信"、做到"两个维护"，从政治和大局的高度对待这项工作，勇于担当负责，积极主动作为，努力完成市委交代的任务。

从接受任务开始，编委会就制订了严密的工作计划，以钉钉子精神抓工作落实，一环紧扣一环、一步紧跟一步，稳步有序地把这项工程推向前进。从设计方案到选择作者，从确定选题到拟订提纲，从写出初稿到反复修改，从多次审议到最后统稿，从专家审核到编辑介入，每一个环节都召开专门会议，提出要求，落实措施，明确要求，规定时间，有布置、有检查、有落实。市委党史研究室从主任到有关人员，全程参与和负责，及时推进工程，及时请示汇报，及时解决问题；为每一本书都确定了联络员，随时沟通联系。各位作者深入研究，认真写作，准时完成了不同阶段的写作和修改任务。编委会成员和有关专家多次审核每一本书，认真把关，提升质量。邵维正将军年事已高，但仍坚持参加了几乎每一次会议，并审稿把关。北京出版集团全程参与，及时配备了责任编辑，提前介入图书的审阅、编辑工作。正由于所有同志的共同努力，才使得这项工程按照市委的要求及时完成。全书形成第二、第三稿后，我们还专门将全套丛书报送给十几位有名望的学者型省部级领导，请他们审阅把关、提出意见。

"红色文化丛书"具有鲜明的政治性。所以，我们首先坚持正确的政治导向，坚持以党的两个历史决议的精神为准绳，在重大历史事实、基本观点和重大结论上，与党中央保持高度一致。同时，确保史实的准确性。尽力运用原始资料，认真核对比较，吸收最新成果，深入挖掘拓展，要求作者最大限度减少错漏和不准确之处。

"红色文化丛书"也具有很强的学术性。市委明确要求打造成精品工程。所以，本套丛书从一开始就把打造精品作为基本标准，一切按精品要求来设计、写作、审核、研究、修改、编辑，不断消除与精品不符的问题。每一本书都大改了3～5次，小改更多。都是希望全方位展示北京红色文化研究的成果，努力为北京人民提供内容丰富、权威准确的北京红色文化读物，也为北京红色文化建设提供一个重要的工作基础。当然，最后完成的书稿与精品工程可能还有一定的差距，这是我们深感遗憾的地方。

"红色文化丛书"也兼顾了读者的需求，力求增加一定的生动性、可读性。根据每本书的内容和任务，我们要求语言文字上形象一点、生动一点。但实现的情况不完全一样，生动性、可读性各有差异。除了语言文字外，每本书还配了适当的照片资料。

我们希望，"红色文化丛书"能够成为向中华人民共和国成立70

周年献上的一份礼物，能够从红色文化的角度清晰展示中国共产党在领导北京地区革命斗争过程中的初心和使命，也为全党和北京市开展"不忘初心、牢记使命"主题教育提供有益的参考读物。

作为主编，我根据这套丛书研究和编纂的实际情况，对上述7个方面作出说明和介绍。希望各方面领导、群众和广大读者看了这些说明和介绍后，能够更加准确地理解北京红色文化，理解这套丛书的内容和特点。

感谢参与这套丛书、以不同方式支持这套丛书的所有人员。

李忠杰

2019年6月7日

目 录

导语 1

第一章 追求真理 敢为人先 1
——党的创建和大革命时期（1919—1927）

一、李大钊：播火者 3
二、邓中夏：骨头烧成灰，还是共产党员 12
三、缪伯英、何孟雄：英雄夫妻，以身许党 19
四、高君宇：我是宝剑，我是火花 26
五、赵世炎：志士不辞牺牲 34
六、陈乔年：党性高于一切 39
七、邵飘萍：以笔为枪的秘密共产党员 42
八、北方的红星：长辛店二七大罢工群体 49
九、取义成仁：与李大钊一同英勇就义的烈士群体 53

第二章 勇于献身 视死如归 61
——土地革命战争时期（1927—1937）

一、马骏：为信仰笑对死亡 63
二、王荷波："品重柱石"显本色 68
三、聂耳：革命音乐的开路先锋 72
四、崔显芳：京西山区撒火种 76

五、吉鸿昌：恨不抗日死 80

六、杨秀峰：从红色教授到边区主席 85

七、冲破文化"围剿"：北平左翼文化团体 88

八、监狱正气歌：草岚子共产党员群体 94

九、掀起抗日救亡高潮：一二·九运动先进分子群体 101

第三章　不畏强暴　威武不屈　109
——全民族抗战时期（1937—1945）

一、赵登禹、佟麟阁、张自忠：血洒抗日疆场 111

二、何基沣、张克侠：卢沟桥抗日先锋 114

三、魏国元：宛平抗日民主政府首任县长 118

四、邓华：平郊抗日先锋 122

五、宋时轮：开辟"红色走廊" 126

六、萧克：儒将旌指平西 129

七、董毓华：从北平学运领袖到华北抗联司令 133

八、白乙化：神奇的"小白龙" 135

九、包森：剑吼长城东 139

十、沈爽：拒当伪县长的英雄 145

十一、马福：焦庄户抗日老村长 148

十二、邓玉芬：坚强的英雄母亲 151

十三、曹火星：山坳里飞出红色的歌 155

十四、老帽山六壮士：他们的名字叫八路军 158

第四章　百折不挠　勇于胜利　161
——解放战争时期（1945—1949）

一、北平五烈士：黎明前倒下的"伪装者" 163

二、刘仁：运筹帷幄的"老头儿" 168

三、知己知彼、指挥有方：华北局城工部领导群体　　173

四、深入虎穴、不辱使命：南系学委领导群体　　180

五、梁波：平西情报站书生站长　　185

六、阎又文：恪守纪律的隐蔽典范　　190

七、永不消逝的电波：华北局城工部地下电台群体　　195

八、胜抵十万兵马：巧取偷袭西柏坡情报群体　　202

九、李炳泉：为北平和谈穿针引线　　208

十、傅冬菊：向父亲吹响解放的号角　　213

结语　　219

后记　　222

导　语

中国共产党团结带领全国各族人民经过28年浴血奋战，取得了新民主主义革命的伟大胜利。北京这座历史文化名城在凤凰涅槃中浴火重生，涌现出无数光耀史册的革命英雄人物，留下了很多感人至深的英雄事迹，汇聚成中国红色文化的滚滚洪流，激励着中华儿女向着新时代阔步迈进。

我们不会忘记那些灿若星辰的革命英雄，那些光耀日月的英雄事迹：第一个系统传播马克思主义的"播火者"李大钊，为中国引来"救世天火"，领导创建了中国共产党；第一个女共产党员缪伯英与丈夫何孟雄，这对英雄夫妻以身许党，献出了年轻宝贵的生命；五四学生运动的先锋马骏，行刑前一路高唱《国际歌》，胸怀信仰、笑对死亡；恨不抗日死的民族英雄吉鸿昌，不惜毁家纾难，志在救亡图存，临刑前发出"国破尚如此，我何惜此头"的呐喊；邓玉芬把丈夫和五个孩子送上前线战死沙场，被人民群众誉为"英雄母亲"；文武双全的抗日英雄白乙化，巧于周旋、神出鬼没，令日寇闻风丧胆，被人民群众誉为"小白龙"；不为人们熟知的老帽山六壮士，面对敌人战斗到最后一刻，毅然纵身跳下悬崖，他们共同的名字就叫八路军；恪守纪律的隐蔽典范阎又文，长期潜伏隐蔽战线开展斗争，为北平和平解放做出重大贡献……

"一寸山河一寸血，一抔热土一抔魂。"先驱的脊梁顶天立地，先驱的事迹气壮山河，先驱的精神光照未来。他们将与青山常在，与日月同辉。

《北京红色先驱》这本书，我们按照新民主主义革命阶段的历史分期，分别选取若干代表人物和英雄群体，真实地再现了红色先驱的故事，充分展示他们求索、奋斗、忠诚、牺牲的家国情怀。目的是在缅怀中唤醒我们的红色记忆，在讴歌中点燃我们心中的精神火炬。

慎终追远，陟遐自迩。中国特色社会主义进入新时代的今天，我们必须充分认清我们党"从哪里来、向何处去"的初心使命，让红色基因渗透血液、融入灵魂，沿着红色先驱的光辉足迹继续一路前行，在新的长征路上创造新的业绩。这是我们对红色先驱最好的告慰。

第一章

追求真理　敢为人先

——党的创建和大革命时期（1919—1927）

1917年春，蔡元培聘请陈独秀为北大文科学长，《新青年》编辑部随之迁到北京，北京成为新文化运动的主阵地。俄国十月革命胜利的消息传到中国，李大钊发表文章，热情讴歌，率先举起马克思主义的旗帜。1919年五四运动，促进了马克思主义在中国的传播，并涌现出一批具有初步共产主义觉悟的先进战士。他们用革命的理论去观察和分析中国问题，开始到工人群众中宣传马克思主义，为北京的共产党早期组织的成立做了准备。

　　1920年10月，北京共产党小组成立。中共北京早期组织筹建北京社会主义青年团，创办党的刊物，开展工人运动，帮助北方主要城市建立党团组织，加强与共产国际的联系，为中国共产党的成立做出重大贡献。中共北京组织还积极推动国共合作，开展国民革命运动，发动"倒段反奉"斗争，加紧在国民军中的工作，组织民众支援北伐。

　　李大钊、毛泽东、邓中夏、缪伯英、何孟雄、高君宇、赵世炎、陈乔年、邵飘萍、张太雷、罗亦农、蔡和森以及二七大罢工群体、与李大钊一同就义的烈士群体等。他们为实现民族独立、人民解放上下求索，凝练出中国共产党人的红色基因，成为中国共产党精神谱系之源。

一、李大钊：播火者

"以青春之我，创建青春之家庭，青春之国家，青春之民族，青春之人类，青春之地球，青春之宇宙。"1916年《新青年》刊载的《青春》一文，在当时青年中引起强烈反响。文章的作者，就是以再造"青春中华"为使命的李大钊。

（一）第一个系统传播马克思主义

1918年1月，经友人推荐，李大钊到北京大学担任图书馆主任。当时的北京大学，不仅是最为著名的高等学府，而且是新文化运动中

李大钊

心，为李大钊施展再造"青春中华"的抱负提供了舞台。他大刀阔斧地改革图书馆事业，以图书馆为阵地交流、传播新文化。他参加《新青年》的编辑工作，宣传民主、科学精神，抨击旧礼教、旧道德。"他和他的战友们改造旧中国的决心和激情，有力激发了当时中国青年的蓬勃朝气和进取精神。"①

俄国十月革命一声炮响，给中国送来了马克思列宁主义。俄国爆发十月革命的消息传到中国后，李大钊热情宣传讴歌。1918年7月，他发表《法俄革命之比较观》一文，认为俄国十月革命是"二十世纪初期之革命，是立于社会主义上之革命"，这与法国大革命有本质区别。他希望中国人民"对于俄罗斯今日之事变，惟有翘首以迎其世界的新文明之曙光，倾耳以迎其建于自由、人道上之新俄罗斯之消

---

① 习近平：《在纪念李大钊同志诞辰120周年座谈会上的讲话》，《人民日报》2009年10月29日第2版。

息，而求所以适应此世界的新潮流"①。

1918年10月，北大图书馆搬进新建成的沙滩红楼，一层全部作为图书馆阅览室和藏书室，主任办公室设在一层东头。从此，北大红楼成为李大钊宣传马克思主义的重要阵地。同年11月，持续4年之久的第一次世界大战以协约国的胜利告终。作为协约国的一员，北京政府宣布11月28日放假一天，以庆祝胜利。北京大学师生在天安门前和中央公园开展讲演，李大钊以《庶民的胜利》为题发表演说："这回战胜的，不是联合国的武力，是世界人类的新精神。不是那一国的军阀或资本家的政府，是全世界的庶民。"②在李大钊看来，取得第一次世界大战胜利的是全世界大多数的普通平民百姓。紧接着，李大钊又发表《Bolshevism的胜利》，为人民群众的伟大力量欢呼，宣传十月革命的胜利和意义，并大胆预言："人道的警钟响了！自由的曙光现了！试看将来的环球，必是赤旗的世界！"③

形势发展迅速，李大钊和陈独秀感到月刊形式的《新青年》杂志周期太长，不能及时反映和评论迫切的政治问题，两人商议决定创办一种小型的政治刊物与《新青年》互相配合，宣传马克思列宁主义。1918年12月22日，《每周评论》正式创刊。《新青年》主要刊登长篇文章，每月出版一次，侧重阐述马克思主义基本原理；《每周评论》刊登短篇文章，侧重评论时事政治，每周出版一次。两种杂志的宗旨都是宣传新思想，提倡新文化。

1919年元旦，李大钊在《每周评论》发表第一篇社论——《新纪元》，指出俄国十月革命为人类社会开辟了新纪元，"这个新纪元是世界革命的新纪元，是人类觉醒的新纪元。我们在这黑暗的中国，死寂的北京，也仿佛分得那曙光的一线"，"我们应该趁着这一线的光明，努力前去为人类活动，作出一点有益人类工作"④。

---

① 《李大钊全集》（第二卷），人民出版社2006年版，第226、228页。
② 《李大钊全集》（第二卷），人民出版社2006年版，第254页。
③ 《李大钊全集》（第二卷），人民出版社2006年版，第263页。
④ 《李大钊全集》（第二卷），人民出版社2006年版，第268页。

五四运动后，马克思主义宣传进一步扩大。1919年9月出版的《新青年》第6卷第5号是由李大钊主编的"马克思研究号"，刊发8篇介绍马克思主义的文章。其中，他撰写的《我的马克思主义观》（分上下两部分，下部分于同年11月在第6号上刊出）一文，从唯物史观、经济学说和社会主义理论3个方面系统地介绍马克思主义学说，文中还节译《哲学的贫困》《共产党宣言》《〈政治经济学批判〉导言》的主要部分，阐述他对马克思主义的理解。他指出，马克思主义的唯物史观有两个要点：一个是"一切社会上政治的、法制的、伦理的、哲学的，简单说，凡是精神上的构造，都是随着经济的构造变化而变化"。另一个是"生产力一有变动，社会组织必须随着他变动"。①马克思主义经济学也有两个要点：一是"余工余值说"，二是"资本集中论"。他认为，马克思主义是它的历史论、经济论和政策论的统一，"而阶级竞争说恰如一条金线，把这三大原理从根本上联络起来"。②和以往一些人对马克思学说所做的片段的、不确切的表述不同，该文对马克思主义做了相当完整的介绍和比较确切的阐释，对当时思想界产生重要影响。该文的发表，表明李大钊完成从民主主义者向马克思主义者的转变。

1919年6月，陈独秀在北京散发传单被捕入狱后，《新青年》其他同人也遭到北洋政府的盯梢，李大钊远避河北昌黎五峰山，胡适也躲进了北京饭店。7月，胡适轮值编辑《每周评论》第31号时，发表《多研究些问题，少谈些"主义"！》一文，说"空谈好听的'主义'，是极容易的事，是阿猫阿狗都能做的事，是鹦鹉和留声机器都能做的事"③。他否认马克思主义对中国的适用性，主张一点一滴的改良，认为主张"根本解决"是"中国思想界破产的铁证"。同年8月，李大钊在《每周评论》第35号发表《再论问题与主义》一文，驳斥

---

① 《李大钊全集》（第三卷），人民出版社2006年版，第27页。
② 《李大钊全集》（第三卷），人民出版社2006年版，第19页。
③ 胡适：《多研究些问题，少谈些"主义"！》，《每周评论》第31号（影印件）。

胡适的言论，旗帜鲜明地宣称："我是喜欢谈谈布尔扎维主义①的。"他认为社会主义是时代的旗帜，宣传主义与研究问题是交相为用、并行不悖的。研究问题必须有主义做指导，"一个社会主义者，为使他的主义在世界上发生一些影响，必须要研究怎么可以把他的思想尽量应用于环绕着他的实境"②。这初步表述了将马克思主义基本原理与中国的具体实际相结合的思想。

随后，胡适又在《每周评论》第36号上发表《三论问题与主义》，继续阐明自己的观点。而他撰写的《四论问题与主义》，刚在第37号排版，《每周评论》就被北洋政府查禁了。

据不完全统计，从1918年7月发表《法俄革命之比较观》，到1921年7月中共一大召开，李大钊发表了大量介绍和研究马克思主义的文章。正如习近平指出的，李大钊"以开拓者的无畏姿态，旗帜鲜明地指出马克思主义是我们时代的真理，是'拯救中国的导星'，并积极付诸行动。正是李大钊同志等一批革命家的艰辛努力，使马克思主义在中国得到广泛传播"③。

（二）领导创建中国共产党

1919年9月16日，在五四运动中被捕的陈独秀得到释放，但他仍处于被监视的状态。为避免再受迫害，陈独秀决定离开北京经天津前往上海。

1920年2月的一个凌晨，一辆旧式带篷骡车从北京朝阳门驶出，急急奔向天津。车上有两位乘客，坐在车篷里的一位，看上去像是掌柜；坐在驾辕人旁边的一位，微胖的脸庞蓄着八字胡，戴一副金边眼镜，随身携带几本账簿，像是随掌柜外出收账的账房先生。乔装成掌柜和账房先生的就是陈独秀和李大钊。途中，他们商谈了建党工作。由此流传下"南陈北李，相约建党"的佳话。

---

① 布尔扎维主义，今译布尔什维主义。
② 《李大钊全集》（第三卷），人民出版社2006年版，第3页。
③ 习近平：《在纪念李大钊同志诞辰120周年座谈会上的讲话》，《人民日报》2009年10月29日第2版。

这次分手后,陈独秀、李大钊分头开始建党筹备工作。

1920年3月,在李大钊指导下,邓中夏、高君宇等19人在北京大学秘密成立马克斯(马克思)学说研究会。因研究会发起者和会员大多是北大学生及旁听生,又称"北京大学马克思学说研究会"。经校长蔡元培同意,北大在第二院西斋为研究会拨了两间房子,一间做办公室,一间做图书室,名曰"亢慕义斋"("Communism"的音译),即"共产主义小室"的意思。室内墙壁正中挂着马克思像,像的两边贴着一副对联:"出研究室入监狱 南方兼有北方强";还有两句口号:"不破不立""不立不破"。墙的四壁贴有革命诗歌、箴言、格言等,气氛庄严热烈。

"亢慕义斋"收集了《共产党宣言》《社会主义从空想到科学的发展》《哲学的贫困》《家庭、私有制和国家的起源》等中、英、德等文字的马克思主义文献及报纸杂志。会员们还自己动手,翻译油印了德文版《共产党宣言》部分章节。马克思学说研究会是中国最早系统学习、研究和传播马克思主义的团体,其会员后来大部分加入了中国共产党或团组织。在19名发起人中,至少有15人于1923年前加入党组织。马克思学说研究会为北京和北方地区党组织的建立做了思想和组织上的准备。

盖有"亢慕义斋"印章的部分藏书

不久，经共产国际批准，俄国共产党（布尔什维克）远东局海参崴分局外国处派出全权代表维经斯基（在华期间化名吴廷康）等人来华，了解五四运动后中国革命运动发展的情况。1920年4月，维经斯基一行先到北京会见李大钊，参加系列座谈会。在李大钊的建议下，又到上海会见陈独秀。在维经斯基等人的帮助下，上海、北京建党的步伐加快。陈独秀就党的名称征求李大钊的意见，李大钊主张定名为"共产党"。8月，上海的共产党早期组织——"中国共产党"率先成立。

1920年10月，李大钊、张申府、张国焘等人在北京大学红楼（今东城区五四大街29号）李大钊办公室秘密成立"北京共产党小组"[1]。后来，又有6个无政府主义者加入。李大钊负责联络任务，张国焘负责工运工作，黄凌霜、陈德荣负责《劳动音》周刊编辑和发行工作，罗章龙、刘仁静负责发起组织社会主义青年团。李大钊还从自己每月120元工资中捐出80元作为党组织的活动经费。11月，北京共产党小组改称中国共产党北京支部，李大钊被推选为书记，张国焘负责组织工作，罗章龙负责宣传工作。

1921年初，维经斯基在离华前夕嘱咐李大钊，希望中国的共产主义者能够从速联合起来，正式成立中国共产党。3月，李大钊著文公开呼吁创建工人阶级政党，指出："中国现在既无一个真能表现民众势力的团体，C派（指共产主义派）的朋友若能成立一个强固的精密的组织，并注意促进其分子之团体的训练，那么中国彻底的大改革，或者有所附托！"[2]

6月初，在来华共产国际代表马林、共产国际远东书记处代表尼克尔斯基的指导下，上海党组织代理书记李达与陈独秀、李大钊商

---

[1] 党的一大召开前，各地建立的党组织名称不一，有的叫"共产党支部"，有的叫"共产党小组"，有的称"共产党"，北京的早期组织称"北京共产党小组"。1936年以后出版的党史著作把一大前成立的党组织统称为"共产主义小组"。现在，学界一般称之为中国共产党早期组织。

[2] 《李大钊全集》（第三卷），人民出版社2006年版，第271页。

议，确定在上海召开中国共产党全国代表会议。李达、李汉俊分别写信给各地党组织，要求各派两名代表到上海参会。

此时，正值暑假期间。共产党北京支部的一部分成员正在北京西城开办暑期补习学校，为报考大学的青年学生补课。接到上海来信后，他们立即在补习学校召开推举代表的会议。经过讨论，最后确定由张国焘、刘仁静代表共产党北京支部出席党的第一次全国代表大会。

1921年7月23日晚，中国共产党第一次全国代表大会在上海法租界望志路106号（今兴业路76号）李汉俊哥哥李书城家中召开。在中国共产党的筹建过程中，李大钊领导北京的共产党早期组织和上海的共产党早期组织一道，起到了发起作用。"中国产生了共产党，这是开天辟地的大事变。"[①]"自从有了中国共产党，中国革命的面目就焕然一新了。"[②]

（三）领导北方工人运动

1919年，李大钊就指导北京大学学生邓中夏等人组织了平民教育讲演团，每逢蟠桃宫、护国寺庙会时前去讲演，开展反对封建主义的宣传。从1920年4月开始，在李大钊提出的"知识阶级与劳工阶级打成一气"的要求下，邓中夏等人带领平民教育讲演团前往北京郊区进行演讲。他们到长辛店与铁路工人促膝长谈，向工人宣传革命真理。这年冬天，长辛店成立劳动补习学校，成为北方早期工人运动的据点。1921年五一劳动节时，京汉路长辛店铁路工人会正式成立，这是京汉铁路线上成立的第一个铁路工人工会。

在北京党组织创办的《工人周刊》上，李大钊发表了许多与工运有关的文章，通俗易懂地阐明工人阶级受剥削、受压迫的根源，指明工人阶级斗争的方向。这份刊物很快在工人中间流传开来，推动了北方工人运动的发展。

[①] 《毛泽东选集》（第四卷），人民出版社1991年版，第1514页。
[②] 《毛泽东选集》（第四卷），人民出版社1991年版，第1357页。

1922年五一劳动节，李大钊发表《五一纪念日于现在中国劳动界的意义》，认为"五一是工人的日子，是工人为八小时工作运动奋斗而得胜利的日子，是工人站起的日子，是工人扩张团结精进奋战的日子，不是工人欢欣鼓舞点缀升平的日子"①。李大钊号召劳动者去掉庆祝节日的心理，而应努力为自己争取政治经济的权利。

直系军阀吴佩孚占领京津、控制北京政权后，李大钊利用直系军阀想要铲除奉系军阀交通系势力的心理，通过同学关系在津浦、京奉、京绥、京汉、正太、陇海等铁路派出一些密查员，中共党员张昆弟、安体诚、陈为人、何孟雄、包惠僧、袁子贞担任了密查员职务。据邓中夏在《中国职工运动简史》的记载：这样一来，我们在铁路上的工作得到顺利发展，差不多6条铁路都建立了相当的基础，特别是京汉铁路都成立了工人俱乐部，共计16个之多。1923年二七惨案后，李大钊撰写《艰难的国运与雄健的国民》《吴佩孚压迫京汉劳工运动的原因》等文章，总结这次斗争失败的经验，激励人民继续战斗下去。

1925年5月，上海爆发五卅惨案。于是，李大钊、赵世炎领导中共北方区委发动轰轰烈烈的反帝爱国运动。6月3日、10日、25日，连续3次举行有数十万人参加的大示威，声援上海人民的反帝斗争。10月，李大钊出任党的北方区执行委员会书记。

（四）"高尚的生活，常在壮烈的牺牲中"

1926年三一八惨案后，段祺瑞反动政府对李大钊等革命者发出通缉令，北京陷入一片白色恐怖。3月底，李大钊把国共两党在北方的领导机关迁入东交民巷苏联大使馆旧俄兵营内办公。4月，奉系军阀占领北京，段祺瑞宣布下野，白色恐怖愈演愈烈。李大钊和其他一些同志在极端困难的条件下，仍积极地开展革命工作。

1927年4月6日，京师警察厅总监陈兴亚率领警察队200余人，会同奉军宪兵司令王崎，不顾外交惯例和国际公法，非法闯入使馆

---

① 《李大钊全集》（第四卷），人民出版社2006年版，第70页。

区,包围苏联大使馆,将李大钊、范鸿劼和国民党左派邓文辉等60余人逮捕。

李大钊被捕后,面对敌人的威逼利诱,始终严守党的机密,坚贞不屈,"自称为马克思学说崇信者,对于其他之一切行为,则谓极不知晓"。他利用狱方让他"交代"的机会,写出《狱中自述》,回顾自己革命的一生,表达了坚定的革命信念和伟大抱负。"钊自束发受书,即矢志努力于民族解放之事业,实践其所信,励行其所知,为功为罪,所不暇计。今既被逮,惟有直言。倘因此而重获罪戾,则钊实当负其全责。惟望当局对于此等爱国青年宽大处理,不事株连,则钊感且不尽矣!"[①]

4月28日下午,西交民巷京师看守所,李大钊"首登绞刑台","神色未变,从容就死"。同时遇害的还有中共北方区委宣传部部长、《政治生活》主编范鸿劼,国民党北京特别市党部组织部部长谢伯俞(中共党员),国民党北京特别市党部秘书谭祖尧(中共党员),国民党北京特别市党部农民部部长莫同荣(中共党员),国民党中央候补执行委员路友于,国民党北京特别市党部妇女部部长张挹兰等19人。

人生自古谁无死,留取丹心照汗青。面对死亡,李大钊没有恐惧,因为他如此看待死亡,看待人生:"人生的目的,在发展自己的生命,可是也有为发展生命必须牺牲生命的时候。因为平凡的发展,有时不如壮烈的牺牲

就义前的路友于、李大钊、张挹兰(左起)

---

① 《李大钊全集》(第五卷),人民出版社2006年版,第230页。

足以延长生命的音响和光华。绝美的风景,多在奇险的山川。绝壮的音乐,多是悲凉的韵调。高尚的生活,常在壮烈的牺牲中。"①

李大钊的生命永远定格在38岁,但他为中国引来的"救世天火"生生不息。

二、邓中夏:骨头烧成灰,还是共产党员

深入群众的演讲家邓中夏(於俊杰 画)

1933年9月21日黎明,国民党南京监狱,一位共产党员从容地穿好衣服,高呼"打倒国民党""中国共产党万岁""全世界无产阶级联合起来"的口号,大步走向雨花台(刑场)。得知他牺牲的消息,狱友心潮难平,写下这样一首诗:"慷慨赴死易,从容就义难。热血酬壮志,三春草木寒。"②这位从容就义的共产党人,就是北京红色先驱邓中夏③。

(一)走上革命道路

1917年夏天,从湖南高师毕业的邓中夏考入北大国文系。这时候,北大校长蔡元培采取"思想自由、兼容并包"的教育方针,聘请陈独秀、胡适、钱玄同等新派知识分子到学校任教。由此,北京

---

① 《李大钊全集》(第三卷),人民出版社2006年版,第84页。

② 郑绍文口述、邰虹整理:《见证邓中夏生命的最后时刻》,《红岩春秋》2017年第11期。

③ 邓中夏(1894—1933),字仲澥,又名邓康,湖南宜章人。1920年参加北京共产党小组。1922年任中国劳动组合书记部主任。先后领导长辛店、京汉铁路工人以及开滦煤矿和省港工人大罢工。曾任中共江苏省委书记、广东省委书记等职。1933年5月,在上海被捕,9月在南京雨花台就义,时年39岁。

大学成为新文化运动的重要阵地，思想自由和民主讨论成为校园的一种潮流。各种学会和研究会如雨后春笋般成立起来，促进了马克思主义在北京大学的传播。

来到北大后，原本热衷钻故纸堆的邓中夏，逐渐受到新思想所影响。他积极参加研究会和社团活动，广泛涉猎各种新知识，很快成为北大学生中的进步分子。为了向识字少的中国工人和农民传播爱国救民思想，邓中夏和朱务善等几个同学协助蔡元培在北大办起"校役夜班"，利用课余时间给工人和农民上课，向他们宣传国内外的时政大事。这些经历让邓中夏积累了群众工作经验，为他以后走向革命道路、领导工人运动奠定了基础。

1918年5月，北京政府勾结日本政府秘密签订《中日共同防敌军事协定》，这一损害国家民族利益的行径遭到大学生的反对。5月21日，邓中夏、许德珩等2000多名北京高校的学生到新华门请愿，强烈要求废除协定。时任总统的冯国璋，表面上用花言巧语敷衍学生，背后仍然与日本签订协定。虽然这次请愿斗争以失败告终，但在社会上产生了较大的影响，被视为"五四运动的先声"。

请愿的失败使进步学生认识到，要想取得胜利就必须把更多的爱国学生真正组织起来。经过一个多月的紧张工作，他们成立了一个全国性的秘密团体——学生救国会，总部设在北京，邓中夏、许德珩等北京学生被推举为负责人。学生救国会在警察当局的严密监视下无法公开举办活动，于是他们决定创办一个杂志，向全国工人、农民和学生宣传反帝爱国的真理，并将该杂志定名为《国民》。1918年10月20日，国民杂志社成立大会在北京召开。北大校长蔡元培和《京报》主编邵飘萍出席会议，李大钊被聘为杂志社顾问。邓中夏和许德珩既是杂志社的主编又是编辑干事，负责编辑《国民》的主打栏目"国内外大事"。

1919年2月到4月间，邓中夏以"大壑"的笔名发表《和平问题》《国防军之成立》《中日新交涉》《和平会议之经过》等8篇文章，向全国人民揭露日本帝国主义的侵略行径和军阀政府出卖国家民族利益的行径。在当时中国学生创办的刊物中,《国民》杂志是反帝政治色彩最浓的。它从3个方面促进了五四运动的开展:一是提高了知识青年的爱国觉悟;二是使青年深感军阀政治的腐败;三是使青年初步察觉社会制度、组织之不良,即有初步的反帝反军阀与改造社会的觉醒。①

当巴黎和会上中国外交失败的消息传到北京时,邓中夏、许德珩等义愤填膺,立即召集国民杂志社的各校代表商讨对应办法。1919年5月4日上午,邓中夏出席在法政专门学校召开的13所学校学生代表会议。会议议决5条:

(一)拍电国内外;
(二)唤醒各地国人;
(三)预备七日的国民大会;
(四)组织北京学生对外的永久机关;
(五)本日下午大家游行示威。
路线由天安门经东交民巷美、英、法、意四国使馆,转入崇文门大街。②

当日下午,邓中夏率北京大学学生游行队伍向天安门广场进发,途中遇到北洋政府和军警的阻拦,经过斗争终于抵达天安门广场。此时,北京10多所中等以上学校学生3000多人在此会集,举行"国民大会",震惊中外的五四运动就此爆发。这次运动依然没逃出军警的镇压,30多名学生被捕。北京大学随后召开学生会议,商量营救被捕学生,并决定成立学生干事会,这是我国第一个学生会。邓中夏负责干事会文书股工作,专门负责《五七》小报。5月5日,北京各大专

---

① 唐振南:《知识分子与工农结合的典范——邓中夏在五四前后》,《邓中夏生平与思想研究论文集》,纪念邓中夏同志诞辰百周年研讨会组委会1994年编印,第83—84页。

② 《邓中夏全集》(上),人民出版社2014年版,第58页。

学校学生总罢课，还成立了北京中等以上学校学生联合会，邓中夏担任联合会宣传股主任，参与领导北京和全国的学生反帝爱国运动。

为了帮助湖南的学生全面认识五四运动的发展，邓中夏在5月中旬代表学生联合会前往长沙向湖南青年介绍北京学生的斗争情况。在毛泽东的安排下，邓中夏在楚怡小学做报告，讲述五四游行示威以及北京大学学生干事会和北京学生联合会成立的经过。他希望湖南学生组织起来，实行罢课，与北京学生一起斗争。随后，湖南学生联合会成立，率领全省学生开展反帝爱国斗争。邓中夏又匆匆赶回北京领导学生斗争。

（二）深入民众搞宣传

《国民》杂志的创办，对在学生和知识分子中传播爱国救国真理起到很大作用，但是由于工人、农民识字的人少，他们还没有成为杂志的主要读者。邓中夏等人决定发起成立北京大学平民教育讲演团，他亲自起草《北京大学平民教育讲演团简章》。讲演团成立后经《北京大学日刊》刊出征集团员的启事，引得进步学生争相报名，最后招募到成员30多人，发起人邓中夏被推举为总务干事。

1919年4月1日，讲演团到东便门蟠桃宫举行第一次露天讲演。邓中夏讲演的题目是"现在的皇帝倒霉了"，其他团员讲演的题目有"爱国""国民应尽之责任"等。他们的讲演通俗易懂，受到市民热烈欢迎。紧接着，学校放春假，邓中夏等人继续到蟠桃宫庙会上举行连续3天的讲演，听众之多出乎意料。邓中夏领导着讲演团利用街头不定期讲演和讲演所定期讲演相结合的方式向广大工人、农民宣传国内外大事和先进的思想，在社会上产生了较大的影响。

五四运动爆发后，平民教育讲演团积极行动，在前门箭楼下用桌子搭成临时讲台讲演。邓中夏等人的讲演遭到军警的阻挠，先后有近千人被捕。邓中夏没有向反动势力屈服，依然在狱中向看守的警察开展宣传工作。

为支援学生的爱国斗争，反抗军阀政府的镇压，6月3日，上海日本纱厂的中国工人首先举行罢工，相继引发大批工人罢工、商人罢市，总人数达到6万多。以学生为先锋的反帝爱国斗争，逐渐发展为全国性的工人阶级反帝反封建的革命运动。北洋政府被迫下令释放被捕学生，同时免除曹汝霖、章宗祥、陆宗舆的职务，出席巴黎和会的中国代表拒绝在和约上签字，至此五四运动取得了伟大胜利。

在反帝爱国运动中，邓中夏接触到并逐渐学习马克思主义。为把马克思主义与工人运动更好地结合起来，1920年3月，邓中夏等人决定开展乡村讲演和工厂讲演。他们立即行动起来，分别前往卢沟桥、丰台、公主坟、海淀等地开展讲演，开始与工人群众建立联系。这年暑假，邓中夏搬出北大宿舍，在黄城根租了10多间房子，取名"曦园"，意为住在这里的人要像晨曦一样，朝气蓬勃。在曦园，邓中夏不仅自己注重学习理论知识，还成立学习小组，经常组织同学们讨论问题。邓中夏和毛泽东联系最为密切，两人经常交流学习马克思主义的心得体会，对马克思主义理论的学习较为深入。这段时间的学习为邓中夏以后深入群众开展讲演打下了理论基础。

1920年1月，毛泽东（左四）、邓中夏（左七）与"辅仁学社"部分成员在陶然亭慈悲庵前合影

1920年5月1日，在李大钊的领导下，北京开展规模空前的五一运动，邓中夏带领平民教育讲演团沿街讲演。他还深入到长辛店等工人聚集的地方，一边讲演、一边散发《五月一日北京劳工宣言》等传单，受到工人群众的热烈欢迎。

这年10月，北京共产党小组成立。为了更好地领导工人运动，他们创办了一个以工人为对象的通俗刊物《劳动音》。邓中夏以"心美"为笔名撰写发刊词，阐明出版《劳动音》的原因，指

邓中夏手绘的《劳动音》封面（方东杰 摄）

出《劳动音》是要向广大同胞阐明真理，指导劳动同胞解决不公平的事，改良社会组织；号召劳动同胞团结起来，组成工人团体共同改造社会。《劳动音》因其朴实的语言，一经出版便受到广大工人群众的欢迎。

由于经常深入工人群众，邓中夏与许多工人成了朋友。为进一步提高工人的文化知识水平，他联合张太雷等人在长辛店开办了一所劳动补习学校。凡是身体强健身家清白的劳动者都可入学；学校分为日夜两班，夜班为劳动者而设，日班为劳动者的子弟而设，每班80人，分组上课。教员都是由邓中夏亲自挑选，教材由教员根据工人实际情况编写。邓中夏每周去讲课两次，同时将《工人周刊》《共产党》等杂志带给工人读。劳动补习学校逐渐成为"工人之家"。随着工人们政治觉悟显著提高，中国北方工人运动也慢慢开展起来。

（三）为信仰从容就义

在开办劳动补习学校的基础上，邓中夏开始着手指导工人建立工会。1921年10月，京汉路长辛店铁路工会改为长辛店工人俱乐

部。邓中夏赶来与工人们一同庆祝，一起游行。

1922年10月，邓中夏领导了开滦煤矿工人大罢工。由于准备不足，这次罢工失败了。当邓中夏发现因个别领导人的动摇使群众士气涣散时，便亲自破指血书："一定要坚决同英帝国主义及其走狗斗争到底"，鼓舞工人们的斗志和信心。

1923年初，随着京汉铁路大罢工失败，全国工人运动转入低潮，白色恐怖笼罩着北方大地。中国劳动组合书记部被迫从北京迁到上海。邓中夏也随书记部转移到上海，经李大钊推荐，到上海大学任校务长，主持全校行政工作。为了迎接即将到来的工人运动高潮，邓中夏在上海大学创办社会学系，聘请共产党员和进步人士来校任教。他还率领学生深入到工人群众中，恢复和组织工会，从而培养了大批领导工人运动的骨干。

此后，邓中夏奔波在上海、广州工人运动的前线，亲自指导，并创办编辑《工人之路》等刊物宣传革命思想。

1933年5月15日晚，邓中夏去找革命互济会援救部部长林素琴商谈工作，哪料到特务已在此蹲守4天了。邓中夏不幸被法租界巡捕逮捕。后来被引渡给上海警察局，并押往南京宪兵司令部。

蒋介石听到邓中夏被捕的消息，如获至宝，以为从邓中夏口里可以得到他想要得到的一切。敌人先是派一个叛徒去劝降，被邓中夏痛斥了回去。后来又派一国民党中央委员，阴谋利用邓中夏受王明路线打击这一事实，离间邓中夏与中国共产党的关系。邓中夏义正词严地对那个国民党中央委员说："我要问你，一个害杨毒大疮到第三期已无可救药的人，是否有权利去讥笑那些偶感伤风咳嗽的人？你们背叛革命，屠杀人民，还有脸指责别人的缺点错误，真不知人间有羞耻事。"

见邓中夏接连被国民党当局以"贵宾"的身份请去，中共狱中支部通过难友询问他的态度。邓中夏说："问得好，应该问。一个革命者到这个时候，同志们是应该关心他的政治态度的。请你告诉大家，就是把邓中夏的骨头烧成灰，邓中夏还是共产党员。"

国民党当局并没有从邓中夏那里得到任何有关共产党的消息，他们用种种酷刑企图使邓中夏屈服。邓中夏以一个共产党员的钢铁意志,顶住了敌人惨无人道的摧残。敌人意识到邓中夏是不可征服的,于是决定杀害他。在临刑前两天,他给党中央写了最后一封信,信中说:"同志们!我快要到雨花台去了。你们继续努力奋斗吧!最后胜利,终究是属于我们的。"

三、缪伯英、何孟雄:英雄夫妻,以身许党

1921年10月9日,重阳节,一场简朴的婚礼正在北京景山东街中老胡同5号院举行。新娘叫缪伯英①,新郎叫何孟雄②,这就是中共党史上著名的"英雄夫妻"。中国共产党第一次全国代表大会召开前,全国只有50多名党员,这夫妻俩名列其中,而缪伯英是第一位女党员。

何孟雄(右)、缪伯英(左)夫妇

---

① 缪伯英(1899—1929),湖南长沙人。1916年入湖南省立第一女子师范学校学习。1919年考入北京国立女子高等师范学校。1920年初加入北京大学马克思学说研究会,同年秋先后参加北京社会主义青年团和北京的共产党早期组织,是中国共产党第一位女党员。

② 何孟雄(1898—1931),湖南酃县(今炎陵)人。1919年入北京大学学习。1920年3月,参加组织北京大学马克思学说研究会,同年参加北京的共产党早期组织。1923年2月,参与领导二七大罢工。曾任中共北京区委兼北京地委委员长、湖北省委组织部部长、江苏省委委员。

（一）长沙"女状元"进京求学

1919年秋，缪伯英以长沙地区"女状元"的优异成绩考入北京国立女子高等师范学校理化系，开始北上求学的生活。告别家乡时，父亲送她到火车站，将自己在日本留学时带回的一个蓝色闹钟从怀里拿了出来，说："将此钟带去，时时刻刻提醒自己要爱时惜时。你是一个女孩，要有男儿般的豪气，无论身处何地，都需向着光明的路上走。"

在大学里，理工科的缪伯英并不满足于基础知识的学习，她大量阅读社科类书籍与刊物，以求解开自己心中对于革命真理的疑惑。

这时的北京被各种思潮充斥，学术界更是有了"中西学术争艳，古今百家齐鸣"的气象。北京女高师的娘子军们受到新思想的影响，主动挑起妇女解放的大旗。成立社团或者小组成为当时流行的学习理论与参加实践的新方式。北京工读互助团便是其中一个。这个团体带有无政府主义的色彩，采取半工半读的形式，受到广大青年的喜爱。得知北京工读互助团成立消息后，缪伯英毅然暂停在女高师的学习，前往北大加入互助团。

互助团共有4个小组，缪伯英在第三组，这个小组全是女生，又被称为"北京女子工读互助团"。缪伯英和她的伙伴们怀着对创造美好生活的向往，在东安门北河沿17号租赁房子开办洗衣房。她们此时的想法是"工是劳力，读是劳心，互助是进化"，希望通过自身的努力，达到工读结合、互助进步的社会。办好互助团，豪情万丈的宣言是必不可少的，女子工读互助团在北京《晨报》上发表《吾亲爱的姐妹们盍兴乎来！》，号召"处黑暗家庭，受种种束缚"并"具有毅力"的姐妹们，参加女子工读互助团，"造就社会的新生活"。

受到这一宣言影响的，并不只是穷苦人家的孩子，有一个北京议员的女儿找到缪伯英，要求加入女子工读互助团。她并不是来体验生活，而是坚定地要留在互助团，她觉得这种边劳动边学习的生活才是充实而有意义的。

在互助团的4个组中，缪伯英所在的第三组坚持的时间最长，但工读主义被实践所否定，第三组依然难逃解散的命运。

失败乃成功之母。工读主义行不通，缪伯英很快从马克思主义理论中寻求到了革命的真谛。她读到李大钊的《我的马克思主义观》这篇文章后，开始认识到社会的进步、妇女的解放，在一个半封建半殖民地的国家靠改良、靠工读是行不通的，必须通过社会革命和阶级斗争才能达到。

有一次缪伯英到北大听报告，主讲人正是李大钊。在听完李大钊激昂的演讲后，缪伯英找到他，激动地说："您讲得真好。我不是北大学生，您能收我做学生吗？"李大钊见她如此诚恳炽热，便答应下来。

（二）"英""雄"结合共奋进

缪伯英拜李大钊为师后，经常到北大听他讲课。在北大，缪伯英结识了她的革命伴侣——何孟雄。

何孟雄与缪伯英是老乡，都是湖南人。在20岁之前，何孟雄从没有出过湖南，但他却从小受到叔叔的影响立志救国救民。1918年，何孟雄与毛泽东、罗章龙、张昆弟一起为赴法勤工俭学而前往北京。随后，他进入北京法文专修馆学习。在此期间，他常利用周末假日到长辛店、保定、蠡县等地的留法预备学校，与朋友们讨论有关留法勤工俭学与改造中国社会等问题。半年后，因国内革命形势的变化，何孟雄改变了留法的念头，决定留在国内找寻新的出路。

1919年3月，何孟雄进入北大哲学系，成为一名旁听生。正是在这里，何孟雄与北大的学生一起参加了具有划时代意义的五四运动。5月4日当天，他们走上街头，冲破北洋政府的阻挠向天安门进发。一路上，他们散发传单，大声呼喊，表达爱国学生对军阀政府的愤怒和不满。

火烧赵家楼后，有32名学生不幸被捕。何孟雄等人组成讲演团上街揭露北洋政府镇压爱国学生运动的罪行，这些学生再次遭到逮捕。北洋政府的恶行引起各界人民的强烈不满，上海工人罢工、商人罢市支援学生运动。学生罢课及引发的工人罢工、商人罢市的"三罢"运动迅速席卷全国。在这种压力下,北洋政府不得不释放被捕学生。

面对着北洋政府的高压政策,何孟雄认为,现在的中国社会是这样的黑暗,我们青年人"要彻底明白旧社会的罪恶,立定不屈不挠奋斗的志向,决不反被旧社会战胜。中国的改造才有望咧!"①

为此,何孟雄倡导改革中国现行的教育制度,使学生不仅要学习书本知识,重视"技能的教育",还要增设"国内外形势""新思潮""社会实况""国民常识"等课程;不仅要在课堂上传授知识,还要教育青年学生改革社会之方法。只有这样,才能使有志青年投身到改造中国社会的洪流中去。何孟雄试图用教育挽救国家,然而现实并没有给他这种机会。此时,何孟雄对马克思主义认识较少,反而是受无政府主义、劳工神圣和民主教育的思想影响较大。

在这种思想的影响下,何孟雄提出建立新村组织。"为大家一个共同生活的大本营。无论什么人,可以去做工,不分男女","一方面做工,一方面读书","尽其所能,取其所需,人人自食其力","所雇的工人,工作学识兼有"。这样既可以使青年"不受社会家庭的羁绊"取得自由,又可以参加改造社会的运动,使"知识阶级变为劳动阶级,劳动阶级变为知识阶级;具互助思想,改良现在社会上物质之现象"。②

抱着这样纯朴的信念,1919年底,何孟雄与施存统等人,成立工读互助团,分为4个小组,何孟雄在第一组。他们规定组内无强权、无法律、无宗教、无婚姻、无家庭、无学校,作为改革社会的第一步。何孟雄与组内12位贫穷同学一起在北京大学第二院对面开办"勤俭食堂",从事新生活的实践。

由于互助组经济上日渐拮据,又没有制度上的约束,成员思想不统一,意见分歧较多,第一组坚持了3个月不得不宣告解散。

---

① 《何孟雄文集》,人民出版社1986年版,第2页。
② 《何孟雄文集》,人民出版社1986年版,第6页。

经历过工读互助团的失败，缪伯英与何孟雄都认识到改良主义和空想社会主义在中国行不通，要想改造社会必须依靠无产阶级的力量和无产阶级的政治组织。

1920年初，在李大钊的倡议下，进步学生成立北京大学马克思学说研究会。经何孟雄介绍，缪伯英加入研究会学习马克思主义。他们与其他成员一起刻苦攻读《共产党宣言》《政治经济学批判》《马克思主义资本论入门》等著作。

这一年的五一劳动节，北京进行了有史以来的第一次隆重纪念。何孟雄等人在李大钊的指导下，上街散发《五月一日北京劳工宣言》，引起许多市民围观。这是何孟雄从事工人运动的开端。

1920年11月，何孟雄与缪伯英一同参加由李大钊组织的北京共产党小组。成为共产党员后，何孟雄与缪伯英对马克思主义的信念更加坚定。何孟雄主要深入到工人中进行调查研究，了解工人的思想动态和劳动、生活状况。他的《劳工运动究竟怎样下手》一文主要阐述如何教育工人，怎样训练工人，如何使工人对于工人运动产生信心，提高工人对工人运动的兴趣，怎样发展中国的实业等方面的内容。

缪伯英主要从事妇女解放的工作，著有《家庭与女子》一文，认为"女子解放的实现，是光明运动之前驱"。她从道德伦理、经济生活、社会进化等方面分析研究了妇女解放在社会革命中的重要作用后，指出："大凡人类对于一种制度发生不满足的问题时，由怀疑而至于破坏，由破坏而至于改建，纯是人类进化很平常而不可免除的一种现象。故无论是一种怎样轰烈的维新运动，改革风潮，实丝毫没有什么可怕和反抗的价值！"因此，缪伯英殷切地希望"一般留心女子问题的诸君，和女界中稍具知识的朋友们，切勿徘徊疑望，踌躇不定"。她对妇女们发出"大家努力，向光明的路走"的呼喊，号召女同胞们打碎封建枷锁，为自身的解放而奋斗。①

---

① 缪伯英：《家庭与子女》，《家庭研究》1920年第三期。

（三）伉俪夫妻以身许党

1921年重阳节，何孟雄与缪伯英这两位志同道合的战友结婚了。他们在景山东街中老胡同5号的家，成为北京党组织的一个联络站。夫妻俩一边学习，一边从事党的工作，一起为中国劳动组合书记部的机关刊物《工人周刊》和《劳动通讯处》编写了大量的文章、报道、消息，介绍国内外工人生活和斗争的情况，受到工人们的欢迎。

在何孟雄的指导下，1921年5月和12月，京绥铁路工人举行两次罢工，并取得初步胜利。1922年春，何孟雄遵照中共北京地委指示，到京绥铁路组织工人运动。何孟雄领导工人运动取得的成绩得到党组织的重视。中共二大后，他被选为中共北京地方执行委员会候补委员。

1923年，缪伯英在武汉工作的时候，震惊中外的二七大罢工爆发了。她立即赶回北京，与何孟雄、高君宇、罗章龙、李梅羹等人全力以赴地领导京汉铁路北段的总罢工。罢工遭到军阀政府的血腥镇压。为了揭露反动军阀残酷迫害工人的暴行，缪伯英遵照李大钊的指示，与罗章龙、高君宇、何孟雄等在北京骑河楼等处秘密编辑《京汉工人流血记》等宣传品，并到长辛店等地组织救护和慰问受伤工人，援助失业工人。

1924年5月21日，张国焘在北京被捕后叛变，北京党团组织暴露。李大钊、高君宇、范鸿劼等人因被通缉先后离开北京。何孟雄在白色恐怖下坚持工作，积极恢复党团组织。6月，他主持北京党团组织联合建立临时工作委员会，领导北京地区反帝国主义、反军阀的斗争。同月，中共北京地委、社会主义青年团地委恢复，何孟雄任中共北京地委委员长。当时李大钊已去苏联莫斯科参加共产国际第五次代表大会，何孟雄作为北方地区党的负责人，领导恢复和发展工农革命运动。他先后组织发动要求当局与苏联建立外交关系的活动；组建反帝大同盟，反对帝国主义干涉中国内政；发动工农群众反对关税会议，要求无条件的关税自主，废除一切不平等条约；开展非宗教运动及反对国民党右派，领导国民党左派胜利完成国民党北京各级党组织的换届改选，巩固和发展了北京国共合作的大好形势。

由于缪伯英身份暴露，党组织指示她回到自己的家乡湖南开展革命运动。1925年6月，已经怀有7个月身孕的她，以湖南省立第一女子师范附小主事（相当于副校长）的身份，带领长沙的学生上街游行示威。当月25日，这对革命夫妻的第一个孩子出生了，取名"何重九"。缪伯英把孩子交给母亲照顾，不顾身体虚弱又投入到革命工作中。

此后，根据革命斗争的需要，缪伯英先后转战武汉、上海领导革命运动，一刻都没有停歇。1928年3月，他们的小女儿何小英出生。然而，她却没有时间与儿女共享天伦之乐，依旧不顾个人安危，战斗在革命工作的最前线。长期清贫而不稳定的生活和超负荷的工作，使缪伯英本来就不健壮的身体日渐衰弱。1929年10月，缪伯英突患伤寒病，被送往上海仁济医院救治。10月下旬，病危之际的缪伯英神态凝重地对丈夫说："既以身许党，应为党的事业牺牲。奈何因病行将逝世，未能战死沙场，真是恨事！孟雄，你要坚决斗争，直到胜利！你若续娶，要能善待重九、小英两孩，使其健康成长，以继我志。"① 年仅30岁的缪伯英，告别了党，告别了亲人，溘然长逝。

此时的何孟雄也因过度劳累引发肝病。他像缪伯英一样顾不

1925年9月，缪伯英与儿子何重九在湖南省立第一女子师范附小

---

① 《我国妇女运动的先驱者缪伯英》，《革命史资料》第18期，中国文史出版社1987年版，第201页。

上休养,在北京、唐山、张家口、武汉、上海、长沙之间来回奔波。

1930年12月25日,王明以讨论中央九十六号通告为名,在上海召开扩大的区委书记联席会,目的是打击何孟雄等一批有实际工作经验的干部。王明在会上点名攻击何孟雄,还不准何孟雄发言辩解。在忍无可忍的情况下何孟雄提出抗议,王明才做出让步。中共六届四中全会以后,王明主持召开江苏省委扩大会议,宣布"上海党组织在贯彻四中全会精神时,首先要集中力量开展反对何孟雄等人的斗争",并声称要开除何孟雄等人的党籍。

何孟雄等人为了维护党的正确路线,与王明等人进行了坚决的斗争。但他不同意罗章龙等人成立"非常委员会"另立中央的做法,"要求在党内依靠组织解决问题"。他们多次开会研究向中央写报告,申辩自己的意见,表明他们的观点和态度。不幸的是在他们开会时,由于叛徒出卖,何孟雄、李求实、林育南、龙大道等于1931年1月17日、18日、19日先后被捕。在狱中何孟雄坚强不屈,厉声斥责无耻叛徒及反动派。他大义凛然,表现了一个共产党员坚定的革命立场。2月7日,何孟雄被害于上海龙华,时年33岁。

四、高君宇:我是宝剑,我是火花

在北京陶然亭公园有两座墓碑,一座是中国共产党早期领导人高君宇[①]的,另一座是他生前女友石评梅的。高君宇的墓碑上镌刻着一首言志诗:"我是宝剑,我是火花。我愿生如闪电之耀亮,我愿死如彗星之迅忽。"这首短诗正是高君宇短暂一生的写照。

(一)在五四运动的洪流中

1896年10月22日,对于山西省静乐县峰岭底村的高配天来说是一个喜悦的日子,因为他家中又添一名男丁。二儿子的出生让高配

---

① 高君宇(1896—1925),名尚德,字锡三,山西静乐(今娄烦)人。1920年加入北京的共产党早期组织,为全国最早的58名党员之一。1922年当选为中国社会主义青年团第一届中央执行委员会委员和中共第二届中央执行委员会委员。

天眼角都笑开了花，他给孩子取名"尚德"，希望他成为品德高尚的人，考取功名为高家光宗耀祖。高尚德聪颖好学，十分争气，科举制虽然在他读中学的时候被废除了，但他以优异成绩考入北京大学。

1916年秋天，高君宇进入北京大学理科预备班就读。这里为高君宇打开了新世界的大门。他如饥似渴地学习新的思想学说，探索革命的真理。理科预备班学业繁重，但并没有让他停下追求理想社会、改变中国现状的脚步。

高君宇

1918年5月，北京段祺瑞政府为实现军阀私利，不顾国家利益与日本签订《中日共同防敌军事协定》，这一恶劣行径引起爱国学生的极大愤慨。留日学生首先组成"中华民国留日学生救国团"，罢课回国进行爱国宣传。在留日学生的策划帮助下，国内高校也联合起来，反对段祺瑞政府的卖国行为。北京大学邓中夏、高君宇等人联合北京其他高校的代表组成北京爱国会，上街示威游行，开始大规模的反帝爱国运动。高君宇积极参加爱国运动，从中得到锻炼，开始崭露头角，成长为学生运动的组织者和领导者。

1919年5月2日，中国在巴黎和会上外交失败的结果让国内的学生非常愤怒。高君宇同国民杂志社社员在北大西斋饭厅召开紧急会议，讨论抗议巴黎和会的决定和挽救山东问题。这次会议决定，由国民杂志社通告北大全体同学，于次日晚7时在北大三院礼堂举行学生大会，并邀请其他学校派代表参加，讨论对巴黎和会应采取的策略和办法。

5月3日是星期六，傍晚时分，北河沿法科礼堂挤满了1000多名北大学生，另外还有十几个中等以上学校的学生代表参加。与会者群情激愤，纷纷在会上发言。北大法科学生谢绍敏当场咬破中指，血书"还我青岛"。大会做出决定：联合各界一致力争；通电巴黎专使，不得在和约上签字；5月4日在天安门举行学界大示威等等。

散会后，高君宇等连夜进行次日游行的准备工作，写标语、制作大旗和小旗，就在他整理还散发着油墨气味的《北京学界全体宣言》传单时，突然感到一阵恶心，随着"哇"的一声，一口殷红的鲜血便喷了出来。

高君宇急忙将这一张血染的传单揉成纸球扔在一旁。不料这一切被黄日葵看到了，他关切地问："君宇，你怎么了？"高君宇却装作毫不在乎的样子说："没什么，都是老毛病了。"随后又投入到工作中，彻夜未眠。

5月4日下午1时左右，北京各校学生3000多人，手执"还我青岛""取消二十一条"等小旗，从四面八方会集到天安门前举行示威游行，沿途高呼口号、散发传单。游行队伍到达赵家楼，火烧了曹汝霖的住宅。

在这次示威游行中，反动政府出动军警镇压，逮捕学生32人。当晚，高君宇回到学校，在北大三院礼堂召集会议，商讨如何营救被捕同学。会上，成立北京大学学生干事会（简称"学生会"），高君宇被选为学生干事会干事。5月6日，各学校联合成立北京市中等以上学校学生联合会（简称"学联"）。邓中夏、高君宇被选为北京大学驻学联代表，参加领导全市学生的斗争。高君宇为营救被捕同学四处奔走。在李大钊、蔡元培等积极营救下，终于迫使北京政府释放被捕学生。5月7日，当被捕同学归来时，高君宇在北大二院操场主持欢迎会。同学们的爱国热情再次高涨。

在学生运动的压力下，中国政府没有在《巴黎和约》上签字，斗争取得胜利。日本政府并不甘心，他们为了得到在山东的特权向中国政府直接交涉。高君宇发表《我们为什么要反对直接交涉》一文揭露出这次交涉的本质。日本要求直接交涉是没有根据的，"中国对德宣战时，已宣言废除中德间的一切条约"，"德人在山东的一切权利到宣战以后都回归中国了，山东哪里还有德国的权利可以转让？"《巴黎和约》我们没有签字，"日本不能拿我们没有承认的和约来强迫我们奉行"。他进一步指出，外国在中国的租界地，中国保留宗主权，任何时候德国都无权转让，政府如果承认德国可以转让青岛给日本，那表示政府放弃租界的主权。"失青岛一块地其害犹小，如果各国都要援例，沿海各地的租借地都失了主权，成了他人的领地了"，"中华民族的体面何存！"① 高君宇从舆论上进一步巩固了五四运动的成果。

（二）理论宣传的排头兵

五四运动期间，高君宇还参加了邓中夏主办的平民教育讲演团。从1919年冬到1920年春，高君宇加入到对工人、农民、市民的讲演活动中，并与阻挠、破坏讲演的军警进行斗争。他的讲题有《人的生活》《什么叫自治——它的意义、形式和功能》《私有制与婚姻》等。这些讲演，对启发人民觉悟、进行反帝反封建的斗争起到积极的推进作用。

与工人的接触，让高君宇更加明白依靠工人力量开展革命运动的必要性。1920年5月1日，高君宇在《北京大学学生周刊》发表《"五月一日"与今后世界》一文，宣传五一劳动节的历史和伟大意义。他说："五一运动的呼声，是劳工在资本家压制的底下要求翻身的呼声，也是平民要'复权'的一个记号。"五月一日同盟总罢工的目的，不是单纯减少工作时间，"它的总目的是在改造社会"。可以看出，从工人运动一开始，高君宇便与改良主义者不同。他从事工人运动的目的，不在一点一滴的改良，而是引导工人走彻底革命的道路。文章说："凡是承认五一运动者是为了新世界奋斗的同志，都应撑起肩来，担负这个改造社会的责任。"②

高君宇同邓中夏等深入到北京郊区长辛店铁路工人中间，和他们

---

① 高君宇：《我们为什么要反对直接交涉》（二），《北京大学学生周刊》1920年3月7日第10号。

② 高君宇：《"五月一日"与今后世界》，《北京大学学生周刊》1920年5月1日第14号。

谈心、交朋友。经过一段时间的努力，逐步消除了工人与学生之间的界限，工人们亲切地称高君宇为"老夫子"。1921年元旦，高君宇同邓中夏在长辛店办起劳动补习学校。他们白天给工人子弟上课，晚上给工人们上课。高君宇经常晚上给工人讲课，指出工人解放的道路首先是组织起来。在此基础上，1921年5月成立京汉路长辛店铁路工会。在这里培养了第一批工人运动骨干，为开展工人运动打下组织基础。

1923年初，高君宇受中共北京地委的委派，同中国劳动组合书记部的同志一起，直接领导京汉铁路工人的罢工斗争。1923年2月7日，京汉铁路总工会在郑州召开成立大会，遭到直系军阀的残酷镇压，造成二七惨案。高君宇被通缉，但他不顾个人安危，从容处理罢工的善后工作，继续坚持斗争。

高君宇在北京大学加入马克思学说研究会、北京共产党小组、北京社会主义青年团，他一直在为心中的理想努力着。

1920年11月，北京社会主义青年团第一次会议在北京大学学生会办公室召开，参加会议的有邓中夏、高君宇、罗章龙、刘仁静、张国焘、何孟雄等人，会议通过团的章程，公推高君宇为书记，确定青年团的主要工作是联络青年，在进步青年中吸收团员，发展组织，进行社会调查和宣传活动。会后，高君宇在李大钊的指导下，领导社会主义青年团团员深入到工人和学生群众中，宣传革命思想，并参加社会各种革命斗争，团的组织也不断扩大。

为使北京社会主义青年团与国际共产主义运动建立密切联系，1921年3月16日，高君宇主持召开北京社会主义青年团特别会议。会上，高君宇报告少共国际东方部书记格林来华及在北京的活动情况。3月30日，北京社会主义青年团召开第四次代表大会，根据李大钊的建议，青年团改为委员制，高君宇被选为委员，负责团的组织工作。

1921年7月，中国共产党成立。下半年，北京共产党支部改称"中国共产党北京地方委员会"，高君宇负责宣传工作。北京地委成立后，更迫切要求开展马克思主义的研究和宣传，并把马克思主义者吸收到党内来。因此，党组织决定公开马克思学说研究会，由邓中夏、高君宇、罗章龙等19人在1921年11月17日《北京大学日刊》发表招收会员启事，其中说："马克思学说在近代学术思想的价值用不着在这里多说了"，"去年3月便发起了这一研究会"，目的是"研究马克思派的著述"。希望校内同志热心赞助参加。研究会每月开读书会一次，讲演会两次。先后请李大钊、陈启修、鲁迅等到会讲演。一年之内，会员发展到200多人，多数是大专学校的学生和中小学教员。

除在北京负责党组织的工作外，高君宇还前往南京、杭州参加少年中国学会的年会，赴莫斯科参加共产国际召开的远东各国共产党及民族革命团体第一次代表大会。从这些会议中学习到最新的革命理论，更加坚定了他对马克思主义的信仰和进行社会主义革命的决心。

高君宇担任《向导》周报的编辑之后，从1922年9月到1924年9月两年的时间里，先后在《向导》上发表了近30篇文章。此外，他还参加中共北方区委的《政治生活》、中国劳动组合书记部的《工人周刊》、社会主义青年团的《先驱》等刊物的编辑工作，撰写文章40多篇。他写文章论证严密，笔锋犀利，具有热烈的战斗风格，不愧为中国共产党初期杰出的革命理论宣传家。李大钊赞誉高君宇"建党初期理论家，高公健笔人人夸"。

（三）战斗到生命的最后一刻

先进知识分子如高君宇也没能逃脱父母之命、媒妁之言的包办婚姻。在高君宇15岁那年，父母未经他同意便张罗给他娶一户农民家的女儿为妻。举行婚礼时，高君宇拒不服从，但小小的年纪抗不过封建家长的意志。婚后高君宇大病一场，从此便落下病根。

1921年，在北京的一次山西同乡会上，高君宇与石评梅相识，从此两人经常书信往来。石评梅是山西省平定县人，当时在北京女子高等师范学校读书，毕业后在女师附中任教员。在交往中两人后来逐渐产生了爱情。然而，封建的礼教和伦常观念，成为他们沉重的枷锁。高君宇向妻子提出离婚，并给岳父写信，说明离婚的决心。在此期间，双方的感情经受痛苦的磨难。高君宇虽然在爱情生活中遇到坎坷，但这并没有影响他对革命事业的热情。他在给石评梅的信中说："相信我，我是可移一切心与力专注于我所企望之事业上的。"

1924年11月，在广州领导工人运动的高君宇抱病陪同孙中山和夫人宋庆龄北上。没日没夜地为革命奔走操劳让他的身体变得更加羸弱，年底到北京后，他的肺病恶化，在同志们的一再劝说下，才住进医院。病稍好些，他便要求出院，医生嘱咐他继续休息，但他一出院就去上海参加党的四大，接着又返京投入促成国民会议的运动中。

1925年3月1日，国民会议促成会全国代表大会在北京开幕，高君宇拖着病弱之躯参加会议。3月2日下午，高君宇忽然感到腹部疼痛，但他并没有在意，而是坚持参会。直到3月4日腹痛加剧，他才被其他代表送回住处休息。

女友石评梅得知消息来看他，眼前的高君宇竟已瘦得只剩下一把枯骨，他的眼球转动着，依然像以前一样闪着光。石评梅看到后流下了心疼的眼泪。

高君宇叫石评梅不要哭，他平静地说："我这架机器不堪耐用了！死是没有什么可怕的。一个人能为人民大众的解放事业而死，是死得其所，又有何憾，只是革命大业尚未成功，而我……"他再也说不下去了。

石评梅安慰他不要着急，会好起来的，然后安排一直陪侍他的兰辛将高君宇送往协和医院。令石评梅没有想到的是，这一面竟是永别。

高君宇在医院被诊断为急性阑尾炎。当医生决定动手术时，高君宇的亲人却没在身边，兰辛因担心高君宇久病的身躯经受不住手术犹豫不决。高君宇十分镇静地说："开肚怕什么？你也这样脑筋旧！"说完便亲自在手术单上签了字。然而，当医生打开他的腹腔时，里面已经流出了恶臭的脓液。此时，急性阑尾炎已转为致命的败血症。3月6日凌晨，高君宇与世长辞，年仅29岁。

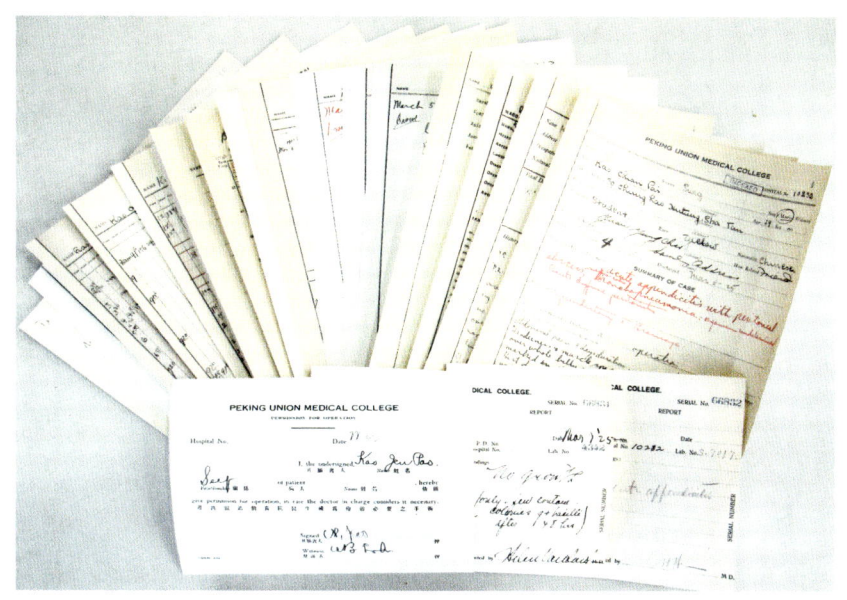

高君宇病例

高君宇短暂的一生是灿烂辉煌的。他在给女友石评梅的信中写道:"我有两个世界,一个世界一切都属于你,我是连灵魂都永禁的俘虏;在另一个世界里,我是不属于你的,更不属于我自己,我只是历史使命的走卒。"

依照高君宇生前的愿望,同志们把他安葬在北京陶然亭。他的墓碑上留下石评梅深情的文字:

> 君宇,我无力挽住你迅忽如彗星之生命,我只有把剩下的泪流到你坟头,直到我不能来看你的时候。
>
> 评梅

1928年9月30日,石评梅也在协和医院病逝。

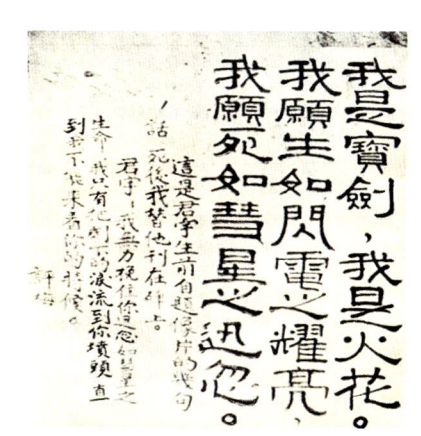

高君宇墓碑上的言志诗和石评梅寄语

33

五、赵世炎：志士不辞牺牲

赵世炎

1927年7月2日，由于叛徒的出卖，赵世炎①在上海的家中被捕。无论敌人怎样施以酷刑，他始终坚贞不屈，满怀革命豪情地说："志士不辞牺牲，革命种子已经布满大江南北，一定会茁壮成长起来，共产党最后必将取得胜利！"

（一）在革命中历练成长

1915年春，赵世炎以优异成绩考上家乡的酉阳联合中学，但他最终选择跟四哥一起到国立北京高等师范学校附属中学读书。

在高师附中学习期间，赵世炎非常重视文化课的学习，尤其喜欢英语，同时还积极参加课外活动。他经常到图书馆查阅报纸刊物了解国内外信息，与其他知识分子一样寻求打破专制主义的利剑。赵世炎接触《新青年》杂志后，义无反顾地投入到新文化运动的潮流中，他还撰写文章阐发自己民主主义的观点。

1919年五四运动爆发后，赵世炎立即与同学们一起开展爱国活动。他大声疾呼："日本人强占我们的青岛，欧美人同意他占据青岛，段祺瑞不敢力争，我们为了救国，必须起来反对。"5月7日，高师附中成立学生会，赵世炎被推举为干事长。他活跃在五四运动的前线，遇到紧急情况时冷静分析，每遇他人有不同意见也认真听取，经过判断后再发表自己的看法。因此，赵世炎成长很快，他的见解也得到多

---

① 赵世炎（1901—1927），笔名施英，四川酉阳（今属重庆市）人。中国共产党早期杰出的无产阶级革命家、卓越的马克思主义理论传播者、著名的工人运动领袖、中国共产党的创始人之一。

数人的赞同。

7月,赵世炎中学毕业,经李大钊介绍,加入到少年中国学会。他还在师大附中学生中组织少年学会,出版《少年》半月刊。赵世炎在《少年》半月刊上发表了《说少年》,分析当时一般青年的思想状态,揭露封建家庭、旧的教育制度对青少年的思想束缚和毒害,号召青年决不能听任旧社会的摆布,要敢于奋起斗争,彻底推翻旧的社会制度。

1919年秋,赵世炎进入吴玉章在北京主办的法文专修馆,主攻法文兼修英文,为留法勤工俭学做准备。他发奋读书,常常因学到深夜而不能回寓所,就在法文专修馆学生会的办公桌上过夜。他还常引经据典风趣地说:"饭疏食饮水,曲肱而枕之,乐亦在其中矣。"[1]除了学习和劳动以外,赵世炎还主办《工读》半月刊和《平民》周刊。《工读》半月刊创刊词中,他公开主张在中国应该实行社会主义。赵世炎认为,中国社会坏透了,不图解救不可能长久,而解救之道只能是社会主义。因为社会主义最公道,最平等,它无军阀、无财阀、无种界国界,经济上固然好,道德上尤其好。

经过学习先进的理论和参加革命运动,赵世炎的思想有了极大的飞跃,他逐步寻找到改造中国的正确道路。

(二)筹建旅欧中国少年共产党

1920年5月,赵世炎从上海搭乘"阿芒贝利号"船前往法国勤工俭学。他进到铁厂做工,由于不懂技术,只能做些零工活。每天8小时工作之余,赵世炎还抽出3小时的时间学习,主要补习法文、读法文版《资本论》和法国共产党机关报《人道报》。他经常找一起勤工俭学的朋友们讨论问题,还为国内的《少年》半月刊组织稿件。

第一次世界大战后的法国经济萧条,赵世炎等人被迫离开工厂。几个月勤工俭学的生活,让赵世炎认识到资本主义发达国家也充满黑暗和腐败,并不像自己想象中的那样在欧洲可以处处得到安慰,这也

---

[1] 出自《论语·述而》。

使他认识到自己对于改造社会的看法很多是空想的。

越来越多的赴法学生无工可做，赵世炎联合李立三等人共同发起创建劳动学会，提出必须组织工人才能进行革命斗争。1921年2月赵世炎接到陈独秀由国内寄来的信，谈到国内已建立共产党组织的问题。随后，赵世炎与刚来法国不久的北京共产党小组成员张申府取得联系，开始筹备在旅欧华人中的建党工作。张申府、刘清扬介绍周恩来入党后，旅欧中国共产党支部成立。7月，中国共产党成立，赵世炎等旅欧支部成员同时成为中共党员。

1922年4月，赵世炎等人决定在欧洲成立一个青年团。准备两个多月后，由旅法、旅德、旅比三国的学生选出代表到巴黎召开中国少年共产党成立大会。赵世炎担任大会主持人，报告旅欧共产主义青年团的成立意义和筹备过程。大会讨论团的章程，决定团组织的名称为旅欧中国少年共产党。团的领导机构是中央执行委员会，赵世炎任书记，周恩来任宣传委员，李维汉任组织委员。

后来，旅欧中国少年共产党内部又成立共产主义研究会，刊物为《少年》(后更名为《赤光》)，主要用于推动马克思主义的学习和研究，赵世炎担任编辑。

1923年3月18日，赵世炎同王若飞、陈延年、陈乔年等12人，根据共产国际远东局和中共中央的决定，离开法国巴黎赴莫斯科东方劳动者共产主义大学学习。其间赵世炎列席在莫斯科召开的共产国际第五次代表大会。大会结束后，中共中央根据李大钊的提议决定让赵世炎提前回国。

(三)一片丹心为革命

1924年秋，赵世炎回到北京，任中共北京区委委员兼地委委员长(1925年1月，委员长改称书记)，机关设在北京大学红楼。同年10月，冯玉祥发动北京政变，表示愿意与孙中山的广东政府联合，电邀孙中山北上。11月，孙中山动身北上。赵世炎得知消息后号召北京人民站在革命的立场上真诚欢迎孙中山，他表示这将给中华民族带来生机。

1925年3月10日，国民会议促成会在北京召开。中共北京区委召开专门会议讨论这次大会的有关问题，决定联络各地代表中的共产党人成立临时党团，赵世炎任党团书记，负责大会的全面领导工作。在会议期间赵世炎做了4次报告，指出必须反对一切帝国主义，废除一切不平等条约，保证中国在国际上的完全独立。

1925年春，赵世炎开始担任北京区委宣传部部长，他借鉴国外的工人运动经验指导国内的工人运动，先后在西城、东城、南城分别建立工人俱乐部，以开展游艺活动为由，组织工人学习文化，交流思想，宣传马克思主义。

赵世炎注重党的组织建设。他经常深入群众，发展工人、农民积极分子入党，增加党的工人阶级成分。他还关心培养青年和少数民族，向他们讲解马克思主义基本原理，介绍他们加入中国共产党。北京党组织在很短时间内迅速壮大，为北方区委的成立奠定了坚实基础。

1925年10月，中共北方区委成立。李大钊任北方区委书记，赵世炎任宣传部部长、职工运动委员会主任兼中共北京地委书记。

北方区委成立后，以《政治生活》周刊为机关刊物，由赵世炎担任主编。该刊主要负责宣传马克思主义，宣传反帝反封建的革命纲领。赵世炎笔锋犀利、文字流畅，以世炎、施英等名字在《政治生活》上发表文章50余篇。

1925年11月，国民军驻京部队要换防，赵世炎提议抓住这次机会发动北京民众起义，给帝国主义和段祺瑞政府一个沉重打击。这次起义最终因为国民党右派的出卖而只进行了一场示威游行，但赵世炎认为这次革命运动是全国人民的呼声。他从这次运动中认识到，要想打败帝国主义和军阀政府，共产党必须掌握枪杆子。

赵世炎根据党组织的工作安排，先后前往天津、广州、上海指导工人运动，宣传马克思主义。在白色恐怖下，赵世炎经常变换装束，时而西装革履，时而长袍马褂，有时化装为高级职员，有时又改扮成商人，以此来躲避敌人的侦探。

中共北方区委出版的机关刊物《政治生活》及《北方区通讯》

1927年5月,赵世炎在中共五大上当选为中央委员。中共中央决定把赵世炎调到外地工作。但因四一二反革命政变后有许多事情需要处理,他没能及时离开上海。由于叛徒的出卖,7月2日黄昏,赵世炎刚刚回到家中即被捕,拘押在英租界的临时法院。7月4日晚,赵世炎被转移到国民党淞沪警备司令部军法处,遭叛徒指认,无法再掩盖自己的身份,他承认自己是共产党员,索性在刑讯室和拘押所公开宣传共产主义,宣传中国共产党的革命路线,揭露蒋介石叛变革命,背叛孙中山"联俄、联共、扶助农工"的三大政策,充当帝国主义的走狗,杀害中国人民的罪行,大骂可耻叛徒。他向敌人宣布:"你们只能捉到我一个赵世炎,要想从我口里得到半点机密,那是枉费心机。要杀,要斩,尽管随便。"敌人无可奈何,决定杀害他。

1927年7月19日,赵世炎在上海枫林桥刑场英勇就义,年仅27岁。

六、陈乔年：党性高于一切

"让我们的子孙后代享受前人披荆斩棘的幸福吧！"这句话是陈乔年烈士就义前的慷慨陈词。

（一）临时受命办印厂

作为陈独秀的儿子，陈乔年没有在父亲的光环下生活，而是凭借努力创造属于自己的辉煌。

在五四运动的影响下，年轻的他与哥哥陈延年一起赴法国勤工俭学。他们在法国学习革命的真理——马克思主义。1922年，兄弟俩经中共中央批准都成为中共党员。1923年，陈乔年又与哥哥一起前往莫斯科东方劳动者共产主义大

陈乔年

学学习。一年之后，根据党组织安排，陈乔年回到北京工作，先后担任中共北京区委兼北京地委书记。

此时的北京，反对帝国主义和北洋政府统治的斗争日趋高涨，国民党右派也伺机破坏国共统一战线，共产党的宣传工作变得愈益艰难。共产党创办的报刊书籍经常被反动当局查封，印刷厂也一再更换。在紧张的局势下，为了加强党的宣传工作，北京区委决定开办一个秘密印刷厂，并把这个艰巨的任务交给陈乔年。

陈乔年接到任务后，紧锣密鼓地研究创办印刷厂的具体事项。他聘请经验丰富的印刷工人，租赁厂房，选购机器和印刷用品，不到10天，秘密印刷厂就开工了。

党中央的机关报《向导》和北京区委的机关刊物《政治生活》以及一些传单源源不断地从这个秘密印刷厂输送出来。为了混淆敌人耳目，陈乔年决定印刷厂白天承印市民的一般稿件，晚上印党的报刊

和宣传品。除此之外，印刷厂还半年更换一次地址和名称。这样坚持一年多，敌人都没有摸清印刷厂的真实面目。秘密印刷厂为党的宣传工作做出不小贡献。

（二）一切行动听指挥

1925年10月，中共北方区委成立。由于回国一年来所做的大量组织和宣传工作得到党组织的认可，陈乔年担任组织部部长。

北方区委成立后，为给党培养工作人才，决定成立区委党校，由罗亦农担任党校校长，主持党校工作。陈乔年负责马克思主义阶级斗争理论、党的建设、世界革命形势和国际共产主义运动概况等课程的讲授任务。他常常彻夜不眠准备讲稿，课讲得深入浅出，条分缕析，很有说服力，给学员们留下了深刻印象。

不久，奉系军阀将领郭松龄倒戈，段祺瑞政府摇摇欲坠，国民军趁势控制了北京地区。北方区委召开会议时，有人提出可以发动群众，搞一次推翻段祺瑞政府的革命。陈乔年冷静地分析敌我双方力量对比之后，提出不同意见。他认为，革命形势虽好，但起义问题要慎重考虑。因为国民军虽然同情群众的革命运动，但其上层领导人物的态度尚不明朗，而中国共产党又没有自己的军队，目前党所能组织的革命力量主要还是青年学生，国民军的态度一旦有变，起义就难以成功。陈乔年的意见得到重视。接着又有同志提出，可以做两手准备，根据形势的发展灵活安排，纵然起义难以持久，起码也可以显示群众的力量，给段祺瑞政府一个沉重打击。区委经过反复讨论后，采纳了这个意见，做出发动"首都革命"的决定，并成立由赵世炎、陈乔年等人组成的行动委员会，具体负责"首都革命"的准备工作和指挥工作。陈乔年虽有不同意见，但仍坚决执行区委的决定，积极参加行动委员会的工作。

事情反转得太快，革命还未开始，国民党右派就开始到国民军那里造谣挑拨关系，国民军就像墙头草一样摇摆，背弃了响应群众革命的许诺。行动委员会得知这一消息后，当机立断召开国民会议，率领群众举行大规模游行示威，"首都革命"就此夭折。

"首都革命"虽然失败了,但却显示出群众的强大力量,给段祺瑞政府不小的打击。它的结局,再次证明陈乔年对于革命形势把握的准确性以及坚定维护党组织决定的党性观念。

(三)乐观的革命先锋

1926年3月,日本军舰在天津大沽口炮轰驻防此地的中国国民军部队,当国民军反击时他们却倒打一耙,指责国民军封锁大沽口违反《辛丑条约》。这种蛮横的行径激起中国人民的极大愤慨。北京80多所学校、60多个团体数千人在天安门举行"反对八国通牒国民大会"。会前,陈乔年、赵世炎等在北方区委会议上,报告发动群众和准备大会的情况。李大钊表示要亲自参加群众集会,陈乔年提出让其卫士汤汝贤伴随,以保护其安全。

陈乔年等人在参加完国民大会之后,又立即组织群众游行反对日本帝国主义,当游行队伍行进到段祺瑞执政府前请愿时,不料想反动军警却开枪射击手无寸铁的群众。在紧急情况下,陈乔年冷静指挥群众撤退,自己胸部被军警刺中,他忍着剧痛继续指挥,最后在区委同志搀扶下回到区委机关。

当天,北方区委立即开会研究惨案发生后应采取的对策。陈乔年

1926年3月18日,示威群众与执政府卫队之间对峙

不顾伤痛，在会上发表自己的意见。李大钊见他面色煞白，让他去休息，但他一直坚持到散会才离去。

陈乔年在担任北方区委组织部部长期间，除领导北方地区革命运动以外，还对党组织的建设做出贡献。在发展党员方面，他经常深入到学校、工厂、机关了解情况。在他的指导下，北方党员人数大幅增长，促进了党组织的发展。

那时，在区委机关工作的同志经常为赶印宣传品而加夜班，陈乔年见有的年轻同志爱打瞌睡，便主动到他们旁边，一边写东西，一边陪伴他们，写完了文章，又帮助他们工作。有的同志担心这样会影响他的身体健康，就劝他早点睡觉，他却笑着说："你们睡了，我也睡了，文件也就跟着睡了。这样，我们的工作也都睡着啦！"引得大家哈哈大笑，驱散了睡意。陈乔年就是这样一个朝气蓬勃、精力旺盛、充满乐观主义的革命战士！

陈乔年是一个不会因为自己父亲的权威就不敢发声的人。大革命失败后，在党的八七会议上，陈乔年对父亲陈独秀的右倾机会主义错误进行了严肃的批评。1927年秋，陈乔年被调到上海工作，任中共江苏省委组织部部长。1928年2月，因叛徒告密，陈乔年被捕。在狱中，他受尽敌人的酷刑，始终严守党的机密。敌人无法从他这里得到想要的东西，就决定杀害他。狱中难友得知后十分难过。可他却鼓励大家："要为革命保重身体，好好学习，以便将来继续为党工作。"

1928年6月6日，年仅26岁的陈乔年在上海英勇就义。

七、邵飘萍：以笔为枪的秘密共产党员

在中国近现代新闻事业与新闻教育事业中，最负盛名的开拓者，无疑当数邵飘萍[①]。在他的报业生涯中，始终坚持真理、勇于探索、

[①] 邵飘萍（1886—1926），浙江东阳人。民国时期著名报人、《京报》创办者，中国传播马克思主义、介绍俄国十月革命先驱者之一，杰出的无产阶级新闻战士、中国新闻理论的奠基人。

精益求精。他是一个热忱的爱国者,是中国最早传播马克思主义、介绍新生苏维埃俄国的人物之一,以后又成为中国共产党的一员。邵飘萍以奋斗的一生,在中国革命历史中留下了不朽的业绩。被后人誉为"报业泰斗""反帝反封建的勇猛斗士"。

邵飘萍

(一)第一个驻北京特派记者

邵飘萍本来是三尺讲台上的传道授业解惑者,但动荡的局势让他深感在报纸上刊载文笔犀利、富于鼓动性和感染力的文章,更能唤醒国人。于是,邵飘萍开始给上海《申报》写地方通讯,从此与报纸结缘并成为他一生的事业。

邵飘萍在杭州结识进步人士杭辛斋,被他聘任为《汉民日报》的主笔。《汉民日报》为国民党机关报,日出两张。邵飘萍的文章大力宣传孙中山先生的主张,推进民主革命,为读者所喜爱,为同人所推崇。邵飘萍以其出众的才华和顺应时代潮流的呐喊,被浙江省新闻界推为省报界公会干事长。

由于《汉民日报》的文章过于犀利,不久便被袁世凯政府查封。1913年,邵飘萍被迫逃亡日本。1916年春,邵飘萍接到上海新闻界同人的特电邀请,返回祖国,在沪主持《时报》《申报》《时事新报》笔政,积极参与护国倒袁斗争。同年夏,袁世凯因复辟帝制失败忧惧而死。在举国上下声讨袁世凯的斗争中,邵飘萍再次充分显示出他的机敏与才华,他的文章深得进步读者喜爱,也深受同行敬佩。上海《申报》社长史量才慧眼识英才,聘他为该报驻北京特派记者。从此,而立之年的邵飘萍成为中国新闻史上第一个享有"特派员"称号的记者。

1916年7月，邵飘萍抵达北京。此时北京的新闻界一片混乱，报纸要么是政客操纵舆论的工具，要么是刊登黄色新闻来吸引读者，新闻已失去它本来的价值。为了扭转这种局面，邵飘萍在南城的珠巢街（今珠朝街）租下一处房子，创办了一家新闻编译社，开了国人自办通讯社之先河。其任务：一是自编自采本国新闻，二是直接翻译国外新闻，然后把这些文稿分送各个报馆。这家通讯社规模不大设备简陋，却打破了外国通讯社对北京舆论的操纵。

（二）《京报》面世

除办通讯社之外，邵飘萍还心心念念地要办一份属于自己的报纸。《申报》的聘约期未满，他便主动请辞。几经周折，1918年10月5日，《京报》面世了。邵飘萍手书"铁肩辣手"4个字悬挂在编辑室，与诸位仁人志士共勉。在邵飘萍带领下，这家位于北京前门外三眼井38号的报社，逐渐成为抨击黑暗、伸张正义的前沿阵地。

在当日出版的《京报》创刊号上，邵飘萍在《本报因何而出世乎》的创刊词中写道："时局纷乱极点，乃国民毫无实力之故耳。……必从政治教育入手。树不拔之基，乃万年大计茹本之策。……必使政府听命于正当民意之前，是即本报之所作为也！"《京报》一问世，就以针砭时弊的姿态惊艳了久被蒙蔽的人们。

北洋政府意欲用赠送宣传费的名义收买《京报》，被社长邵飘萍严词拒绝了。虽然经费紧张，但在邵飘萍的大力推动下，报社取得非凡的成绩，发行范围不断扩大。《京报》从报道内政外交的迅速性、准确性、针对性上着手，树立起的进步与正义的形象，收获大批读者。随着业务的扩大，报社由前门外三眼井38号先后迁到琉璃厂小沙土园21号、魏染胡同。

在当时，一份自费办的报纸，能够扭转报纸与记者地位不高的局势，实属不易。邵飘萍的功劳可列首位。他具有扎实深厚的采访功底，把新闻的真实性视为生命。在当时，作为一名记者想要获得一些独特、真实的消息，不与政府要人打交道是不行的，因为只有他们才了解当时的重大政治经济事件的内幕。可这些人偏偏又最忌讳与记者交谈，生怕从片言只语中暴露自己的内心世界。邵飘萍在采访这些人时，通过迂回曲折地旁敲侧击，貌似天南地北信手拈来地闲聊，从对方不加戒备的谈论中，巧妙地获取一些不可多得的新闻，不动声色地摸索出衣中的纸笔，随意写张便条，然后送给在门外等候的"脚踏车"记者，随得随发。

善于灵活地掌握机会，是邵飘萍新闻采访中的另一大特色。有一次，段祺瑞内阁举行会议，特别规定严禁记者旁听。邵飘萍得知后，便雇了一辆小轿车，等候在会议厅门前。正好法国公使来参加会议，邵飘萍便从容地尾随而入。门卫误以为他是法国公使的随从，未加阻拦。邵飘萍掌握了会议的内容后，连夜赶写文章，第二天在报上做了详细报道。段祺瑞见报大吃一惊，百般不解消息是如何透露的。北京的官僚们渐渐地都知道了这位神奇的记者邵飘萍。

（三）青年人的良师益友

邵飘萍在办报之余还特别重视培养青年。1918年10月，他得知北京大学即将成立新闻学研究会，特意致函校长蔡元培，极力促成此事。研究会成立后，邵飘萍被聘为导师，每周日去给学生们讲新闻学知识和关于工人运动的报道内容。这些学生里面包括了毛泽东、高君宇、罗章龙、谭平山等革命志士。

为提高学生的政治素质与业务能力，邵飘萍专门邀请北京大学图书馆主任李大钊讲演社会问题，为学生创办练笔的园地《新闻周刊》，促使这批青年面向社会，在实践中成为有用之才。邵飘萍在讲授新闻学过程中，与毛泽东相识相交，还给过毛泽东经济上的支持。后来，毛泽东在陕北与美国记者埃德加·斯诺谈话时，曾提及这段往事，并盛赞邵飘萍的热情与品质。

1918年10月，北大学生骨干成立国民杂志社，聘请邵飘萍为顾问。在邵飘萍等人的积极支持和精心指导下，《国民》杂志一经出版就展示出鲜明的政治色彩，紧密配合了正在酝酿中的反帝爱国运动。

1919年，巴黎和会上中国外交的失败激起爱国学生和革命者的愤怒。邵飘萍为此撰文疾呼："山东问题为吾国存亡所系，勿待赘述。我国民亦既有此觉悟而一致奋起矣。"5月3日晚的北京大学法科礼堂，云集了千余名各校代表，邵飘萍以京报社社长、新闻学研究会导师、国民杂志社顾问的身份，首先发表了慷慨激昂的演说。他先向学生们报告巴黎和会上中国外交失败的经过和原因，又具体分析山东问题的性质及当前形势。他向青年们指出："现在民族危机系于一发，如果我们再缄默等待，民族就无从挽救而只有沦亡了。北大是最高学府，应当挺身而出，把各校同学发动起来，救亡图存，奋起抗争。"这富有鼓动性的声声疾呼，使在场青年学生们激情更加高涨。次日，数千学生走上街头举行声势浩大的示威游行。一场轰轰烈烈的五四爱国运动，揭开了中国近代历史上新的一页。

五四运动中，《京报》刊载了大量揭露曹汝霖、陆宗舆、章宗祥等卖国贼的文章。邵飘萍还联络社会各界站在爱国学生一边，共同斗争。他的所有所为，使段祺瑞政府深为震恐，在这一年8月，当局以"扰乱京师治安"为名，先是查封了创刊不到一年的《京报》，随后又下令全国缉捕邵飘萍。一时搜捕风声甚紧，邵飘萍不得不二次东渡日本。

1920年7月，段祺瑞执政府下台，邵飘萍闻讯赶回北京。他回来后的第一件事就是重新编排《京报》。在李大钊等人的帮助下，《京报》于9月20日顺利复刊。此后，《京报》以崭新的面目，成为北方地区令人瞩目的革命舆论阵地之一。

（四）中国共产党秘密党员

邵飘萍以一颗赤诚的爱国心支持中国共产党的工作。《京报》先后出版《苏维埃国大联合正式成立》《纪念马克思特刊》《列宁特刊》等，不遗余力地传播马克思主义。凡《京报》宣传有关中国共产党人的重大活动，或介绍马克思主义和苏俄的文章，他都亲拟标题、安排版面。中共中央机关刊物《向导》周报创刊后，每一期的详细目录《京报》都以广告形式刊登，并配以热情洋溢的评介文字。

随着国内局势越发紧张，邵飘萍深感一般的宣传报道已经远远不够。他积极投入到革命的洪流中，为支持中共北方区委领导的"非宗教运动",利用《京报》的有利条件,顶着风险主持印刷《非宗教论》一书。二七惨案发生后,《京报》先后刊出《京汉路工人昨起大罢工》《昨日长辛店枪击工人大惨剧》《第三国际慰问京汉路工》几篇文章,从舆论上和道义上给工人阶级以支持。在三一八惨案中,邵飘萍派记者赶往前线采访,自己更是连夜写出《世界空前大惨案》的讨段檄文。不到半个月的时间里,《京报》刊出各种有关惨案的文章多达200余篇。这一切都沉重打击了反动当局,也引起军阀头子的极大恐惧与仇视。

1925年,经李大钊、罗章龙介绍,邵飘萍在北京秘密加入中国共产党。由于其社会地位与名望,党组织要求他以特殊身份开展工作,他的共产党员身份便从未公开过。同年10月,位于城南魏染胡同的京报馆新楼落成。这是座两层的砖楼,楼下有经营部、传达室,楼上设有编辑部和经理室。在报馆附近还自办一家昭明印刷厂。印刷厂内有一个秘密印刷室,专门为共产党组织印刷文件时使用。由于读者喜爱,内部经营有方,这时的《京报》已成为北京发行量最大的报纸之一。《京报》不仅版面编排新颖、内容充实生动,而且广泛吸引社会名流为该报撰稿,创办副刊多达10余种。邵飘萍为《京报》发展呕心沥血、孜孜以求,无论是做人还是做事,都为后人留下可资借鉴之处。

1926年4月初,奉系军阀张作霖与直系军阀吴佩孚联手攻打北京。邵飘萍历来以笔作枪,猛烈抨击土匪出身的张作霖的各种罪行,早被奉系军阀头子视为眼中钉、肉中刺。为了缉捕邵飘

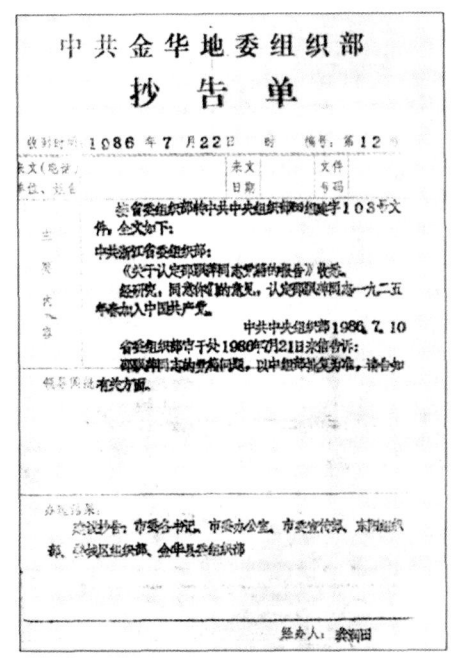

关于认定邵飘萍党籍的抄告单

萍，奉军以造币厂厂长一职和2万块大洋为诱饵，收买曾与邵飘萍有过旧交的大陆报社社长张翰举。这个卖身投靠军阀的无耻文人出卖了邵飘萍。

4月22日，《京报》刊出邵飘萍事先拟好的一份《飘萍启事》，以正话反说的笔法回应了奉系军阀的攻击，并再次抨击了当局的倒行逆施。4月24日，在张翰举的欺骗下，邵飘萍回京报馆料理馆务，不料途中被预先埋伏的侦探逮捕。次日，《北京晚报》以《京报馆被封》发表消息，披露了邵飘萍被捕一事。北京新闻界激于义愤，紧急磋商营救办法，并公推13名代表前去晋见张学良。谈判3小时未果，代表含泪而归。

4月26日凌晨，以"勾结赤俄，宣传赤化"的罪名，邵飘萍被奉军执法处押赴天桥东刑场枪杀。临刑时，邵飘萍面无惧色，讥讽地向监刑官拱拱手说："诸位免送！"随后仰天长啸，悲壮赴死。刑吏以薄棺将邵飘萍浮埋于崇文门外二郎庙的义冢墓地。次日，家属前去寻尸，将烈士的遗体重新收殓后，秘密运到广安门外的天宁寺古塔下安葬。

邵飘萍被害翌日，北京《世界日报》头版以《邵飘萍以身殉报》为题刊出这一噩耗。广大进步群众和新闻工作者得知这一消息，无不痛惜人民失去一位优秀的新闻工作者、一个以笔为枪向敌冲杀的英勇战士。

邵飘萍在他办报的十几年里，尽管遭受到各种各样的曲折、磨难，始终不屈不挠地为追求真理、主持正义、宣传革命而英勇奋斗。

毛泽东多次回忆起邵飘萍，闻名遐迩的《西行漫记》记录了毛泽东对邵飘萍充满敬意的回忆及评价："特别是邵飘萍，对我帮助很大。他是新闻学会的讲师，是一个自由主义者，一个具有热情理想和优良品质的人。"1949年4月21日，在新中国即将成立的日理万机中，毛泽东还亲自批复：追认邵飘萍为革命烈士。这无疑是对邵飘萍一生功绩的肯定。

八、北方的红星:长辛店二七大罢工群体

20世纪20年代,北京的长辛店铁路工厂有3000多名工人。山东的史文彬、葛树贵,河北的吴祯,北京的杨诗田都是这个工厂的工人,他们有的在二七大罢工中牺牲,有的为争取工人利益战斗到生命的最后一刻。

(一)从普通工人到党支部书记

史文彬,1912年来到长辛店铁路工厂当了一名白铁工。在这里,他看到残酷的剥削和压迫:工作时间不许上厕所,甚至连口凉水都不让喝;工头们变着花样敲诈、勒索工人的血汗钱。

史文彬并不是一个逆来顺受的人,面对压迫,他奋起反抗。五四运动时,为支援学生,他带领工人加入各界联合会、救国十人团,创办"夜班通俗学校"给工人上课。1920年,当邓中夏带着北大平民教育讲演团来宣传革命真理时,他组织工友们听讲,当年还第一次庆祝了五一国际劳动节。

北京共产党小组成立后,李大钊等人指导长辛店创办劳动补习学校。在课堂学习中,史文彬慢慢领悟了工人阶级的使命。他一边工作、一边开展工人运动,带领着工人游行并成立工会。中国共产党成立后,史文彬成为工人党员之一,还担任了长辛店党支部的书记。

史文彬在斗争中锻炼成长,逐渐走向成熟。他认为:"今日中国整个工人阶级都应该与书记部结义,联合干咱们的事业。"1922年4月9日,京汉铁路总工会第一次筹备会议在长辛店召开,史文彬被

史文彬

49

选为筹委会副主任。同年8月24日,在劳动组合书记部的指导下,为了改善工人生活和劳动条件,京汉铁路北段(北京至邢台)工人举行了第一次大罢工,坚持了3天,取得了胜利。8月罢工的胜利,对京汉铁路乃至北方的工人运动产生极大影响,工人们赞誉长辛店是"北方的红星"。

(二)工人表率"大老葛"

1904年,葛树贵的家乡山东省临邑县闹灾荒,没有活路的他带着老母亲直接北上投奔了在长辛店机车厂做工的舅舅,那时他才17岁。葛树贵有着山东人的豪爽和高大体形,干活时从不偷懒,还经常帮助别人,他的实在劲很快赢得工友们的认同,大家都称他为"大老葛"。

在工厂里,工人们挨打受气,吃不饱穿不暖。面对此种景象,葛树贵是看在眼里、记在心间,想着总有一天要为工友们讨个公道。直到1921年,"大老葛"在劳动补习学校中明白了劳动创造一切,工人才是真正的主人,工人是被资本家剥削才如此贫穷困苦,所以要把工人组织起来推翻资产阶级的压迫。

后来,长辛店的铁路工人成立工会和纠察队,葛树贵积极加入,并担任工人纠察队队长。1922年8月,邓中夏领导长辛店铁路工人进行了第一次罢工,目标是开除5个工头,给全铁路工人加薪。"大老葛"带着纠察队占领火车站,他们的任务是截断铁路运输,阻止所有过往车辆运行。狡猾的铁路局局长赵继贤得知消息后竟派出一辆军车企图武力镇压。

军车到达车站后,大兵们看到工人雄赳赳气昂昂的阵仗不敢下

葛树贵

车。两名铁路警察站在司机室门口，狐假虎威地号着："快散开，不然就开枪了！""大老葛"率纠察队员们拥上前去，纷纷质问："你们还有没有点儿良心？"另一个警察叫嚷着："你们要干什么？"纠察队队员理直气壮地回答："罢工！你要怎么样？"两个警察被拉下车来，做了纠察队的俘虏。

当赵继贤来找工人们要人时，葛树贵抓住时机让他先把被扣在卢沟桥的工人放了，再开除5个工头给工人涨工资。赵继贤无计可施，只得答应他们的条件。持续3天的京汉铁路工人8月罢工取得胜利，工人士气大涨，这令人振奋的消息一下子传遍了全国。

（三）奋斗求解放的"吴大脖子"

吴祯，京汉铁路二七大罢工烈士，河北涿县回族人。早年为生活所迫，到长辛店机车厂打工。由于营养不良和过度劳累，他得了甲状腺疾病，脖子又粗又大，工人们都叫他"吴大脖子"。吴祯身材高大魁伟，方脸大眼，秉性耿直，为人忠厚。他不抽烟、不喝酒、不赌博，爱打抱不平、帮助穷人，深得工友的爱戴。

1921年，吴祯积极参加劳动补习学校的学习。在那里，他第一次受到马克思主义的教育，懂得阶级压迫和剥削是广大工人受苦的根源，开始确立为工人阶级翻身解放而斗争的信念。从此，这个疾恶如仇的壮汉，开始为人类共同的解放事业而斗争。

8月罢工前夕，工会的谈判代表谢德清被赵继贤收买临阵倒戈，成为工贼。工人俱乐部弄清这些情况后，决定由吴祯带几个人去劫持谢德清，把他带到工人俱乐部教训一顿。狡猾的谢德清半路逃跑，到宪兵队躲了起来。吴祯等赶到宪

吴祯

兵队，站岗的宪兵用刺刀挡住去路，不让他们进门，吴祯说："我们是工人俱乐部的，来捉拿工贼谢德清。""不行，这是军事重地。"宪兵关上了大门。吴祯一看这情景，便想了一个办法。他对一个工人附耳说了几句，只见那个工人飞也似的跑回了工厂。

一小会儿的工夫，下班的汽笛突然提前响了，工人们一齐向宪兵队涌来，把宪兵队围得水泄不通。大家挥着拳头高呼口号，宪兵队队长害怕工人再次罢工，只好叫士兵把谢德清押出来，还装模作样地上了五花大绑，证明他们没有将工贼放走，工人们把谢德清拖到俱乐部。第二天，俱乐部宣布谢德清为工贼，将其驱逐出厂。

（四）英勇旗手杨诗田

杨诗田是北京昌平人，幼年曾入私塾读书，颇识得些字。他到长辛店机车厂后，凭着心灵手巧干活精细，经常热心帮助工友解决技术难题，很快就在厂里站稳脚跟。

长辛店机车厂成立工会后，杨诗田被合拢科的会员们推举为科干事（相当于车间工会主席）。这之后，杨诗田经常把工人们召集到一起给他们讲时下新闻和《劳动周刊》上的文章，开阔工友们的眼界，坚定他们团结起来反抗资本家的信心。资本家的剥削、军阀的混战、工人凄惨的生活，让这些最先觉悟的工人意识到必须在中国共产党的领导下展开斗争，工人才能翻身做主人。

1923年2月7日是个不能被忘却的日子。2月1日，京汉铁路总工会在郑州召开成立大会，全路代表云集郑州。吴佩孚得知这一消息后，对大会进行疯狂破坏和镇压。总工会当机立断决定举行全线罢

杨诗田画像（昌平区委党史办 提供）

工。2月4日上午，长辛店3000多名工人齐集在娘娘宫开大会，史文彬在大会上宣布总工会的罢工命令并说："我们要誓死保卫总工会，坚决听从总工会的命令，绝不能做软骨头去妥协。"经过3天多的较量，工人罢工的情绪持续高涨。吴佩孚派军警抓走史文彬、陈励懋、吴春溪、吴祯等12人。

2月7日，长辛店铁路工人在罗章龙的指导下，决定由葛树贵和杨诗田担负起领导责任，带领工人到火神庙——京汉铁路长辛店警务局去要人。工人们来到火神庙，大喊："还我们工友。"正在这时，第14混成旅旅长时全盛带领着一队士兵来到火神庙，士兵们站在庙前的台阶上。当工人们向前冲的时候，他下令开枪。挥舞着大旗的杨诗田牺牲在长辛店街头，时年39岁。

葛树贵在罢工斗争中头部受了重伤。当天夜里，"大老葛"在家中牺牲，时年37岁。

史文彬、吴祯、陈励懋、吴春溪等人入狱七八个月后，吴祯被折磨得身患重病，不治身亡，时年42岁。两年之后，党组织把史文彬等人营救出狱。史文彬辗转郑州、天津、武汉继续从事工人运动。1926年，史文彬在党的第六次全国代表大会上当选为中央候补委员。1942年，史文彬病情不断恶化，抢救无效逝世，终年55岁。

一群普通的工人，因伟大的革命事业而使生命不再普通。他们用鲜血和生命抒写了中国工人运动的光辉篇章，为我们换来了今天的幸福生活，化作红星的他们将会永远照亮我们前行的道路。

九、取义成仁：与李大钊一同英勇就义的烈士群体

有这样一群人，他们生得平凡，死得伟大。他们为着心中崇高的信仰而牺牲，他们的人生是高尚的。这群人就是1927年同李大钊一起就义的烈士。

（一）为党的事业鞠躬尽瘁

范鸿劼是李大钊的学生和战友。他于1918年考入北京大学理科

范鸿劼

预科。来到北大这个新文化运动的中心,范鸿劼协助李大钊创办马克思学说研究会,如饥似渴地学习马克思主义,开始走上革命的道路。

北京共产党小组成立后,范鸿劼加入其中,在李大钊的带领下一边从事马克思恩格斯经典著作研究,一边参加社会实践活动。1922年三、四月间,在北京党组织领导下,掀起一场反对帝国主义的非宗教运动。由范鸿劼和李大钊、高君宇等共产党人参加,联合蔡元培、刘复、陶孟和等各界人士,发起"非宗教运动大同盟"。他们在《发起词》中列举帝国主义利用宗教对我国进行侵略的种种罪行,指出:"我们为尊重科学,破除迷信,提高自信力,保持国民人格,反对帝国主义侵略,力图自强自治起见,决定发起非宗教运动。"《发起词》要求"凡赞成这个运动者请签名并广为宣传"。结果参加签名的有200多人,大多数为各大专学校、中学的教职员和学生,还有一些商人和工人。

1922年5月10日,在范鸿劼、邓中夏等人积极筹备下,经过周密安排,在北京大学三院召开"非宗教运动大同盟"成立大会,到会500多人。范鸿劼担任大会主席,会上他与李大钊、邓中夏、黄日葵等被推选为大同盟的干事。"非宗教运动大同盟"成立后,在上海、汉口、天津、长沙、成都等地,都设立分会,不久出版《非宗教论》一书。

第一次直奉战争爆发后,奉军战败退守东北,直系军阀吴佩孚获胜。吴佩孚为欺骗人民,提出"恢复法统"。北京许多进步人士也认为,应扩大人民权利。1922年7月16日至23日,中共二大在上海召开。中共北京党组织为贯彻党的二大精神,建立同国民党及其他社会组织的联合战线，决定由范鸿劼与缪伯英、蔡和森等人负责组织"民权运动大同盟"这一群众团体，以广泛团结和教育广大人民进行反帝反军阀的斗争。

经过紧张筹备，8月24日下午，"民权运动大同盟"成立大会在北京大学三院大礼堂召开。400多人出席大会。会上通过宣言和简章，决定发行《民权周刊》。范鸿劼担任"民权运动大同盟"宣传股主任。

1925年10月，中共北方区委成立。范鸿劼在区委机关刊物《政治生活》上撰写大量文章。他的文章文字生动，通俗易懂。主要内容一是号召反对帝国主义和封建主义，列举帝国主义侵略中国的罪行，呼吁人民走革命的道路。二是从不同角度阐述党的纲领、方针、政策。这有力地驳斥和批判国民党右派的反动观点，配合了党领导的国民会议运动。三是热情洋溢地介绍十月革命胜利经验。在范鸿劼和李大钊、赵世炎等人的努力之下，《政治生活》在指导北方人民蓬勃发展的革命斗争中，起到巨大作用。

三一八惨案后，北方的革命形势进一步恶化，段祺瑞政府发布搜捕李大钊、范鸿劼等人的通缉令。1926年3月底，党组织为保存革命有生力量，更好地开展工作，将过去公开的斗争形式转为秘密的地下斗争形式，并把国共两党的领导机关迁入苏联大使馆内。范鸿劼也随同迁入。

1927年初，党中央调范鸿劼到武汉工作。但他看到北方的困难形势，认为北方更需要自己。在他的再三要求下，中共中央批准他回到北京，继续协助李大钊领导革命运动。

1927年4月6日，反动军阀张作霖不顾国际惯例，竟到使馆区内搜捕革命党人。起初范鸿劼躲在使馆的花房内，敌人没有发觉他。下午，他被发现了，经过一番厮打，被敌人逮捕。当他被带到警察厅时，浑身是血和泥，衣服破烂不堪，自己的同志都难以辨认。

（二）为国共合作事业奋斗不息

1922年，路友于经朋友介绍，来北京《益世报》当编辑。他利用这个机会，经常在《益世报》上发表反帝反封建的文章，为救国救民大声疾呼。在《益世报》工作期间，他不辞辛苦，一边工作一边坚持在北京大学当旁听生，常常在夜间为报社编稿，白天不休息坚持步行5里多路程去北大听课。他常对朋友说："一个人要想为国效力，光有爱国之心不行，还要有文化、有知识，中国为什么近百年来受制于人，就是因为愚昧落后，历史的教训不能再重演了。"他求知若渴，孜孜不倦地吸取着新的知识，武装自己。后来《益世报》被直系军阀收买，发表不利于革命的文章，路友于毅然于1923年底退出该报。

1923年，为了实现他的报国之志，经丁惟汾、王乐平介绍，路友于加入中国国民党。从此，他为着中国国民革命和国共合作事业，奋斗不息。

1924年10月，冯玉祥发动北京政变后，电邀孙中山北上共商国是。当时身为中共北京区委领导人和国民党北京执行部主要负责人的李大钊，全力为迎接孙中山先生北上和为召开全国国民会议促成会进行各项筹备工作。路友于协助李大钊投入到这些紧张筹备工作中。他一方面与北京各群众团体和各大学的进步学生广泛接触，酝酿成立北京国民会议促成会；一方面选派宣传员、特派员到各地去宣传组织成立国民会议促成会。

1925年5月30日，五卅惨案发生。消息传到北京，北京人民群情激愤，6月3日、10日、25日连续进行规模空前的集会游行，并发起各界召开对英日帝国主义残杀同胞雪耻大会。路友于怀着悲愤的心情全力参与筹备会议，起草《北京国民大会对英日帝国主义惨杀同胞事件宣言草案》，写道："帝国主义列强欺凌我孱弱民族，无所不用其极，草菅我人命，侵略我主权，层出不穷，无有尽期"，"如不奋斗，一致抗争，则举国民众死亡无日，殆可预料。……此耻不雪，无以慰死者；此敌不去，无以求生存。"号召全国同胞："一致奋斗，誓不摧挫英日，打倒帝国主义不止。"草案还郑重宣告："自惨案发生后，举凡一切不平等条约，即失其效力，中国国民，绝不承认其束缚能力，本国政府即应本此民意执行。"

早在1924年11月，路友于就针对有人企图制造分裂破坏国共合作的言行，成立"中山主义大同盟"，利用这一组织的力量团结同志坚持"新三民主义"，维护国共合作，反对分裂。他经常深入学校和群众团体的基层组织，宣传孙中山先生的"新三民主义"和"三大政策"，宣传国民党一大宣言，为国共合作奔走呼号。他在基层组织会议上的讲话透彻深刻，说服力强，打动人心。常常从理论上批判国民党右派"反共""溶共"的反动本质，有时在面对面的辩论中，一些坚持搞分裂的人，常常被他驳得张口结舌，无言以对。路友于因此有了"舌战群右"的美誉。当北京执行部的丁惟汾、顾孟余等人以国民党元老自居，说什么两党合作是形式，国民党是正统，并在一些问题上与李大钊发生明显分歧时，路友于总是站在李大钊一边。他不止一次地对同志说："我们不要盲从丁先生的主张，要走三大政策的路，干革命要从大处着眼"，"国民党和共产党大方向是一致的，国民党最后也要走共产主义的道路。"

1927年3月，北京形势非常险恶，革命同志随时都有被捕的危险。国民党北京执行部的委员纷纷离京南下，而路友于谢绝同志们的劝告，毅然从外地返回北京。3月4日途经青岛时，正是他父亲出殡安葬之日。头一年底父亲去世时路友于未能回家，这次竟又未能回家，他从青岛经大连、天津，于3月10日回到北京。事后他给母亲写信说：

> 参加父亲葬礼，儿本义不容辞，然当前时局紧张，公务繁忙，不得脱身，非儿不孝，实无法顾及，望母亲大人见谅。儿素知尽忠不能尽孝，尽孝不能尽忠，自古以来忠孝难以双全。儿既以身许国，当为国效劳，不遗余力。当此国家危难之际，儿纵为家事舍国事，亦恐非您老人家所愿。①

---

① 路汝朴：《忆我的好二哥汝悌》，《民主革命的先驱路友于》，山东人民出版社1988年版，第97页。

这封情真意切、感人肺腑的信打消了家人对他的不满。

4月初的一天晚上，路友于只身到宣武门内前铁厂槐庐北师大学生宿舍找左派青年谈话。他分析当时的严峻形势，并要大家切实注意，以防意外。同志们劝他躲避一下，暂时离开北京。他说："现在，执行部的委员们几乎都已离开北京了，但还有不少工作要做，我必须跟李先生留京。"他在给同志的信中说："我随时都有被捕的危险，我和大钊同志已做好为维护中山先生三民主义和三大政策而牺牲的思想准备。"

4月28日，李大钊、范鸿劼、路友于、李昆及邓文辉、方伯务、李银连、莫同荣、谭祖尧、陶永立、吴平地、谢伯俞、谢承常、阎振三、杨景山、姚彦、英华、张伯华、郑培明、张挹兰等人英勇就义。

李昆　　　　　　邓文辉　　　　　　方伯务

李银连　　　　　　莫同荣　　　　　　谭祖尧

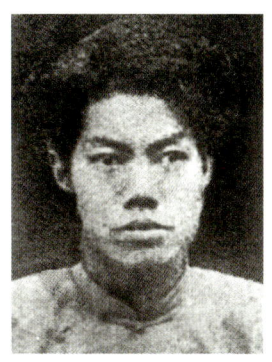
陶永立

吴平地

谢伯俞

谢承常

阎振三

杨景山

姚彦

英华

张伯华

郑培明

第二章

勇于献身　视死如归
——土地革命战争时期（1927—1937）

1927年大革命失败后,中国共产党所领导的人民革命斗争进入土地革命战争时期。这一时期,全国笼罩在白色恐怖之中,国民党对共产党人和革命群众展开了血腥屠杀。"但是,中国共产党和中国人民并没有被吓倒,被征服,被杀绝。他们从地下爬起来,揩干净身上的血迹,掩埋好同伴的尸首,他们又继续战斗了。"[1]在国民党统治下的白区,中共北京(平)[2]党组织在极其艰难、残酷的条件下,前仆后继地投入战斗。

九一八事变后,北平掀起抗日救亡运动的热潮。中共北平组织派遣东北籍学生返回家乡开展抗日斗争,领导北平学生南下请愿示威,帮助冯玉祥组建察哈尔民众抗日同盟军。面对华北危机,北平学生在中国共产党的领导下,举行了伟大的一二·九运动,全国各地群起响应,极大地促进了中国人民的觉醒。

这一时期,北京(平)革命斗争中涌现出一大批红色先驱:为信仰而死的马骏、王荷波、吉鸿昌,用革命音乐唤醒民众斗志的聂耳,在京西播撒革命火种的崔显芳,还有誓把牢底坐穿的草岚子监狱共产党人群体、同国民党文化"围剿"做抗争的左翼文化人群体、发起一二·九运动的先进分子群体,等等。他们虽然身份不同,却有一个共同特点,那就是为革命理想视死如归、为民族独立和人民解放披肝沥胆。

---

[1] 《毛泽东选集》(第三卷),人民出版社1991年版,第1036页。
[2] 1928年4月,国民党继续"北伐",决定"会师北京,完成统一"。6月4日,奉系军阀张作霖弃守北京,退往东北,在皇姑屯被日军炸死。6月8日,阎锡山的晋军接管北京。同月,南京国民政府改北京为北平特别市。

一、马骏：为信仰笑对死亡

北京日坛公园的西北角有一座汉白玉墓，墓碑正面镌刻着邓颖超题写的"回族烈士马骏之墓"。中国革命先驱马骏①长眠于此。马骏为坚持信仰，把自己年轻的生命献给了共产主义事业和人民解放事业，用短暂的一生，写下了爱国、救国、殉国的革命篇章。

1920年，觉悟社部分成员合影。后排左三为马骏，右一为周恩来；前排左五为邓颖超

（一）五四学生运动先锋

1919年5月4日，北京爆发"外争主权、内除国贼"的爱国学生运动。消息传来，天津爱国青年立即响应，成立天津学生联合会，马骏被选为副会长兼执行部部长。马骏和联合会成员一起，上街宣传、演讲，投入到声援北京反帝反封建斗争中。5月23日，他们发动天津中等以上学校1万多人举行总罢课。6月5日，天津学生联合会在南开学校广场召开天津第一次爱国运动大会，马骏在会上带领数千人

---

① 马骏（1895—1928），又名马天安，回族，原吉林宁安（今属黑龙江省）人，中共早期党员之一。1919年9月，参与发起成立天津觉悟社。1922年，他回东北开展工作，在宁安建立党小组，是东北地区的第一个党组织。1925年，联合吉林各界声援五卅运动，担任吉林沪案后援会会长；同年，被派往苏联莫斯科中山大学学习；两年后，奉命回国重建中共北京市委。1927年12月，被京师警察厅逮捕。1928年2月15日，被奉系军阀张作霖杀害。

高声宣读他亲笔写的《宣誓书》："（一）誓保国土；（二）誓挽国权；（三）誓雪国耻；（四）誓除国贼；（五）誓共安危；（六）誓同始终。"①在这铿锵有力的宣誓声中，学生们的爱国热情愈发高涨。

大会原计划举行一次大规模的游行示威，时任直隶省长的曹锐怕群情激愤控制不住，竟然派武装军警进行镇压。他们用枪逼迫学生离开，禁止学生的街头演讲和游行示威活动。见此情景，马骏和几位学生代表立即冲进省长公署同曹锐据理力争，坚持"不达到罢课的目的，绝不上课"。

6月9日，马骏领导天津学生联合会在河北公园举行规模空前的声援北京学生斗争的公民大会，到会者2万人。马骏致开幕词，说明这次大会有两个目的：一是要求商界罢市；一是电请政府严惩卖国贼，保护爱国学生。6月11日，有人煽动商会复市，马骏闻讯立即赶往商会。看到商人对复市蠢蠢欲动，马骏痛心不已，满腔热血地说道："鄙人是吉林人，在天津无有财产，但有生命有热血！请问性命与财产孰重？鄙人虽无财产牺牲，然尚有生命和热血，可流于诸君面前。"说完，马骏就向旁边的柱子撞去，虽然被人拦住，但头已经被撞得鲜血直流。马骏血溅商会，以身请命，感动天津商家，天津商人遂于6月12日再次罢市。不久，天津各界联合会成立，马骏被选为负责人，天津反帝爱国运动开展得轰轰烈烈。

眼看距巴黎和会签字的日期越来越近，天津各界联合会决定推选马骏为总代表，率郭隆真、刘清扬等10多人前往北京。6月27日晨5时，他们联合北京学生代表20多人一起来到新华门前向北洋军阀政府请愿。大总统徐世昌拒不接见，马骏气愤地向代表们说："如果徐大总统一天不接见，我们的队伍就一天不解散。十天不接见，我们就在这儿等十天，不达到目的，决不罢休！"②就这样，他们从清晨等

---

① 谌小岑：《回忆天津"五四"运动及"觉悟社"》，中国人民政治协商会议天津市委员会文史资料研究委员会编：《天津文史资料选辑》第三辑，天津人民出版社1979年版。

② 仲草：《冲破黑暗的雄鹰——马骏同志》，《北京日报》1980年5月3日。

到黄昏，又从黑夜等到天明，直到28日晚，徐世昌才被迫接见了部分京津代表。

进了怀仁堂，马骏就义正词严地质问徐世昌："各国列强强迫我国代表签订丧权辱国的条约，政府为何不及时电令拒签？为什么不取消'二十一条'？"这一连串的质问直逼得徐世昌无话可说。马骏继续说道："你身为大总统，就有责任保护国家的领土和主权，你必须拒绝在丧权辱国的巴黎和约上签字。如果你接受了我们的请愿，全国学生和人民都愿意作你的后盾，反对帝国主义的侵略！否则，全国人民誓必斗争到底！"[①]在全国人民的舆论压力下，中国出席巴黎和会的代表不得不拒绝在《凡尔赛和约》上签字。五四爱国运动取得胜利。

（二）威名"马天安"

拒签和约不久，山东省戒严司令马良在济南杀害回教救国会会长马云亭等人，并逮捕了大批爱国学生。消息传到天津，天津学生联合会选派郭隆真等10人为代表，同北京学生代表一起，到总统府请愿，要求惩办马良。不料，反动政府非但没有同意学生的主张，还拘留请愿代表。1919年8月23日，为营救被捕代表，马骏率1000多人再次抵达北京，并联合北京学生3000多人在天安门举行示威游行。北京卫戍司令部、警察厅逮捕几十名学生，3000多名学生勇敢地包围卫戍司令部，要求释放被捕学生，双方相持不下。

8月26日，马骏被京津等地学生代表公推为这次学生运动的总指挥，率领天津、北京、山东等地请愿代表5000多人，直逼总统府。马骏和学生们表示："要团结一致，众志成城，准备牺牲一切，不达目的，决不罢休。"[②]黄昏时分，北京政府派军警把示威学生强制赶到天安门前。马骏将同学分成若干讲演队，在天安门一带分头进行宣传，讲演声、口号声此起彼伏，接连不断，一连进行了三天三夜。反动当局悍然决定逮捕此次学生运动领导人马骏，但在同学们的掩护下，一直

---

① 仲草：《冲破黑暗的雄鹰——马骏同志》，《北京日报》1980年5月3日。
② 刘清扬：《觉悟了的天津人民》，《五四运动回忆录》（下），中国社会科学出版社1979年版，第535页。

马骏在天安门前被捕，获释后在南开学校的留影

找不到目标。恼羞成怒的特务抡起皮鞭、枪托开始殴打学生。

由于不忍心看着同学们无辜挨打，马骏挺身而出，高声喝道："不许打人！我就是马骏！要逮就逮我好了！"军警们将马骏拉到天安门门洞，枪口对着他的胸膛，要他下令解散学生队伍，并威胁学生们说，不解散就立即枪毙马骏。马骏神情坚定地对同学们说道："我们此次来请愿就是抱定牺牲决心的。我虽然被捕，不必恐惧，坚持斗争，一定会胜利。逮捕一个，便会激起十个、百个、千个爱国者。爱国者是逮捕不完的！爱国无罪！坚持奋斗一定会得到胜利！"[1]

这时，周恩来为营救被捕同学也赶到北京。反动当局在全国人民的压力下，被迫于8月30日释放马骏和两次请愿被捕的代表。从此，马骏那身穿长衫、激昂讲演，在五四运动中大闹天安门的光辉形象，便镌刻在人们的心中。京津学生们由衷佩服，称赞他为"马天安"。

（三）为信仰笑对死亡

1927年春，马骏从苏联莫斯科中山大学毕业。当听闻此时北京城正笼罩在一片白色恐怖中，不仅中共北方组织领导人李大钊被捕牺牲，中共北方区委和北京地委也遭到严重损失后，他毅然决定回国，决心恢复北京党组织的工作，同反革命势力做坚决的斗争。

---

[1] 肖华：《马骏》，《中共党史人物传》（第12卷），陕西人民出版社1983年版，第122页。

京津地区是马骏青年时期开展学生运动的地方，这里有许多老熟人，对他开展工作有很大便利，但同时也增加了他工作的危险性。为宣传革命思想和躲避敌人的跟踪，马骏经常出没于贫民窟、工人区，积极发动群众，组织革命力量。他没有固定的工作场所，衣食住行均和干苦力的工人没有什么两样。因此，尽管敌人暗探密布，搜索、巡查了很长时间，仍未抓到马骏。

1927年12月初，一次市委会议散会后，马骏在路上碰到一个熟人。当他们行至岔路口时，那熟人不慎喊了一声："天安，从这边走！"这句话恰好被附近的暗探听到，就这样马骏被死死盯住了。12月3日，京师警察厅逮捕了马骏。

马骏被捕后，奉系军阀头目张作霖曾派教育总长莫德惠前去劝降。莫对马骏说："只要你不宣传马列主义，不搞革命，大帅叫你当教育次长！"马骏冷笑一声说道："我不像你们那样卖国求荣，只要我还有一口气，叫我不宣传马列主义，不搞革命，这比太阳从西边出来还难！"① 最后，张作霖恼羞成怒，直接判了马骏死刑。

1928年2月15日，风很大，天很冷，马骏被五花大绑带往行刑地点。一路上，马骏高唱着《国际歌》，目光炯炯地向着挥泪送行的民众频频致意。在生死关头，马骏以百折不挠的意志和忠贞不贰的操守，忍受了一切痛苦和折磨，临死都没有泄露党的半点机密。

1952年，中央人民政府颁给马骏家属的光荣纪念证
（来源：《马骏》画册）

---

① 中共北京市委党史研究室编：《中共北京党史人物传》（第七卷），中共党史出版社2002年版，第88页。

二、王荷波:"品重柱石"显本色

1926年3月18日,李大钊带领示威请愿的队伍到达段祺瑞执政府门前。代表们要求见段祺瑞,遭到拒绝后请愿者群情激愤。执政府门前排列卫兵及手枪队,东西院门都布满军警,荷枪实弹,如临大敌。左右两边耳楼的窗口露出的机枪口已经做好射击的准备。队伍中有人开始传话"叫胡子(李大钊同志)赶快走",可是李大钊根本不肯离开。危急关头,一个高个子中年人用力把他拉到东辕门。此时东西辕门即将关闭,高个子用力将辕门拉开,保护李大钊撤离。这个高个子中年人就是王荷波①。

1924年5月,王荷波(中)等在莫斯科合影

---

① 王荷波(1882—1927),原名王灼华,福建闽侯人,早年曾当过水手、工匠。1922年6月,加入中国共产党,是中国共产党早期工人运动的先驱和领导人之一。党的三大被选为中共中央执行委员,党的四大被选为中央候补委员,党的五大被选为中央监察委员会主席,出席八七会议并当选为临时中央政治局委员。1927年10月18日,由于叛徒出卖,王荷波在北京被军阀张作霖逮捕。11月11日深夜,王荷波被杀害于北京安定门外箭楼西边。

（一）工人群众领袖

1916年夏天，王荷波辗转进入南京浦镇机车车辆厂当钳工。由于他为人正直热情，在工人中有较高威望。

1919年五四爱国运动爆发，北京的青年学生纷纷南下到上海串联，途经浦口，对浦镇机车厂的工人进行革命思想的宣传。正是在这种机缘下，王荷波接触到新思潮，思想受到触动。6月7日，北京大逮捕的消息传到南京，王荷波率领浦镇机车厂工人走上街头罢工游行，积极声援北京学生的反帝爱国运动。

在这次斗争中，王荷波接受了革命洗礼，看到工人团结起来的革命力量。他也意识到，仅有革命的运动还不够，还要有革命的理论作为支撑，才能更好地进行革命活动。此后，王荷波开始大量阅读《新青年》《劳动界》等进步刊物，学习马克思主义，了解国内外政治形势，革命的种子开始在心底慢慢生根发芽。

1921年3月，浦镇机车厂成立工会。由于在斗争运动中的突出表现，王荷波被工人们推选为工会会长，领导大家进行斗争。同年10月，为帮助工人度过严寒的冬天，王荷波代表工人向资本家提出增加工资、发放御寒的棉衣棉被等要求，遭到无理拒绝后，只身前往北京找北洋政府交通部请愿。

这是王荷波第一次去北京。临行前，工友们看到王荷波衣服单薄，暗地里凑钱为他买了一件皮毛大褂。穿上这件具有特殊意义和分量的衣服，王荷波心里无比感动。他向工友们承诺："我带着你们的心愿，穿上你们送的寒衣，浑身充满力量。此去绝不辜负大伙的重托！"王荷波的此次进北京没有辜负工人的期望，他见到了交通总长叶恭绰，经过反复斗争迫使军阀政府答应了工人提出的全部条件。

1921年冬，中国劳动组合书记部北方分部负责人罗章龙来到浦镇开展工作，被当作"交通系"分子抓获，险遭毒手。王荷波闻讯后带领工人前去解救。在这次解救运动中，王荷波与中共北京地方委员会建立了联系。1922年春，王荷波领导浦镇机厂工会加入中国劳动组合书记部北方分部。6月,经罗章龙介绍,王荷波在北京加入中国共产党,成为津浦铁路第一名工人党员。

在这期间,王荷波脱产在北京参加中国劳动组合书记部北方分部的工作。他常常去北京大学亢慕义斋,和进步师生、工人一起研讨工运问题,并利用这一难得的机会如饥似渴地阅读马克思主义书籍,提高自身的政治觉悟和马克思主义理论水平,最终被发展为马克思主义研究会会员。

在王荷波的组织带领下,浦口建立了党小组,隶属中共北京地委。浦口的工人组织在王荷波的带领下日益壮大,王荷波也以办事公正、清正廉洁赢得了工人群众的信任,工人们都亲切地称呼满脸胡须的王荷波为"王胡"。在他40岁生日时,工人们送他一块大红匾,上面赫然写着"品重柱石"4个大字,体现了广大工人对他的肯定和爱戴之情。

(二)中共中央监察委员会主席

1924年,第一次国共合作之后,国民党上海市执行部进行改组,王荷波任调查干事及办事员,并和毛泽东、恽代英等共产党人一起,在贯彻中国共产党的独立自主原则,贯彻孙中山"联俄、联共、扶助农工"三大政策,团结国民党左派制止右派的破坏和捣乱等方面做了大量工作。是年5月,王荷波同李大钊等组成中共代表团出席在莫斯科举行的共产国际第五次代表大会。随后,王荷波同罗章龙等参加赤色职工国际大会。

1927年4月27日至5月9日,王荷波出席在武汉召开的中国共产党第五次全国代表大会,会上公开选举产生中国共产党第一个监察机构——中央监察委员会,王荷波当选为委员并任主席。中共五大通过的党章修正案规定,监察委员会成员的选举资格为"中央及省监察委员,不得以中央委员及省委员兼任",把监察委员会独立于中央委员会并与之并列,充分体现了监察委员会的权威。王荷波被选为中央监察委员会主席,也足见党内对他德才的认可。

(三)中共中央北方局书记

第一次大革命失败后,在中国革命危急关头,中共中央在汉口召开八七会议。会上,王荷波当选为临时中央政治局委员。会后,党中央任命王荷波为中共中央北方局书记。

1927年9月,王荷波急赴北方局主持工作。他一方面马不停蹄地奔赴华北各地传达八七会议精神,到农运基础较好的玉田县组织冀东农民准备进行武装暴动;一方面趁军阀混乱之际,拟订工人武装起义计划,秘密建立北京总工会,发展会员。10月,工会的活动引起奉系军阀的警觉,遭到其疯狂搜捕。10月17日,北方局交通员王茂林在街头被军警盘诘后逮捕,泄露了开会地址。18日,王荷波在北京法政大学第一院被捕。

被捕入狱后,王荷波承受了各种酷刑,但仍坚贞不屈,宁肯牺牲也不泄露党的秘密,表现出一个共产党员的崇高气节。他留下嘱托,请党组织对他的子女加强革命教育,千万别走和他相反的道路。军阀张作霖深恐政局不稳,迫不及待地签署杀害王荷波等人的命令。由于担心在天桥行刑会发生变故,故选择秘密地点行刑。

11月11日深夜,王荷波等18人被绑着押上军阀政府陆军军法裁判处的几辆刑车。刑车刚到安定门外箭楼附近就猛然刹住,王荷波等18人拖着沉重的镣铐从车上下来,在反动军警刺刀下踽踽走到芦苇深处。王荷波等义无反顾,大声呼喊"中国共产党万岁!""世界革命万岁!"的口号。枪响了,王荷波等同志壮烈牺牲。

1955年3月,北京市民政局为王荷波等烈士修建了占地100平方米的集体墓园,并树立起一座高大的纪念碑,碑的正面刻有"王荷波等烈士之墓"8个大字,字的上方是5个五角星,墓碑前的平地上用彩色的鹅卵石砌成"永垂不朽"4个大字。其碑文如下:

> 王荷波等同志,曾在中国共产党北方局领导下进行革命斗争,不幸于一九二七年十月间被军阀张作霖逮捕,于同年十一月初惨遭杀害,壮烈牺牲于北京。

三、聂耳：革命音乐的开路先锋

"起来！不愿做奴隶的人们，把我们的血肉筑成我们新的长城。中华民族到了最危险的时候，每个人被迫着发出最后的吼声。起来！起来！起来……"每当人们听到这首慷慨激昂、鼓舞人心的《义勇军进行曲》，爱国之情就会油然而生，也会想起曲作者、伟大的人民音乐家——聂耳[①]。

聂耳演奏小提琴

（一）云南会馆"北漂"学艺

1932年8月11日中午12时30分的北平火车站，一位手提小提琴盒子的年轻人跟随着摩肩接踵的人们走出出站口。这位年轻人就是聂耳。

这是聂耳第一次来北平。他的住所就在宣武门外校场头条7号的云南会馆里，这个会馆是专为接待云南学生到北平报考学校暂时住宿的招待所。在这里，聂耳见到许多久别昔日的好友。他乡遇故知，自然分外高兴。在此后的20多天里，聂耳在朋友的陪伴下畅游中山公园、故宫、北海公园、颐和园、香山等名胜古迹，领略壮丽的北国风光，被北平浓郁的古城气息深深感染。

当然，聂耳此次赴北平并不是单纯来游览的，而是为了求学。9

[①] 聂耳（1912—1935），原名聂守信，字子义（亦作紫艺），云南玉溪人。1933年开始为左翼电影、戏剧作曲。1933年，由田汉介绍加入中国共产党，1935年为电影《风云儿女》创作的主题歌——《义勇军进行曲》，后被定为中华人民共和国国歌。他开辟了中国新音乐的道路，是中国无产阶级革命音乐先驱。1935年7月17日，在日本神奈川县藤泽市鹄沼海滨溺水身亡，年仅23岁。

月中旬，聂耳参加了北平艺术学院音乐系招生考试。在"党义试题"中，他写了《国难期中研究艺术的学生之责任》一文；在"国文试题"中，他写了《各自理想的精神之寄托》一文。充满抗日救亡思想的聂耳，其所写内容自然不合国民党考官的胃口，结果名落孙山。

考试失利的聂耳并没有灰心。他在自己的住处用破木板制作了一个乐谱架，搁在木箱上，放上琴谱，每天进行小提琴基础练习。小屋又黑又潮，蚊子闻"琴"起舞，聂耳常常被咬得大包小包，后来索性跑到庭院的槐树底下练琴。

为提高琴技，聂耳还找到在北平的俄国著名提琴教授、曾经教过冼星海的托洛夫求教。托洛夫每次授课费20元，这在当时是很昂贵的。但为了学琴，聂耳还是忍痛把自己唯一的大衣送进当铺来交学费。托洛夫教学严格，聂耳练琴也十分刻苦，常常从上午8点一口气拉到下午4点。托洛夫很喜欢这个极具天赋而又刻苦自觉的好学生。可是上到第四次课时，聂耳实在担负不起这高昂的学费了，只好退学。离别之时，托洛夫惋惜地对聂耳说："你是一个顶聪明的孩子，你将来的提琴会拉得不错的。"

除学习小提琴外，聂耳还多次到北平底层苦难艺人卖艺糊口的天桥。这是一个"充满了工人们、车夫、流氓无产阶级的汗臭"的环境，到处充斥着民间艺人的卖唱声、杂技表演的对打声、小商小贩的锣鼓声……而在聂耳看来，这些都是生命的挣扎，都是向敌人进攻的冲锋号。北平老百姓誓死不愿做亡国奴的呼声，也深深感染着聂耳，让他振奋，给他激情。聆听着北平最底层劳动者的心声，聂耳不断丰富自己的艺术积累，为创作优秀的革命音乐奠定了基础。

（二）十字街头宣传抗日

1932年9月21日，一个急雨后的夜晚，有位陌生人闯进聂耳房间，两人一见如故，交谈甚欢。来者正是中国左翼戏剧家联盟北平分盟组织部部长于伶。原来他们早就打听到这位充满革命斗志、渴望与敌人冲锋厮杀的年轻斗士，只是苦于无人牵线，一直无法联络。这次通过中国左翼戏剧家联盟党团领导人赵铭彝才终于获知聂耳的确切住址。

当时的北平剧联,是中国共产党北平地下组织领导的一个革命文艺团体,它以演戏的形式,宣传党的抗日主张,揭露蒋介石的不抵抗政策,唤起民众抗日的斗志。这和聂耳的追求不谋而合,他急不可待地加入其中。随后,应北平剧联刊物《戏剧新闻》邀请,聂耳在会馆臭味扑鼻、蚊子飞舞的小房间里,撰写了《上海的电影界》等一系列文章,成为北平剧联的活跃分子。

10月28日晚,聂耳与北平剧联领导宋之的、于伶等人参加清华大学毕业同学会为东北抗日义勇军募捐的演出。当晚,清华大礼堂内挤满了学生,气氛十分热烈,群情激昂。在钢琴伴奏下,聂耳用小提琴拉起《国际歌》。这首充满无产阶级战斗激情的旋律点燃了青年学生的爱国之情,也吓坏了晚会的主办人。他赶忙把聂耳拉回幕后,请聂耳不要演奏这样的曲子。当聂耳重新回到舞台上时,《国际歌》雄浑有力的旋律又在礼堂中回响,所有的人都激动地站立起来,悲壮的乐曲冲出礼堂,飞向天穹。

为宣传抗日主张,聂耳还和北平剧联的同志一起在北平的十字街头演出活报剧:只见一个东北老大娘,衣衫褴褛,坐在地上呼天抢地地痛哭起来,边哭边控诉日本鬼子的罪行。哀怨凄惨的哭声,使在场的中国人怒火满腔。突然,一个身着长衫、留着小胡子的"汉奸",追逐一个中国姑娘。观看的人们再也无法沉默,"打倒日本鬼子!""打倒汉奸!"的口号声响成一片。等到国民党警察闻讯赶来,大家一哄而散,转移到下一个街头继续演出。

11月5日晚,北平剧联在位于外交部街的北平商学院演出高尔基的话剧《血衣》,其中聂耳扮演一位老工人。该他上场了,只见聂耳衣着单薄,步履蹒跚地走上台,向人们控诉日本鬼子残害中国工人的罪行,字字血,声声泪。场下的学生无不呜咽失声。"小四狗,演得好!"台下的云南老乡叫着他的外号,低声鼓励着。对祖国的挚诚之爱,对敌人的无比仇恨,使他完全入戏了。他的表演也达到了逼真的境地。

在同北平剧联的同志一起工作、生活的这段日子里，聂耳加入中国共产党领导的革命洪流之中，政治上进步很快。他向剧联领导于伶表达了想要加入中国共产党的愿望。北平剧联地下党组织认为：聂耳已基本具备入党条件。但考虑到他在北平没有固定职业，将很快离开北平回到上海，就没有为他办理入党手续。

11月的北平，已是寒风呼啸、雪花纷飞，聂耳的寒衣还在当铺里。同月6日，云南老乡为他凑齐了路费，聂耳依依不舍地告别了北平。虽然聂耳在北平只住了3个多月，但他的生命经受了一次革命的洗礼。他将"泛滥洋溢的热情与兴趣，汇注入巨流的界堤"。

（三）海外寄来经典之作

聂耳离开北平时，于伶让他带给上海剧联党组织3份材料：一是北平剧联一年来的工作报告；二是聂耳的入党申请及党组织的意见；三是聂耳在北平工作情况的介绍。

1933年初，白色恐怖弥漫在整个中国，聂耳在党最艰难的时候毅然加入了进来。此后，短短的两年多时间里，聂耳在党的引导和革命理想的鼓舞下，以饱满的革命热情成功创作出数十首反映被压迫者痛苦生活、歌颂劳动者辛勤劳动的优秀革命音乐作品，其中《毕业歌》《开矿歌》《大路歌》《开路先锋》《码头工人歌》等歌曲深受欢迎。

1935年初，"电通"公司请田汉写电影剧本。田汉先交了个"写在旧式十行红格纸上，约十余页"的剧本梗概，名叫《凤凰的再生》。"电通"公司为尽快开拍，决定请人把田汉的文学剧本改写成电影剧本。征得田汉同意，影片改名《风云儿女》。电影的主题歌《义勇军进行曲》写在稿纸最后一页，原来准备把主题歌词写得比较长，谁知写完两节田汉就被捕了。

1935年4月，国民党当局要逮捕聂耳的消息传来。党组织为了保护这个年轻有为的战士，批准他先到日本暂避一个时期后，再去欧洲和苏联学习。正准备去日本的聂耳，得知《风云儿女》有首主题歌，就主动要求完成谱曲的任务，表示到日本以后，歌谱稿子会尽快寄回

1935年5月16日,《电通》画报创刊号上刊出《义勇军进行曲》歌谱(新华社 提供)

上海,决不会耽误影片的摄制。

聂耳很快就从日本寄回《义勇军进行曲》歌谱,由贺绿汀请上海百代唱片公司乐曲指挥、苏联作曲家阿龙·阿甫夏洛莫夫配器,不久就在《风云儿女》中使用了。不幸的是,《风云儿女》上映前,1935年7月17日,聂耳在日本藤泽市鹄沼海滨游泳时溺水身亡。他没有看到电影《风云儿女》,也没有听到合成后的《义勇军进行曲》。

年轻的聂耳离开了这个世界,但是以《义勇军进行曲》为代表的革命战歌吹响了中华民族解放的号角,响彻了整个神州大地。1949年10月1日,《义勇军进行曲》伴随着冉冉上升的五星红旗在天安门广场响起,它将永远激励中国人民"前进!前进!前进!进!"

四、崔显芳:京西山区撒火种

京西永定河畔坐落着一个名叫田庄的古山村。正是在这个小村庄的烽火岁月中锤炼出了门头沟早期共产党员崔显芳[①],创建了京西山区第一批党支部。

[①] 崔显芳(1888—1935),字世勋,号少卿。1922年至1924年在上海读书期间,加入中国共产党。1924年从上海回到家乡一带,以办学行医为掩护,宣传马列主义、开展革命活动。1932年,组建中共田庄高小党支部和中共宛平临时县委。1934年夏,不幸被捕。1935年2月,保外就医,不久病逝。

（一）为家乡播撒革命火种

崔显芳1888年出生于河北省宛平县（今北京市门头沟区）田庄的一个农民家庭。自幼乖巧懂事、刻苦好学，常常白天帮助家人分担家务、下地干活，晚上在微弱的油灯光下孜孜不倦地阅读书籍。1922年，机缘巧合，崔显芳有幸考取上海国语专修学校。在校期间，不仅受到革命浪潮的洗礼，接触到马克思主义真理，还加入了中国共产党。1924年夏，崔显芳回到家乡，开始以京西为阵地，广播革命火种。

崔显芳画像（门头沟区档案史志馆 提供）

田庄人过春节有贴对联的传统习俗，由于崔显芳书法出众，乡亲们都特别喜欢他写的春联，经常找他帮忙书写。在外接触到革命思想的崔显芳，这次不再按照惯例书写喜庆文字，而开始将党的思想融入对联中，宣传新的认知。他在自家的对联上写道："各尽所能，按劳分配"，"主观须得客观，自信方得人信。"这些蕴含革命思想的春联，给山乡带来缕缕春意，潜移默化地影响着乡亲们的日常生活。

但是，这些微小的举动还不足以动摇长期存在的封建思想。崔显芳意识到，想要在信息闭塞的农村开启民智，必须创办宣传新文化的学校，让孩子从小接受新思想教育。1926年，崔显芳东奔西走，多方努力，终于在田庄开办了第一所宣传革命思想的完全小学。翌年，又在宛平七区的区公所驻地青白口开办第二所学校。这段时间，他一头扎在办学上，不仅亲任校长，事无巨细地管理学校日常事务，还常常亲自代课，为学生讲《共产党宣言》，讲鲁迅的《呐喊》《彷徨》，提高学生的思想认识，激发青年的革命热情。此外，他还发展进步教员李茂田、田世谢入党，播撒更多革命火种。

(二)团结乡亲发起抗争风暴

农民是无产阶级最可靠的同盟军。崔显芳深知,如果农民没有觉悟,革命就不能成功。同时,他也十分清楚,由于中国2000多年的封建统治,农民的封建思想根深蒂固,需要投入十分的精力才能让他们接受革命宣传。回到家乡的这段时间,崔显芳和农民走得很近,也一直在"物色"进步农民。崔显芳先在农民中选出下马岭村的杜兴泰、杜兴昌、杜成园和田庄村的杨兆会加入党组织,发展了一批农民革命骨干。

1930年的秋天,本是一个丰收的季节,不承想遇到大旱,门头沟家家户户颗粒无收,食不果腹,只能以树皮草根充饥。在这种境况下,官府不仅没有抗旱救灾,还到处横征暴敛,直逼得门头沟的乡亲们走投无路。崔显芳意识到向农民宣传革命思想的时机已经成熟,应该立即组织一场声势浩大的抗捐抗税斗争,激发农民的革命热情。

他先在田庄、淤白、苇子水、松树、高台等村考察了一番,发现这些村的村民对官府已经失望透顶,很容易联合起来进行抗捐抗税运动。随后,他又串联农民协会的高玉湖、师永林、崔一春等人,以"农会"名义组织田庄等村农民成立请愿团,数百人浩浩荡荡开进青白口,一举捣毁青白口税所及淤白村税卡。曾经参与崔显芳组织的抗捐抗税运动的97岁高龄的田庄村村民崔来强老人,在2012年的一次采访中激动地回忆道:"我们都去,我们也走一大溜,喊口号,我记得的就是'打倒帝国主义'。"[①]

这场由崔显芳领导的宛平县七区的抗捐抗税运动给反动当局很大震动,致使国民党七区区长引咎辞职,群众力推崔显芳代理上岗。

(三)为党的事业奋斗到底

崔显芳在门头沟区领导的革命活动引起中共北平市委的重视。1932年夏,中共北平市委派马建民、刘云志、李育民先后来到田庄高小任教,以教师身份为掩护,协助崔显芳开展山区党的建设工作。

---

① 北京电视台编:《北京红色地图》,北京出版社2012年版,第256页。

9月,经过崔显芳的努力,在马建民的帮助下,建立了中共田庄高小党支部。

1932年秋,根据上级党组织意见,由崔显芳主持,中共宛平临时县委成立。在崔显芳带领下,临时县委组织广大民众开展革命活动,还在田庄、淤白、苇子水、下马岭、雁翅等村发传单、贴标语,组织游行。他们带领村民提出"反对内战""一致抗日""反对贪官污吏""反对苛捐杂税"等口号。1933年春,中共宛平县委正式成立,建有田庄支部、青白口支部和沿河城支部,有党员40余人。不久,为方便与上级及党员支部联系,中共宛平县委迁到青白口。

此时,崔显芳为传播革命精神、发展中共党员而创办的两所学校,已经被反动政府盯上并破坏。中共宛平县委决定在青白口村开设一家名为"一元春"的药铺,作为党新的秘密联络站。考虑到崔显芳早年有过学中医的经历,党组织安排他为"一元春"药铺坐堂大夫,并将药铺其他工作人员均安排为中共地下工作者。在这家看似平常的药店里,崔显芳和同志们一直从事着党的地下工作。

与此同时,崔显芳还在沿河城村东向阳口后山大悲岩秘密建立枪支修械所,为党的武装斗争做准备。随着队伍壮大和斗争的深入发展,崔显芳的地下工作被国民党当局发现了。1934年7月,他们以涉嫌"通共""私营军火"等罪名将崔显芳及宛平县委的其他两名同志逮捕。

在狱中,崔显芳拒不透露党的秘密,还痛骂反动政府,遭到反动当局的残酷迫害,被折磨得不成人样。后经党组织多方营救,得以保外就医。出狱后,因受刑过多,体弱多病,崔显芳已经奄奄一息,但他仍然用颤颤巍巍的手指在儿子的手心写下了"跟党走"这3个字。"跟党走"不仅是他一生的追寻,更是他对后人的期望。

令人痛心的是,出狱仅12天,崔显芳就与世长辞,但他在京西山区播下的革命火种燃成了熊熊烈火,照亮了整个深山峡谷;他所建立和发展的京西山区党组织,最终成为抗日战争时期的基础力量,成为平西抗日根据地的领导核心。

五、吉鸿昌：恨不抗日死

吉鸿昌用过的瓷碗

河南省扶沟县吉鸿昌[①]烈士纪念馆，陈列着一个细瓷茶碗，上面烧制有"作官即不许发财"的字样。这个茶碗是吉鸿昌将军生前所用，跟随他走南闯北直到牺牲，上面的题字是他亲笔所写。

（一）英雄明志、积极抗日

吉鸿昌出生的时候，正逢清王朝甲午战败之时。幼年目睹封建朝廷的软弱无能和各帝国主义对中国的肆意侵略，吉鸿昌十分仰慕岳飞、文天祥等英雄人物，希望有朝一日也能像这些志士一样为国捐躯。他常常对身边的人讲："人生在世不能只做吃饭睡觉的机器，要有心、有胆、有作为，要成为一个对国家民族有用的人。"

1930年10月中原大战结束，蒋介石开始对中国共产党领导的革命根据地进行大规模"围剿"。11月，蒋介石严令吉鸿昌率部进攻鄂豫皖革命根据地，并对吉鸿昌采取恩威并施的伎俩，给他送来河南省主席委任状。

接连经历几次军阀大战后的吉鸿昌，已经开始厌倦这种残酷且毫无意义的"中国人打中国人"的内战。想到自从军以来，自己虽奔赴战场，英勇杀敌，但各系军阀只管争夺地盘，不问百姓死活。如今，日本帝国主义已经将中国践踏得千疮百孔，手握兵权的蒋介石非但没有选择抗日，反而继续实行"攘外必先安内"的政策，把枪口对准积极抗日的中国共产党，这不得不让吉鸿昌怀疑他的反动本质。

[①] 吉鸿昌（1895—1934），河南扶沟人。1913年加入冯玉祥部，曾任宁夏省政府主席，国民党第22路军总指挥兼第30军军长。1932年加入中国共产党。1933年筹组察哈尔民众抗日同盟军，任北路前敌总指挥。1934年11月24日，在北平陆军监狱（也称炮局监狱）就义，时年39岁。

而此时的苏区也引起吉鸿昌极大兴趣。其实，在他心里一直暗藏着许多疑惑，他想不明白，为什么只有区区数万兵力的苏区，却毫不畏惧蒋介石发动的"大围剿"？为什么条件那么艰苦，却源源不断地有大批仁人志士前往？

为寻求答案，吉鸿昌通过部队中的中共地下党员与中国共产党组织取得联系，随后化装成锔锅补壶的工匠，进入苏区考察。到了苏区，吉鸿昌被眼前的景象深深震撼：官员勤俭节约，士兵士气高涨，政府清正廉洁，百姓积极热情。不仅官兵之间一派和谐，军民之间也亲如一家。在这里没有剥削、杀戮，俨然一派生机勃勃的景象。反观国民党内部，权力争斗肆虐，贪污腐败横生，如此的党派又怎能寄予抗日救国的希望？

吉鸿昌

从苏区回来，吉鸿昌的思想觉悟有了极大提升，他决定撤兵罢战，拒绝"剿共"，弃暗投明，并向其部下宣传"枪口不对内""中国人不打中国人"等进步思想。狡猾的蒋介石早已在吉鸿昌身边安插了内线，他已经觉察到吉鸿昌的思想动向，随后不久便以"考察实业"的由头将吉鸿昌勒逼到国外。

在国外，吉鸿昌每到一处都向海外侨胞宣传抗日救亡思想。在一次集会上，一位青年侨胞高呼："吉将军，你快回国把军队整顿起来！我们一定做你的后盾！"吉鸿昌振臂高呼："我一定不辜负同胞们的热望，誓死也要把日本帝国主义赶出中国，中国人绝不能做外国人的牛马！"[1]

---

[1] 杨华锋：《为抗日而死　拒背后挨枪》，《北京青年报》2014年6月10日。

（二）袒露胸膛、带头冲锋

1932年，淞沪抗战爆发，吉鸿昌秘密回国。眼看日寇步步紧逼，国民党屡屡退让，吉鸿昌为之愤恨不已、失望至极。而此时的共产党兵力虽弱，但坚强勇敢、积极抗日。这让吉鸿昌深刻认识到，"只有跟着共产党走，中国才有救"。不久，吉鸿昌便毅然要求加入中国共产党，并在党组织的考察和培养下，由一名爱国的旧军人转变为一名坚定的共产主义战士。

1933年初，日本帝国主义开始向山海关、热河发起进攻，中国守军奋起抗击，开始了长城抗战。5月，在共产党的帮助和指导下，吉鸿昌组织抗日武装，在张家口建立察哈尔民众抗日同盟军，积极宣传抗日。由于抗日军费紧张，吉鸿昌不惜毁家纾难，筹集抗日资金，购买抗日军火。7月，吉鸿昌带领抗日同盟军浴血奋战，痛击日本侵略者，攻克塞外重镇多伦，击毙日伪千余人，声威大震。

察哈尔民众抗日同盟军开往前线打击日军（新华社　提供）

而此时的国民党当局却将同盟军的抗日行动视为"攘外必先安内"妥协政策的对立者，千方百计破坏，欲除之而后快。9月初，吉鸿昌率部到达独石口附近，决定将抗日同盟军改为"抗日讨贼军"，表明对外抗日、对内讨蒋，希望得到国内反蒋力量的响应。

10月8日，同盟军在小汤山突围。吉鸿昌对部队进行战前动员。下午4点，国民党5个师与日军夹击同盟军，在飞机和迫击炮的狂轰滥炸下，逐渐从四面缩小包围圈。同盟军将士们在吉鸿昌指挥下，冒着敌人的炮火，以连为单位，各班战斗小组散开交替跃进。为鼓舞士气，吉鸿昌冲锋在前，扯掉上衣，袒露胸膛，一手端枪、一手举起大刀，奋勇杀敌。全军为之鼓舞，将士们齐刷刷地站立起来，端着枪，呐喊着一鼓作气击溃了进犯之敌。小汤山的日蒋部队溃退到沙河一线，留下4门山炮和一片死尸。当晚，同盟军进占小汤山休息整顿。

为保存抗日火种，吉鸿昌不得不接受国民党当局的调停条件，含泪离开了部队，抗日同盟军也在日蒋军队合围夹击下惨遭失败。

（三）慷慨赴死、浩然正气

1933年10月，吉鸿昌暂住天津。此时，白色恐怖笼罩着整个天津城，大批共产党员和革命群众被捕入狱。由于吉鸿昌的一系列抗日救国行动与国民党当局的对日妥协政策背道而驰，蒋介石将其视为眼中钉、肉中刺，并准备使用残酷的手段将其暗杀。暗杀任务由力行社北平站长陈恭澍负责。中共党组织得到这一消息后，决定不再让吉鸿昌"抛头露面"，而让他开展地下抗日统一战线活动。

为开展地下工作，吉鸿昌将自己的住所设成党在天津的秘密活动联络站，还常常与共产党员南汉宸、宣侠父等人以打牌、会友、听戏为掩护，联络各方面的爱国人士共同反蒋抗日。1934年5月，吉鸿昌在天津组织成立"中国人民反法西斯大同盟"，重新组织抗日武装。他还在自家三楼一角设立一个秘密印刷所，出版革命报刊《民族战旗》。

1934年11月9日，吉鸿昌在法租界国民大饭店借打牌召开秘密会议的时候被捕。22日，吉鸿昌被秘密押解至北平陆军监狱，由何应钦把持的国民党北平军分会组织"军法会审"。审讯中，敌人拿着写有共产党员名单的纸条让吉鸿昌指认，并以此为要挟。吉鸿昌愤怒地抢过纸条撕了个粉碎，拍着胸脯说："名单中，共产党员就我一个人，要杀要剐，都是我！"①

在法庭上，吉鸿昌临危不惧、大义凛然，他义正词严地说："我是中国共产党党员。由于党的教育，我摆脱了旧军阀的生活，转到工农劳苦大众的阵营里头来。为我们党的主义，为全人类解放事业而奋斗，这正是我的光荣……"②国民党的军法会审变成了抗日讨蒋的声讨会。

黑暗寒冷的监狱困住了吉鸿昌的身体，却浇不灭他对革命事业的信心和希望。沉重的镣铐锁住了吉鸿昌的双手和双脚，却锁不住吉鸿昌那颗抗日救亡的心。在狱中，他抓紧一切机会向难友、狱卒宣传党的抗日救国主张，宣传抗日必胜的信念。他身上的革命乐观主义精神感染了身边的许多人。

11月24日，是吉鸿昌的就义日。想到国家还处在水深火热的战乱之中，吉鸿昌心里感慨万千。在走向刑场的路上，他弯腰捡起一根树枝，挥手在地上写道："恨不抗日死，留作今日羞。国破尚如此，我何惜此头。"写罢这首浩然正气的就义诗，吉鸿昌起身对行刑的特务厉声说道："我为抗日而死，不能跪下挨枪，我死了也不能倒下！给我拿张椅子来，我得坐着死！"

特务们已经被吉鸿昌身上的凛然正气吓得双腿颤抖。他们搬了一把椅子放到了吉鸿昌面前，吉鸿昌坐在椅子上慷慨陈词："我为抗日死，死得光明正大，不能在背后挨枪。你在我眼前开枪，我要亲眼看到敌人的子弹是怎样打死我的。"当刽子手看到他那锐利逼人的目光时，不禁打了个寒噤。面对敌人的机枪，吉鸿昌凛然高呼："抗日万岁！""中国共产党万岁！"随后，英勇就义。

---

① 吉瑞芝、郑慈云：《吉鸿昌》，中国青年出版社1994年版，第149页。
② 穆欣：《吉鸿昌将军》，人民出版社1979年版，第147页。

六、杨秀峰：从红色教授到边区主席

1919年，北京爆发五四运动。消息传来，滦县街头一名热血青年带领一群学生示威游行。此人正是在滦县直隶第三师范授课的杨秀峰[①]。他时而带领学生高呼"反对二十一条""打倒卖国贼"等救国口号，时而停在人群中声泪俱下地讲着救国道理，大批民众在他的感染下加入游行队伍。恼羞成怒的军警见场面无法控制，竟然下狠手打掉他的两颗门牙。

（一）红色教授，校园传播革命真理

1929年，为探索革命真理，杨秀峰远赴法国巴黎大学社会科学院求学。翌年，他加入中国共产党。在法国，杨秀峰有机会阅读到大量马克思主义理论著作和进步报刊，还创办《工人》等革命秘密刊物，积极进行反帝爱国宣传活动。1932年2月，由于参加领导留法学生和华侨抗议日本帝国主义侵华罪行的集会游行，杨秀峰被法国当局驱逐出境。之后又辗转比利时、苏联、英国学习革命理论，参加革命运动，对马列主义有了比较全面的了解和研究。

1934年，杨秀峰回国，开始

杨秀峰

---

① 杨秀峰（1897—1983），河北迁安人。1930年加入中国共产党，以大学教授的公开身份，在平津文化教育界开展抗日活动。七七事变后，弃笔从戎，深入太行山建立抗日武装，开辟抗日根据地。1941年晋冀鲁豫边区政府成立时被选为边区政府主席。新中国成立后，任河北省人民政府主席、教育部部长、最高人民法院院长、五届全国政协副主席等职。

以大学教授的公开身份从事革命活动。他先后在河北法商学院、北平师范大学、中国大学、东北大学等校任教,讲授社会学、历史学、政治经济学。他把课堂作为宣传阵地,冒着被解雇和坐牢的危险,公开向学生讲授辩证唯物主义和历史唯物主义,并用马克思主义的观点分析国内外形势和日益严重的民族危机,揭露日本帝国主义的侵略阴谋,抨击国民党"攘外必先安内"的反动政策,宣传中国共产党的抗日救国主张,对掀起抗日救亡运动的平津青年学生起了巨大的启蒙作用,指明了中国青年运动的正确方向。

1935年,杨秀峰在北平师大做《历史动力学说之检讨》的学术演讲。他用翔实的资料和辩证唯物主义观点,系统分析批判资产阶级唯心史观,在史学界引起广泛热议。由于杨秀峰经常用精湛的革命理论帮助学生分析革命形势,向学生宣传革命的道理,指导学生的救亡实践运动,爱国学生们都特别喜欢他,亲切地尊称他为"红色教授"。

(二)统战先生,天津策应一二·九运动

华北是中国的政治、经济、文化中心地区之一,当时包括河北、山东、山西、察哈尔、绥远5省和北平、天津两市。1935年,日本军队为实施"华北特殊化"的侵略扩张政策,达到吞并华北进而侵略全中国的目的,开始在华北地区不断恶意挑衅,企图制造事端。为"息事宁人",国民党当局屈辱地采取妥协退让政策,与日方秘密签署丧权辱国的"何梅协定"和"秦土协定",亲手把包括北平、天津在内的河北、察哈尔两省的大部分主权奉送给日本。

为揭露日本的侵略本质和国民党的对日妥协面目,1935年8月1日,中国共产党驻共产国际代表团以中华苏维埃政府、中共中央委员会的名义发表《为抗日救国告全体同胞书》,即著名的"八一宣言",适时提出在全国范围内建立抗日民族统一战线的主张。这个时期,中共中央北方局交给杨秀峰的主要任务是在北平、天津文化教育界从事抗日民族统一战线工作,领导文化教育界的上层人士开展抗日救亡运动。此时的杨秀峰目睹日本帝国主义对中国的步步侵略,他不再满足于仅仅在大学课堂以授课的方式向学生传播革命思想，决心去实践他所信奉的真理。

1935年12月，北平学生在中国共产党的领导下发动一二·九运动。此时正在天津授课的杨秀峰积极组织青年学生起来响应，并领导了天津的一二·一八大游行。整个运动中，杨秀峰对游行的组织、路线、口号及注意事项都做了详尽的安排，对游行中发生的问题，及时指点解决，制止了个别人打算冲进日租界的冒险行为。在杨秀峰的带领下，许多青年学生走上革命道路。1936年1月，杨秀峰和许德珩、张申府等知名人士共同发起组织北平文化界救国会，对国民党御用文人陶希圣、杨立奎进行了针锋相对的斗争。

（三）边区主席，亲赴抗日前线

1937年7月7日，震惊中外的卢沟桥事变爆发。7月29日，北平沦陷。中国共产党急需大量优秀干部深入华北敌后开展游击战争。在这山河破碎之际、民族危亡关头，杨秀峰毅然放弃大学教授的优裕生活，把两岁的独子寄养给他人，投笔从戎。他和夫人孙文淑率领一批平津爱国学生，来到河北省西部山区井陉一带，组织武装，创建冀西抗日根据地。1938年，杨秀峰又配合八路军开辟冀南平原抗日根据地，成立冀南行政主任公署。他的身份也由大学教授转变为游击队司令、行署主任。

1941年8月，晋冀鲁豫边区临时参议会选举成立晋冀鲁豫边区政府，杨秀峰当选为边区主席。当时边区危难重重，杨秀峰日夜操劳，致力于政权建设、发展生产、繁荣经济、实施教育、减租减息，始终与战士同吃同住，严格要求自己和其他干部，不搞特殊待遇。

杨秀峰廉洁自律、克己奉公。有一次，夫人孙文淑托人买了一支钢笔，由于一时拿不出那么多钱，有人建议她先从办公经费中借支。杨秀峰知道后用"千丈之堤，以蝼蚁之穴溃"的话教育孙文淑说："办公经费紧张，不许借用、挪用你是知道的，这些都是制度，你怎么能随意破坏呢？"孙文淑接受了杨秀峰的批评教育，退回了钢笔。

1942年的一天，组织上把杨秀峰唯一的儿子杨为民[①]从敌占区接到太行山抗日根据地。看到父子两人久别重逢的喜悦，又恰值那天是孩子的6岁生日，炊事员便为他们做了一顿素馅饺子庆祝。当工作人员把饺子端上来的时候，杨秀峰警觉地问："今天食堂都吃饺子吗？"工作人员支支吾吾地说："不是。今天是孩子的生日，就让他吃了吧！"杨秀峰语重心长地说："我身为干部，自己做出的规定自己不执行，家里的人都说不服，还怎么说服群众？"最后，还是把饺子送给了伤病员。

杨秀峰还经常到百姓家里问候，关心群众疾苦。当地至今流传着一首歌曲："边区好，边区人民真正好，杨秀峰主席领导好，创造边区有功劳。"

杨秀峰不但是一个马克思主义理论家、宣传家，更是一个真正意义上的马克思主义实践家、革命家。

七、冲破文化"围剿"：北平左翼文化团体

土地革命战争时期，中国共产党领导下的左翼文化运动是中国人民反帝反封建斗争的一个重要组成部分，是革命文化发展的一个重要阶段。北平左翼文化运动是全国左翼文化运动的重要组成部分，它的兴起和发展，对于团结进步的知识分子、传播马克思主义、冲破国民党文化"围剿"、发动抗日救亡运动都起了巨大的推动作用。

（一）北平左翼文化运动的出现

全国左翼文化运动的发生，正值革命力量与反革命力量斗争空前激烈的十年内战时期。这一时期"有两种反革命的'围剿'：军事'围剿'和文化'围剿'。也有两种革命的深入：农村革命深入和文

[①] 杨为民（1935—2002），北京航空航天大学教授，我国可靠性工程专业的奠基人和开拓者。他是国家有突出贡献的科技专家、全国五一劳动奖章获得者、北京市优秀共产党员十杰之一、北京市劳动模范，中共十四大、十五大代表，曾两次荣立全军一等功。

北平左翼文化团体出版的部分刊物

化革命深入"①。1930年春夏，北方左翼文化运动的兴起，正处于这样两种反革命"围剿"和两种革命深入的历史背景之下。

北平作为中国历史文化名城，大学和知识分子集中，尤其是五四新文化运动以来，各种文化思潮在交流碰撞中更是十分活跃。左翼文化思潮虽然随着革命斗争形势的起伏而起伏，并不断遭到反动统治当局的封杀，但始终没有消失。在大革命失败以后，中国共产党在领导建立工农红军和革命根据地的同时，也重视对国民党统治区文化战线工作的领导。中共中央根据党的六大精神制定的《宣传工作的目前任务》曾明确指出："宣传之另一种的方式就是我党同志参加各种科学文学及新剧团体。参加这些团体会议与提出马克思主义的报告、建议以及报告苏联状况等等。"在关于宣传鼓动工作的中央第4号通告中，又提出"在各大城市发展各种政治的文艺的小刊物"，"用种种方法发展社会主义的影响"②。

1929年下半年，中共中央文化工作委员会（简称"中央文委"）成

---

① 《新民主主义论》，《毛泽东选集》（第二卷），人民出版社1991年版，第702页。
② 中央档案馆编：《中共中央文件选集》（第4册），中共中央党校出版社1989年版，第419、618页。

立，下辖社会科学、文学、出版3个组。中共顺直省委和北平市委也先后成立了负责文化工作的机构，党的负责人直接参加了北平左翼文化团体的筹备工作，领导了文化战线的斗争。北平地下党组织团结一批爱好文学、要求进步的青年，组织了读书会、文学研究会一类的团体，创办刊物，探讨进步文学和革命理论，并从中发现和培养革命积极分子。

这一时期，民族矛盾和阶级矛盾在北方表现得十分尖锐。日本帝国主义加紧了"征服满洲，进而占领全中国"的侵略步骤，在东北等地频频制造事端。国内各派军阀置民族利益于不顾，为了各自的利益，混战不已。1930年4月开始的蒋、冯、阎大战，给北平各阶层民众带来了深重的灾难，也削弱了反动当局的力量，形成了反动统治的薄弱环节。广大群众，特别是青年学生，对国民党的幻想逐渐破灭，越来越同情和倾向革命。这为北平左翼文化团体的建立和左翼文化运动的开展，提供了有利的客观条件。

1930年二、三月间，在中共顺直省委的领导下，北平20多个普罗文艺社团、社会科学研究团体组成"北平普罗文化运动大同盟"，成为在北平开展左翼文化运动的基本力量，并为以后北平左联、社联、剧联等团体的建立做了组织准备。3月2日，中国左翼作家联盟在上海正式成立。中国左联的成立，似空谷足音，震撼了中国文坛，标志着20世纪30年代中国共产党领导下的左翼文化运动的正式展开。中国左联的活动，在北平文化界和青年学生中产生很大的影响，推动了北平左翼文化运动的开展。

北方左联的筹备工作得到中国左联和鲁迅先生的热情关怀和直接帮助。1930年夏，北平普罗文化运动大同盟的代表参加在上海召开的全国苏维埃代表大会准备会议，会后被鲁迅约见。鲁迅详细询问北方的政治局势、群众情绪和左翼文化运动的进行情况，对北平的工作寄予很大的期望。北平普罗文化运动大同盟的代表从上海返回时，带回中国左联、社联等进步团体的纲领和工作大纲，作为自己活动的遵循。北平左翼文化运动的迅速兴起，成为北平反帝反封建斗争和全国革命文化斗争的重要组成部分。

（二）北平各左翼文化团体的成立

革命斗争的深入，迫切需要文化战线的配合。在新的形势下，需要一种形式上比较固定、成员比较广泛、规模比较大的团体来联系北平的左翼文化工作者。1930年9月15日，中共顺直总行动委员会在给北平市行动委员会的指示信中，要求"扩大互济会、反帝同盟、左翼作家联盟等组织，动员支部做这些工作"。在党的领导下，北平各左翼文化团体如雨后春笋般纷纷成立。

北方左翼作家联盟于1930年9月18日成立。成立大会在北平大学法学院小礼堂召开，到会的有段雪笙、张章等30余人。会上报告了北方左联的筹备经过，中共北平行委代表阐述了北方群众和北方文化界面临的斗争任务。大会听取并通过由筹备会拟定的北方左联的《理论纲领》《行动纲领》《成立宣言》3个重要文件，选出段雪笙等10人为北方左联第一届执行委员和候补委员。北方左联是北平党领导下成立的第一个左翼文化团体，它创办的刊物《文学杂志》和《文艺月刊》被誉为"沙漠中的绿洲"，给沉寂多年的北平文坛带来巨大影响；它还团结了一批爱好文学、要求进步的青年学生，运用文学这种形式，宣传马克思主义和中国共产党的主张，为以后各左翼文化社团的建立做出了榜样。

中国社会科学家联盟北平分盟于1930年10月1日成立。成立大会上，通过社联筹备会起草的纲领及成立宣言，选出由萍水赫等9名执行委员组成的北平社联领导机构，确定了援助为纪念十月革命被捕的韩国革命战士、出版新兴社会科学杂志、参加工农教育事业、开始社会政治经济的调查等各项具体的工作计划。

北平普罗画会于1931年2月5日成立。成立大会确立《普罗画会活动方针》，明确画会的任务是：运用漫画、木刻等美术形式，反映农工的生活和他们争取解放的斗争。

北平教育劳动者联盟于1931年底成立，其成员主要是中小学教员，也有不少像吕振羽、王思华、范文澜、侯外庐等著名教授。这些进步教师常常在课堂上宣传进步理论和抗日救亡的思想，在学生中有很大的影响。参加教联的还有北平师范大学等校的学生。

中国左翼戏剧家联盟北平分盟于1932年2月成立，参加成立会议的有李树芬等12人。北平剧联以《中国左翼戏剧家联盟理论纲领》和《中国左翼戏剧家联盟最近行动纲领》为自己的纲领。成立大会上，选举出由5人组成的第一任执行委员会，分别担负总务、组织、宣传、研究等方面的工作。

北平世界语者同盟于1932年2月1日成立。成立宣言指出："在世界大战以后，在国际社会运动中广泛地应用着世界语……把世界语运动深入到民间去，已成为我们在社会运动上的紧要任务之一。"北平的世界语运动很快发展到北京大学、中国大学、师范大学、中法大学、平民大学、师大附中等20多所学校。同年4月，经过各校联席会议，成立北平世界语总会。

北平左翼音乐家联盟于1932年12月成立。成立大会在西四附近的一个教会女中召开。会上制订了北平乐联的行动方针和计划。成立时有盟员20余人。

除上述左翼文化团体外，20世纪30年代初期北平还活跃着工农通讯委员会和各种读书会、刊物编辑社等左翼文化社团。

北平众多左翼文化团体的成立，推动了进步思想文化的传播和发展，左翼文化声势日盛。为了协调各文化团体的活动，扩大组织，统一领导，1932年5月根据中共河北省委的指示，北平各左翼文化团体联合召开代表大会，成立了北平文化总联盟（简称"北平文总"）。会上通过了《北平文化总联盟纲领》和《北平文化总联盟章程》，作为全体盟员今后一致的方针。

大会推选的执行委员会委员大多是各左翼社团的负责人。从执委中又推选出常务委员5人，分别担负总务、组织、宣传、出版、发行5部事务。北平文总内设有党团（组），党团（组）直接接受中共河北省委文委和中共北平市委的指示，领导下属各左翼文化团体党团（组）的工作。先后在北平文总担任过领导职务的有潘漠华、周永言、张磐石、陈沂、萧之亮、马致千、陆万美、谷景生等。各左翼文化团体都建立了由共产党员和共青团员组成的秘密党团(组),负责团体内党团组织的工作,将党的指示及时贯彻到群众团体中去。在北平左翼文化团体的影响下,北方其他地区的左翼文化团体也迅速地发展起来。

北平各左翼文化团体的建立,使得以上海、北平为中心的南北两地左翼文化运动遥相呼应、相互配合,为在历史的舞台上演出一幕又一幕反帝反封建的壮丽斗争史诗提供了舆论支持。

(三)白色恐怖中传播马克思主义

学习和传播马克思主义理论是社联及其他左翼文化团体的又一主要活动。北方左翼文化团体盟员冲破国民党当局的严厉查禁,通过各种渠道收集革命经典著作,互相传阅,进行学习和研究。

除此之外,一些左翼社会科学工作者还克服重重困难,从事马列原著的翻译和出版工作。在他们的努力下,1932年8月、1933年1月由北平东亚书局分两册出版了马克思的《资本论》第4章至第13章。1932年9月,北平国际学社又出版侯外庐和王思华合译的《资本论》第一卷上册。1931年,党组织决定派王禹夫由北平前往保定成立自己的出版机构——北方人民出版社。王禹夫一个人担当了编审、校对和出版、发行工作。北方人民出版社出版了两类丛书:一类为"人民文化丛书"或"大众文化丛书",主要是一些内容比较通俗,易为人民大众所接受,可半公开发行的读物;一类为"左翼文化丛书",主要是马列著作与党的文件、决议,包括《共产党宣言》《雇佣劳动与资本》《红旗周报》《中华苏维埃共和国宪法大纲》《中国革命与中共的任务》《国家与革命》《共产主义运动中的"左派"幼稚病》等。这些出版物除寄往上海之外,大部分寄到北平和北方的其他城市,为扩大党在北方的影响,发展革命力量,传播马克思主义发挥了积极作用。

北平各左翼文化团体的支部和小组,同时又是学习马列主义的读书会。大家在一起座谈学习体会,讨论研究理论问题,分析时事交流思想。许多倾向进步、爱好左翼文化、要求抗日的爱国青年,就是在这样的读书会里,接触到了共产主义的人生观,成长为自觉的无产阶级革命战士。据参加过学习的同志回忆,他们看到的有关马列主义的理论著作有《史的唯物论》《从空想到科学的社会主义》《社会主义概论》《反杜林论》《共产主义ABC》《共产党宣言》《共产主义运动中的"左派"幼稚病》《国家与革命》《叛徒考茨基》《两个策略》《哲学的贫困》等。

在传播马列主义理论方面,北平教育劳动者联盟盟员做了很多工作,他们在北平许多大学和中学的讲坛上,特别是在北京大学、北平师范大学、中国大学、中法大学这样一些民主气氛较强或私立的学校里,公开地设置马列主义哲学、政治经济学课程。李达、黄松龄、吕振羽、吴承仕、范文澜、侯外庐、马哲民、齐燕铭、王思华、杨绍萱、章友江、陈启修、施存统、张友渔、杨秀峰、陈翰笙、许德珩等人都在北方的一些学校讲授过马克思主义的政治经济学、历史哲学以及阶级斗争、国家与革命等马克思主义基本原理。这些课程的开设,教育了一大批青年,推动了中国思想界的进步。

北平左翼文化群体是在北平地下党的领导下,积极宣传马克思主义、参加反帝反封建斗争的不可忽视的重要力量。

八、监狱正气歌:草岚子共产党员群体

北京西城区沿着北海公园有一条狭长的胡同,叫草岚子胡同。1931年9月初,国民党当局为关押中国共产党平津两地的革命者,在这条胡同西头设置了一座监狱。最初,这里仅为临时看守所,次年3月改为"北平军人反省分院",因坐落在草岚子胡同,人们习惯地称之为"草岚子监狱"。监狱坐南朝北,西边有一座灰色二层小楼,是当年监狱当局办公的地方。楼的后院有一幢长筒状的房子,是关押"犯人"的牢房。牢房的中间是一条过道,以此为界分为南监和北监,各有24间牢房。监狱紧闭的大门上镶有厚厚的铁皮,高高的围墙上布满了电网,四周均设有岗楼,整个监狱哨卡密布,戒备森严。正是在这座监狱里,一群共产党员以崇高的革命气节谱写了一曲悲壮动人的共产主义战歌。

（一）战斗堡垒狱中建

1931年，北平笼罩在一片白色恐怖之中，国民党反动当局大肆搜捕共产党员和革命群众。而在中国共产党内，以王明为代表的"左"倾教条主义占据了中央领导地位，反复强调在全国范围内实行暴动的"进攻路线"。因此，在白区工作中，党的组织不断地领导工人罢工和示威游行，致使党的工作非但没有取得进展，反而暴露了党组织，给了国民党抓捕的机会。

草岚子监狱共产党员群体中的大多数是在1931年9月从东北宪兵司令部看守所、北平第一监狱、天津警察局看守所等地作为政治犯统一调过来的。"反省院"不同于普通监狱，它由军队管辖，可以不按法律程序对政治犯进行肆意迫害，军法从事。所有关押在这里的政治犯必须经过"反省"，履行手续，登"反共启事"，才能释放出狱。如果不"反省"，即使刑期已满也不能释放。所谓"反省"，就是改变政治信仰和立场，向敌人屈服投降，自首叛变。草岚子监狱实行的是军人法西斯专政，管制方法极其野蛮残酷。

考虑到狱中斗争的长期性和残酷性，一些斗争经验丰富的老同志提议在狱中建立一个党的支部干事会（即党的支部委员会），形成一个坚强的领导核心，带领同志们并肩作战。虽然大家很清楚，外有国民党的严密监视，内有反党分裂分子的干扰破坏，狱中建党必定困难重重。经过缜密的酝酿讨论后，最终还是决定以"红旗出狱"为斗争口号，成立秘密的狱中党支部，以便对国民党做更坚决的斗争。

狱中党支部的任务主要有两个：一是制定切合实际的狱中斗争方针，领导共产党员对敌人进行坚决的斗争；二是组织狱中党员进行政治理论的学习，用马列主义理论武装头脑，以便出狱后能为党的革命事业继续奋斗。支委会几个月改选一次，由全体党员推举对敌斗争坚决、有号召力和组织力的人担任书记和支委。孔祥祯、殷鉴、薄一波等先后担任过书记。狱中党支部就像黑暗中的一盏明灯，引领狱中的同志们顽强斗争。

(二)严刑拷打斗志坚

1932年底,由于敌人安排的法官讲课、神父布道等诱使同志们"反省""悔过"的办法都没有奏效,反省院决定对所有的政治犯进行一次大审查。在审查前,党支部对同志们做了革命气节教育,还专门组织审查的预演,预判到敌人审查的内容。在提审胡锡奎、刘聚奎时,他们两个任凭敌人恐吓、动刑也不肯"反省",甚至高歌唱起:"我们的旗帜是红旗,红旗裹着战士尸。红旗飘飘啸,决一死战。怕死的东西滚开些,我们誓死拥护着红旗!"狱方气得扬言要枪毙他们,二人依旧横眉冷对、从容不迫。最后,狱方无奈,把他们拉到军法处毒打了一顿。这次审查,由于同志们坚决抵制,狱方最终没有继续下去。

第二次审查开始于1933年9月,基于第一次审查的教训,这次狱方改变了审查方法。他们动员了部分政治犯的亲朋好友来做工作,并且露出法西斯的真实面目,对那些还不"反省"的人施以吊打、压杠子、灌辣椒水等非人的酷刑。极少数人由于受不了敌人的严刑拷打、威逼利诱,开始叛党投敌。但是真正的共产党人绝不会被恶劣的环境所打倒,他们不仅拒不"反省",还纷纷向党组织宣誓:"头可断,血可流,誓死捍卫共产党员的光荣称号,绝不向敌人屈膝投降!"为鼓舞同志们的士气,狱中党支部响亮地提出:"粉碎敌人的一次'审查',就是击退敌人的一次进攻,就像红军粉碎国民党对苏区的一次'围剿'一样。"[1]正是在狱中党支部坚持的这种坚贞不屈、视死如归的精神影响下,一些革命的党外分子也团结在党组织周围,拒不"反省"。

第三次审查是在1934年初。经过两轮审查,敌人知道剩下来的都是一些"硬骨头",很难说服,也就不再"苦口婆心"劝说,而是寄希望于旷日持久的监狱折磨来迫使他们屈服。然而,他们不知道,"硬骨头"是宁死不屈的。

---

[1] 熊怀济:《天地有正气》,北京出版社1982年版,第62页。

郝清玉就是这样一位典型的"硬骨头"。他是1931年4月因叛徒出卖被捕入狱的。反省院的训育员多次劝导他反省，软硬兼施都无济于事。由于监狱环境极其恶劣又常常吃发霉的馒头和米饭，郝清玉患上肠胃病。不久，训育员便拿着一张"反共启事"到牢房，找到披头散发、瘦得皮包骨头的郝清玉，说："你病得这样了，不出去治病你就完了。你不能起来，我在你手上涂上墨，你在这张纸上按个手印，马上就可以出去，还可以送你去德国医院治病。如果你不按这个

郝清玉

手印，就把你送到天桥去！"郝清玉斩钉截铁地回答："你们国民党对外屈膝投降日本，对内压迫屠杀人民，应该反省的是你们。我是革命到底，无过可悔，想让我叛党，办不到，别说天桥，就是地桥，也吓不倒我，绝不按手印！"①说完便愤怒地把训育员赶了出去。就连狱中的看守人员都被他坚贞不屈、大义凛然的坚强意志所折服。1935年8月，郝清玉病死在狱中。杨献珍沉痛地向监狱的其他同志说道："郝清玉是个硬骨头，他被摧残死了，我们很痛心！但他用自己的硬骨头粉碎了敌人的反省政策，敲了反动统治的丧钟。他没有死，他永远活在我们心里，永远高举红旗，走在我们的前头！"②

赵子长也是一位宁死不屈的"硬骨头"。他是1930年在唐山被捕的，曾在北平第一监狱为改善生活待遇与敌人做过英勇的绝食斗争。刑期满后，因拒绝写悔过书被送到草岚子监狱。长期暗无天日的监狱生活使他的身体受到损害，不久便得了重病。病危临终之际，敌人对

---

① 刘昭：《在草岚子监狱里》，中国文史出版社1987年版，第73页。
② 刘昭：《在草岚子监狱里》，中国文史出版社1987年版，第73页。

他说:"只要你按个手印,就放你出去。"赵子长在生命的最后一息,义正词严地说道:"你们采取这样的法西斯手段压我是压不倒的。共产党员是永远不会在法西斯面前低头的。让你们的'反共启事'见鬼去吧!"说完就牺牲了。

就像郝清玉、赵子长一样,草岚子监狱里还有更多的共产党员战士在等着把敌人的牢底坐穿,扛着"红旗出狱"。他们相信,坚强的意志能磨断镣铐,崇高的信仰能摧垮牢房。

由于3次审查均无果而终,国民党当局十分失望,他们便想出各种办法对政治犯进行虐待、摧残。他们将所有不"反省"的政治犯脚上的镣子全部加重了一码,一些"重要犯人"脚上的镣子甚至重达7斤多,常常磨得小腿鲜血直流。监狱的伙食也越来越差、监管也越来越严,他们不再允许政治犯看书看报,不再允许重病号保外就医。

1934年冬,寒风刺骨,一些人的脸部和耳朵已经生了冻疮,监狱里唯一的火炉放在了值班人旁边。基于监狱内外的严峻形势,狱中党支部干事会认为有必要进行一次坚决的绝食斗争,并提出要求:"1.下镣;2.改善伙食;3.打开监房门即号子门,允许互相往来;4.允许订购报纸和购买书籍;5.每个号子生一个火炉。"①

1934年12月19日,监狱内全体政治犯开始绝食斗争。上午9点,第一批政治犯被带进饭堂,一个小时过去了,没有一人动碗筷。第一天、第二天过去了,敌人开始劝说,还做了一些好饭好菜端了上来,仍无一人动筷。第三天、第四天过去了,一些体弱的同志开始发病,敌人乘机威胁道:"现在是死一个送一个,死几个人我们不在乎!"②但同志们还是继续忍着饥饿和病痛的折磨不为所动。绝食进行到第七天的时候,敌人软了,派了个处长下来谈判。薄一波作为狱中党员代表参加了此次谈判,最终迫使敌人同意5条绝食要求中的4条。7天的绝食斗争取得胜利。

---

① 薄一波:《七十年奋斗与思考》,中共党史出版社2008年版,第167页。
② 熊怀济:《天地有正气》,北京出版社1982年版,第71页。

（三）马列思想狱中传

狱中不少同志之前在白区工作，很少有时间进行系统的学习，如今虽然身在监狱，反而却有大块的时间集中学习了。同时考虑到1932年7月以后被关进草岚子监狱的同志，大部分是参与爱国游行示威的青年学生，他们满腔热血、勇敢无畏，但缺乏实际斗争经验，容易受错误思想和理论的迷惑，如果得不到正确指导，很可能被敌人利用。因而党支部提议要好好利用这个机会，把敌人的监狱变成学习宣传马列主义的党校，让越来越多的人参加到学习马列主义当中。

在党支部的领导下，草岚子监狱成立学习委员会，杨献珍是主要负责人。学委会根据每个人的实际情况，制订详细的学习计划，规定全体同志无论文化高低都要学习马列主义理论，有基础的同志要帮助文化低的同志补习文化，文化程度较高的同志要额外学习英语。学习书目主要有《共产党宣言》《家庭、私有制和国家的起源》《反杜林论》《路易·波拿巴的雾月十八日》《路德维希·费尔巴哈和德国古典哲学的终结》《唯物主义与经验批判主义》《共产主义运动中的"左派"幼稚病》等马列经典。这些书籍大都是外文原文，英文版由杨献珍翻译，俄文版由黄健纯翻译。译本通俗易懂、简明流畅，易于大家学习。

此外，党支部还设法买到共产国际第十三次委员会和共产国际第七次代表大会的文件，由殷鉴、杨献珍翻译出来，供大家阅读。后来，毛泽东在瓦窑堡会议上所做的报告《论反对日本帝国主义的策略》和党内一些文件也传到监狱里。同志们经常一个月就学完一本著作，为防止敌人搜查，他们看完就埋在监狱地下。

通过学习，大家的理论知识不断丰富，开始尝试写学习心得、斗争经验、时事论文。党支部决定秘密出版自办的刊物《红十月》，激励大家学习交流。在《红十月》第一期上，薄一波写了《红孩儿闹狗洞》的文章，阐述共产党员被捕后怎样保持革命气节和进行狱中斗争。有个同志绘制的"长征路线图"也被编入《红十月》刊物。

同志们在极其艰苦的学习环境中,不仅增长了理论知识,提高了思想觉悟,还经受了革命的锻炼。

(四)听党指示永不变

1935年,为适应全国抗日救亡形势的发展,加强中国共产党对国民党统治区工作的领导,党中央决定派刘少奇到华北主持北方局工作。

此时,日本策动华北事变,进逼北平。考虑到北平一旦落入日本人手中,草岚子监狱里的大批干部必定遭到杀害,刘少奇向中共中央提议,有必要采取一定的策略手段,将草岚子监狱中党的五六十名重要干部营救出狱,以便协助北方局开展工作。很快,党中央有了回信,高度赞扬5年来草岚子监狱共产党员群体在狱中坚贞不屈的斗争和对党矢志不渝的信仰,认为他们是经受了考验的、党可以完全信赖的同志,批准北方局竭力分批次营救这些同志出狱,以便担负更艰巨

1936年5月5日,被关押在草岚子监狱南号筒的共产党员及爱国人士在练习八段锦

的任务为党效力。

北方局很快将这一消息以信件的方式传到草岚子监狱,狱中党支部干事会薄一波、殷鉴、刘澜涛看到信后,以为是敌人劝他们"反省"的阴谋诡计。直到收到第二封信时,才引起他们注意,并通过向外面知情同志再三打听,了解到外面局势的变化和党组织急需干部开展工作的情况,终于确信这是党中央的决定。

1936年底,草岚子监狱里的52名共产党员前后分9批被党组织全部成功营救出狱。备受折磨与煎熬的狱中斗争结束了,还没来得及缓口气,他们又投入到新的残酷的战斗中。在北方局的领导下,薄一波、杨献珍、董天知、韩钧、周仲英等到了太原,开展上层统一战线工作,并利用与阎锡山的统一战线关系,组织群众参加抗日救亡运动;安子文继续留在北平,发动组织和鼓励青年学生积极参加抗日救亡运动,发展党的地下组织;刘澜涛被委派到绥东抗日前线创办抗日刊物,开展抗日救亡工作;张友清赴山西开展工人运动;刘昭在石家庄成立一个抗日学生队,到各地进行抗日宣传活动;李楚离到平津从事党的抗日民族统一战线工作;张玺到冀鲁豫特委开展党组织的恢复工作;胡锡奎到冀东组织和领导了22个县约20万人的抗日武装起义……这批同志再一次以满腔的热血和赤胆忠心投入到党分配的新工作岗位上,继续为党的事业贡献力量。

九、掀起抗日救亡高潮:一二·九运动先进分子群体

九一八事变后,已侵占中国东北三省的日本帝国主义,又将魔爪伸向中国的华北地区。1933年5月31日,国民党当局与日本签订丧权辱国的《塘沽协定》,实际上承认了日本对东北三省、热河的占领,同时划绥东、察北、冀东为日军自由出入地区,为日军进一步侵占华北敞开了大门。1935年夏,又与日本签订"何梅协定"和"秦土协定",把包括北平、天津在内的河北、察哈尔两省的大部分主权奉送给日本。11月25日,日本扶植汉奸殷汝耕在河北通县成立"冀东防

共自治政府"。国民党当局屈从日本要求的"华北自治"政策,计划于12月在北平成立"冀察政务委员会"。

日本侵占华北的行动,使中华民族陷入空前严重的民族危机。由于国民党当局的对日妥协政策,华北地区百姓遭受了日本侵略者的残酷蹂躏,大大小小的汉奸卖国贼也趁机仗势欺人、为非作歹。当时有人描述这种情景说:"爱国有罪,冤狱遍于国中;卖国有赏,汉奸弹冠相庆。"

在这民族危亡、华北告急的紧要关头,中国共产党挺身而出,提出建立抗日民族统一战线的主张。1935年8月1日,中共中央发表著名的"八一宣言",明确提出:"抗日则生,不抗日则死,抗日救国已成为每个同胞的神圣天职!"

(一)《告全国民众书》喊出华北学生共同呼声

此时的北平,已经呈现出"黑云压城城欲摧"的景象:插着太阳旗的日本坦克在北平大街上横冲直撞;日本飞机在北平低空盘旋,擦着树尖呼啸而过;日寇在丰台、南苑、黄村、良乡、长辛店等地大搞军事演习;北平前门火车站,大批的故宫古董装箱南运,国民党军政显要携带金银细软和家眷纷纷出逃;东北大学欲迁西安,清华大学即迁长沙……

险象环生的华北局势冲撞着人们的心灵,北平各大中学校的爱国青年早已忧心如焚。但国民党的报纸严禁刊登各种宣传抗日的文章,北平上空笼罩着沉闷的空气。1935年10月,彭涛、周小舟和姚依林等人从北京饭店法文图书馆出售的英文版《共产国际通讯》和《共产国际半月刊》上看到"八一宣言",深受鼓舞,决定广泛发动学生,采取公开合法的形式开展抗日救国运动。

11月18日,在彭涛、周小舟、谷景生、姚依林等人的领导下,北平市学生联合会正式成立。其中郭明秋为学联主席,姚依林为学联秘书长,孙敬文为学联总交通,邹鲁风为学联总纠察,黄华为学联总交际。中共北平市工委在学联建立了党团,彭涛为书记。北平学联的建立,成为在党领导下的学生抗日救国运动的新起点。

12月初,中共北平市临时工作委员会成立,谷景生任书记兼共青团北平市委书记(几天后改由李常青兼任临时工委书记),彭涛任组织部部长,周小舟任宣传部部长。12月6日,北平15所大中学校的学生自治会发表《北平各校通电》,谴责国民党政府自九一八事变以来的妥协退让政策。此时,国民党当局拟于12月9日在北平成立"冀察政务委员会",以实现所谓"华北特殊化"。消息传来,北平学联的成员再也不能忍受了。在中共北平临时工作委员会的领导下,北平学联党团当即决定这一天举行学生抗日救国请愿游行,以此反对华北自治。

由于国民党当局的严令禁止,北平学联的学生运动很难开展。这时,一位外国友人为一二·九运动的顺利开展提供了便利,这个人就是斯诺。斯诺于1933年来到北平,此时在燕京大学新闻系任教。他一直深切关注北平的命运,同情中国学生的抗日爱国运动,并和北平的爱国进步学生多有来往。他利用外国记者的特殊身份和条件,收集一些关于中国问题的资料。中共北平市委负责人黄敬和姚依林、陈翰伯等进步青年就经常到斯诺家中,看一些被国民党定为"禁书"的革命报刊,讨论问题。学生们称斯诺的家是个"呼吸一点新鲜空气的窗口"。北平学联多次在斯诺家里召开秘密会议,伟大的一二·九运动就是在斯诺家中策划的。

担任中共清华大学地下党支部书记的蒋南翔,平日里是一位专心读书、沉着静谧的质朴青年。眼看日寇步步紧逼,迫使教育界开始准备上"最后的一课",这个一向诚朴寡言的爱国学生终于发

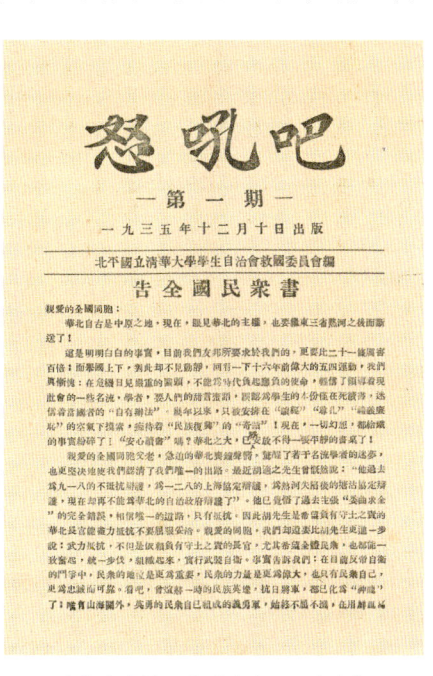

清华大学救国会《告全国民众书》

出了怒吼。1935年12月8日,蒋南翔在清华一院大楼(清华学堂)地下室的印刷车间,怀着满腔激情写下著名的清华大学救国会《告全国民众书》。他一边写,一边泪流满面,痛陈华北危机,将北平学子"华北之大,已经安放不得一张平静的书桌了!"的悲愤呐喊跃然纸上,表达了华北学子的共同心声,成为传诵久远的名句。他还呼吁窒息在古文化城里上着最后一课的广大爱国青年:"要愿意暂时丢开书本,尽力之所及,为国家民族做一点实际工作。"这一振聋发聩的宣言书,点燃了北平学生一二·九抗日救亡运动之火。

(二)一二·九游行掀起全国抗日救国新高潮

1935年12月9日凌晨,饱经忧患、沉默无声的北平古城,像一头勇猛的雄狮开始怒吼。

天刚拂晓,城内城外各校参加抗日救国请愿大游行的青年学生们在李常青、彭涛、周小舟等组成的中共北平临时工作委员会的领导下,姚依林、郭明秋、黄敬、宋黎等在学生中工作的共产党员组织和指挥着游行队伍,冒着零下20多摄氏度的严寒,纷纷涌上北平街头,按预定计划行动起来。

北平反动当局事先已经得知学生要请愿游行的消息,清晨就在城内外许多学校布置了岗哨和密探,企图破坏这次学生运动。但是,广大爱国青年学生却以无比的勇敢和献身精神,冲破反动军警的重重阻挠,参加了这次抗日救国请愿大游行。

清晨,城里,中国大学、北平师范大学、市立女一中、师大女附中等学校的学生巧妙地摆脱军警的包围,先后抵达新华门。东北大学300多名爱国学生在宋黎的率领下,高举着"东北大学学生请愿团"的大旗,4人一排,手挽着手,高呼口号,一路由西直门内经北河沿、西四北大街、西四牌楼、府右街向新华门进发。沿途北平大学法商学院、东北中山中学的部分学生冲破军警的包围,与之会合。

城外,清华大学的队伍由黄诚、吴承明等带领,沿着平绥路前进。燕京大学由陈翰伯、朱启平等带队,沿着田间小道绕行。这两支队伍甩开沿途阻拦的军警,在西直门前会合。由于城门已被军警关闭，学生代表同军警交涉无果，清华、燕京等校学生进不了城。他们开始高喊"打倒日本帝国主义""中国人民团结起来"等口号，向民众宣传抗日救国主张。

上午10点30分，新华门前聚集了北平十几所高校数千名学生。新华门是中南海的大门，国民党军事委员会北平分会代委员长何应钦就在中南海居仁堂办公。前几天，曾有一批又一批被日寇雇用的汉奸、地痞、流氓、政客组成的"华北民众自治会"来这里向何应钦请愿，要求"自治"。守门的军警恭恭敬敬地请了进去，何应钦笑脸相迎、待若上宾。而今日，中南海却大门紧闭，门前排列着警车队和架着机关枪的摩托车队，还有内二区的警察、北平警备司令部的宪兵、平津卫戍司令部特务营的士兵等数百人。他们一个个手持刀枪，杀气腾腾、如临大敌。见此情景，请愿学生无比感慨。他们高举着大旗、挥舞着标语，唱起了抗日救亡歌曲。

学生们推选出董毓华、宋黎、于刚等12名代表，前往居仁堂请愿，并提出6项要求：

一二·九运动中，清华大学学生在西直门外宣传抗日救亡

（1）反对华北成立防共自治委员会及其类似组织；
（2）反对一切中日间的秘密外交，公布中日交涉经过；
（3）保障人民言论、集会、出版、结社的自由；
（4）停止内战，一致对外；
（5）不得任意逮捕人民；
（6）立即释放被捕学生。

但是，这些要求被何应钦完全拒绝。游行指挥部立即决定将请愿改为示威游行，由宋黎担任示威游行队伍总指挥。

瞬间，数千人组成的抗日救国洪流，倾泻在西长安街上。当游行队伍行至西单牌楼平津卫戍司令部附近时，遇到军警的阻拦和大刀、木棍、枪托的袭击。同学们不畏强暴、高喊抗日救国口号，继续前进。北京大学的许德珩、中国大学的吴承仕等教授，还有一些受到鼓舞的爱国市民也纷纷加入示威行列。游行队伍像滚雪球似的，越滚越大，浩浩荡荡，直向王府井大街进发。当队伍前锋刚刚到达王府井时，一场更加激烈的斗争出现了。

警察当局调来大批军警，他们挥舞着皮鞭、木棍猛打手无寸铁的爱国学生。爱国学生并没有被反动派的恐吓威胁吓倒，他们有的被打倒后爬起来奋力向军警还击，有的被打伤流着鲜血仍然高呼抗日口号。经过20分钟的混战，游行队伍还是被军警打散。一些学生当场被捕，30多名受伤学生被送往医院抢救。在激烈搏斗过的大街上，结了一层冰，晶莹的冰里渗透着爱国学生的斑斑血迹。

战斗进行了一天，到下午四五点钟，大家已经疲惫不堪。为了保存力量，避免不必要的牺牲，游行指挥部决定把一时被冲散的队伍撤回到北京大学三院。在这里，宋黎慷慨激昂地说："亲日派的大刀、皮鞭、水龙头吓不倒我们！我们要求严惩肇事者！"随后，大家一致通过北平学联关于从10日起实行全市总罢课和准备再举行大规模示威游行的意见。爱国学生们高喊着口号，斗志昂扬地返回各自学校。

12月9日这天,多位中外记者随同游行队伍进行实地采访。斯诺夫妇走在学生队伍的最前列,边采访边宣传。每当警察要打学生或抓他们时,斯诺就冲上去拍照,吓得警察不敢轻易动手。在游行结束的当晚,斯诺给纽约《太阳报》发了独家电讯。从12月9日到次年1月,斯诺用照相机和打字机记录下了中国爱国运动的点点滴滴。

(三)一二·一六万众示威

1935年12月14日,北平的报纸刊载国民党当局决定在12月16日成立"冀察政务委员会"的消息,北平学联立即决定在16日再次发动大规模的示威游行,以反对"冀察政务委员会"的成立。彭涛、姚依林、郭明秋、黄敬、董毓华、孙敬文、高惠如等经过几个通宵的讨论、研究,对一二·一六运动进行了严密策划。

12月16日,古老的北平城再一次发出了惊天动地的怒吼!清晨,城内各路大军按照预定方案开始行动。他们在各条道路上与军警展开厮杀搏斗,冲向示威大会的会场——天桥广场。上午11点,北平爱国学生和广大工人、农民、市民3万余人会聚天桥广场召开市民大会。游行总指挥部负责人黄敬站在一辆电车上,由宋黎和其他同学支撑着,慷慨激昂地发表演说,并带领大家高呼抗日口号。

市民大会结束后,立即由学生和市民组成声势浩大的、长达数里的游行示威队伍。他们高呼着"反对成立冀察政务委员会""打倒汉奸卖国贼"等革命口号,一

黄敬扶着电车向与会群众演讲

路前进。当游行队伍抵达宣武门时，宣武门已被军警强令关闭。学生队伍多次试图冲开城门，终因反动军警的阻挡而未成功。在相持中，清华大学学生陆璀沿着宣武门底下的一条缝隙爬进了城门。她立即起身试图拧开扣住城门的铁丝，却被赶来的军警一顿拳打脚踢而未成功。像一名女战士一样，她毫无惧色地质问军警："我们都是中国人！为什么要打人？"经过广大学生再三斗争，军警不得不把她放还，并答应打开城门。

  清华、燕大的队伍离开宣武门时，已经是晚上的八九点钟。这时，路灯突然熄灭，上千名武装军警手持大刀、木棍、铁棒向学生扑过来。数十名学生被军警砍伤，惨不忍睹。斗争一直持续到次日凌晨。16日一天中，全市共有二三十名学生被捕，近400人受伤。

  在这场声势浩大的抗日救亡运动中，一大批不怕牺牲、勇敢无畏的进步青年学生，在党的领导下走在队伍的最前列，抛头颅、洒热血，用自己的青春之躯，对国民党当局做出铿锵有力的反击，促进了中华民族抗日救亡的觉醒。

第三章

不畏强暴　威武不屈

——全民族抗战时期（1937—1945）

1937年7月7日，卢沟桥事变爆发，中国人民开始了长达8年的全民族抗战。北平沦陷后，成为日本帝国主义统治华北的军事、政治中心。在中共北平组织领导下，大批共产党员、民先队员、进步青年有组织撤离北平，奔赴抗日前线，驰骋沙场，为国捐躯。

1938年起，八路军先后开辟平西、平北、冀东根据地。邓华、宋时轮、萧克、董毓华、白乙化、包森、魏国元、沈爽等大批党政军干部，做出重大贡献，甚至献出年轻的生命。中国共产党是北平抗战的中流砥柱。

北平抗战是中华民族抗战的重要组成部分，从一个侧面诠释了伟大抗战精神："天下兴亡、匹夫有责的爱国情怀，视死如归、宁死不屈的民族气节，不畏强暴、血战到底的英雄气概，百折不挠、坚忍不拔的必胜信念。"[1]这是中国人民弥足珍贵的精神财富，永远是激励中国人民克服一切艰难险阻、为实现中华民族伟大复兴而奋斗的强大精神动力。

---

[1] 习近平：《在纪念中国人民抗日战争暨世界反法西斯战争胜利69周年座谈会上的讲话》，《人民日报》2014年9月4日第2版。

一、赵登禹、佟麟阁、张自忠：血洒抗日疆场

第29军在中国抗日战争史上有着举足轻重的地位，他们打响了全民族抗战的第一枪，涌现出赵登禹①、佟麟阁②、张自忠③3位民族英雄。为纪念这3位抗日英雄，1947年3月13日，时任北平市市长的何思源签发训令，正式将北平市区的北沟沿命名为赵登禹路、南沟沿命名为佟麟阁路、铁狮子胡同命名为张自忠路。新中国成立后，这3处地名保留并沿用至今。北京为3位将军分别立有纪念雕塑，即第35中学外墙上以赵登禹将军塑像为中心的主题浮雕，佟麟阁路上一尊被炸坏了的、日期和时间永远停在1937年7月28日的铜制怀表，地铁5号线张自忠路站的南北通道正中央的半身塑像；还有以3位将军名字命名的学校即赵登禹学校、佟麟阁中学、自忠小学，发挥着激励和教育后人的作用。

（一）大刀向鬼子头上砍去

日军占领中国东北后，又将战火引到长城一线。赵登禹奉命率领109旅从蓟县出发，坚守喜峰口阵地，击退了日军的攻击。在战斗中，作为旅长，赵登禹在受

赵登禹

---

① 赵登禹(1898—1937)，字舜臣，山东菏泽人。1933年任国民党第29军37师109旅旅长，后任第132师师长，是全民族抗战中殉国的第一位师长，时年39岁。

② 佟麟阁(1892—1937)，原名佟凌阁，字捷三，河北高阳人。国民党第29军副军长，是中国抗战中殉国的高级将领之一。1937年7月，被南京国民政府追授为陆军二级上将。

③ 张自忠(1891—1940)，字荩忱，山东临清人。著名抗日将领、民族英雄，后参与临沂保卫战、徐州会战、武汉会战、随枣会战等。1940年在枣宜会战中不幸牺牲。

伤的情况下坚持不下火线，亲率大刀队向日军炮兵阵地发起进攻，手刃日寇60余人，缴获大炮18门。喜峰口一战击毙日军5000余名，炸毁大炮18门，取得自九一八事变以来的首次大胜，史称"喜峰口大捷"。1937年卢沟桥抗战中，29军大刀队再展威风，又一次鼓舞了全国军民的抗日热情，也深深震撼了年仅23岁的作曲家麦新。他热血沸腾、心潮澎湃，连夜谱写出高亢激昂的《大刀进行曲》，其副题便是：献给29军大刀队。1937年8月，麦新在浦东大厦亲自指挥了该曲的首次演出，激起现场听众的强烈共鸣，很快传遍大江南北、前线后方，成为一首吹响中华儿女奋起抗战的不朽的时代战歌！

长城抗战后，第29军被调回察哈尔省驻防。赵登禹因战功卓著被擢升为第132师师长，并授予陆军中将军衔。1937年7月28日，日军向南苑29军军部驻地发起总攻，赵登禹奉宋哲元军长的命令，奔赴南苑负责北平防务。由于敌我力量相差悬殊，29军伤亡较大，但赵登禹临危不惧，指挥29军卫队旅和军训团学生队与日军血战6小时，不幸壮烈殉国，是抗战中牺牲的第一位师长。

（二）南苑抗敌英名扬

七七事变爆发后，时任第29军副军长的佟麟阁在南苑军事会议上慷慨誓言："战死者光荣，偷生者耻辱。荣辱系于一人者轻，而系于国家民族者重。国家多难，军人应当马革裹尸，以死报国。"佟麟阁以副军长之职负责军事指挥，以军部名义向全军官兵发出命令：凡是日军进犯，坚决抵抗，誓与卢沟桥共存亡，不得后退一步。当时《北平时报》曾指出："佟副军长善治

佟麟阁

军,第二十九军纪律严明,勇于作战,而于老百姓秋毫不犯,佟将军训练之力也。""军士于烈日守城,各队前置水一桶,用开水以止渴,商民感激欲泣,敬献西瓜,坚决不受,对老百姓恭而有礼,杀敌则勇猛武伦,堪称模范军人。"

1937年7月28日,日军突然向北平发动总攻,进犯南苑。29军司令部遭受数十架敌机的轮番轰炸和武器装备精良的机械化部队的地面攻击。面对日军的侵略,佟麟阁与第132师师长赵登禹指挥29军不畏强敌、死守南苑。战斗中,佟麟阁被机枪射中腿部,仍然带伤率部下与敌激战,从拂晓战至中午,头部又再受重伤,终因流血过多壮烈殉国,时年45岁。次日晚上,家人将其遗体藏在北平城内的柏林寺。1946年7月28日,佟麟阁烈士忠骸移葬于北平西郊香山。

(三)中国抗战军人之魂

卢沟桥事变后,为了保存战斗实力,第29军奉命南撤保定,军长宋哲元在撤退之际,要求张自忠留下担任北平市市长,与日军进行周旋。对此,张自忠明知将背负与敌通媾的骂名,流着眼泪与准备辞去北平市市长的秦德纯说:"你同宋先生成了民族英雄,我怕成了汉奸了。"但是,外界并不知道张自忠是奉了密令留下来与敌周旋,当时国内的报纸,纷纷责骂张自忠乃是无耻汉奸,将其称为"张逆自忠"。学生们更是组队,号称要捉拿汉奸张自忠。为了洗刷这个罪名,张自忠忍辱负重,最终秘密潜逃离开日军监控,南下向蒋介石汇报北平战事经过。

蒋介石知道事情经过后,还曾安慰张自忠,并在1938年任命他为

张自忠

第59军军长。张自忠返回部队,面对着部队官兵痛哭失声:"今日回军,除共同杀敌报国外,乃与大家共寻死所!"当时全军官兵感觉背负污名,都一起泣不成声。与此同时,为疏散和安置没能随军撤离的军人家眷,收殓沙场上的官兵尸体,张自忠与敌敷衍,拖延时间,尽量减少平津重大损失。

之后,张自忠重返抗日战场斩杀日寇。1938年的临沂战役中率部一日夜驰180余里支援友军,鏖战7昼夜后最终击溃日军,为国军主力随后进行的台儿庄大捷奠定基础。1939年,张自忠在鄂西钟祥战役中,面对日军3个师团的来袭,又大破日军于田家集,击毙日军两名联队长、击伤一名旅团长,致使日军狼狈溃逃,为中国军队赢得鄂北大捷。1940年,张自忠在枣宜会战中身中6枪、壮烈殉国,这是第二次世界大战同盟国牺牲的最高级别将领。战斗结束后,与张自忠相识的日军师团参谋长专田盛寿亲自核验张自忠遗体。他举着蜡烛久久注视张自忠的面颊,突然悲戚地说:"没有错,确为张君。"在场者先是欢呼,继而是一阵鸦雀无声的肃穆。日军设在汉口的广播电台在张自忠牺牲的当日发出报道,称张自忠为"壮烈战死的绝代勇将"。

后来,周恩来写文章称赞张自忠,"其忠义之志,壮烈之气,直可以为中国抗战军人之魂"。

二、何基沣、张克侠:卢沟桥抗日先锋

何基沣[①]青年时期立志报国投笔从戎,1923年从保定陆军军官学校毕业后,投身于冯玉祥领导的西北军。辛亥革命后他带兵进入故

---

① 何基沣(1898—1980),河北藁城人。著名抗日将领。1933年升任国民党第29军110旅旅长。1939年秘密加入中国共产党。1948年11月,同张克侠率领国民党第77军和第59军共两万余人起义。新中国成立后,历任中国人民解放军第34军军长,南京警备司令部副司令员,华北行政委员会委员兼水利局局长,水利部副部长,农业部副部长、党组成员等职。

宫，驱逐废帝溥仪；喜峰口战役中，他带领29军官兵们"大刀向鬼子们的头上砍去"；七七事变时他下令部队奋起抗击日军，拉开全民族抗战的序幕；大名府失守后曾以自杀谢罪，幸得部属及时抢救方得脱险。而早在1929年就成为中共特别党员的张克侠[①]，也参加了卢沟桥抗战。此后，他转战山东、河南、湖北等地，对当地抗日救亡运动和抗日军队给予大量支持，对团结抗战起到很大作用。

何基沣　　　　　　张克侠

(一)喜峰口、张家口显抗战决心

1933年3月8日，何基沣率所部赶到喜峰口，与入侵日军展开浴血奋战。11日晨，何基沣与援军一起针对日军怕近战、夜战的弱点，制订出迂回夜袭计划。当日深夜身背大刀，腰挎手榴弹的29军士兵

[①] 张克侠(1900—1984)，原名张树棠，河北献县人。1923年保定陆军军官学校毕业后，加入西北军。1927年赴苏联就读莫斯科中山大学。1929年7月，秘密加入中国共产党。全民族抗战期间，曾任国民党第59军参谋长、33集团军参谋长、副总司令等职。1948年11月，与何基沣率部于贾汪起义后，参加渡江战役和解放上海的战役。新中国成立后，曾任林业部副部长、中国林业科学研究院院长等职。

兵分3路，踏着冰雪，趁敌人熟睡之机，突入其营猛砍猛杀。狂妄的日军根本没料到中国军队会在雪夜偷袭，毫无防备，伤亡惨重。12日，日军增援并调飞机轰炸，两军一度对峙、僵持不下。由于29军官兵的英勇抗击，日军攻占喜峰口的企图未能得逞。不久，何基沣因战功晋升为110旅旅长。

而正在南京陆军大学深造的张克侠，1933年5月，接到内弟的来信，得知冯玉祥与共产党合作，组织察哈尔抗日同盟军进行抗日。张克侠决定利用放暑假的机会，前往察哈尔省（省会为张家口）。同时，蒋介石利用暑假在庐山开办军事训练班，包括南京陆军大学在内的各军校学员参加。张克侠未予理会，不经请假就到了张家口，出任抗日同盟军的高级参谋，积极支持冯玉祥抗击日军。由于当时全国人民抗日热情高涨，来张家口参加抗日的学生很多，冯玉祥决定开办一所培养军事干部的学校，由张克侠任校长。在蒋介石和日本侵略者的双重压迫下，8月，抗日同盟军失败。借助宋哲元29军的关系，张克侠以因病离校为由，重返南京陆军大学。

（二）与日军交手威武不屈

1936年6月6日，在"冀察政务委员会"举行的招待日军军官的宴会上，狂妄的日本军官始而舞蹈、唱歌，继而舞刀，炫耀"武士道"精神。应邀出席的29军在北平的团以上军官个个义愤填膺，争相出场与日军一决高下。何基沣按捺不住满腔激愤，纵身跳上一张桌子，唱了一支《黄族歌》。29军军官们斗志昂扬，有力地震慑了日本侵略者。

1937年7月7日晚10时，驻丰台的日军借口在卢沟桥附近演习时一名士兵失踪，蛮横地要求进入宛平城搜查，遭到中国驻军的严正拒绝，日军向宛平城发起攻击。219团吉星文部奋起还击，经过数次拉锯战，终于打退敌人。日军包围宛平城，何基沣于8日黎明即亲临前沿阵地指挥，并向所部官兵发出与卢沟桥共存亡的命令。战斗开始不久，平汉线铁路桥及其附近龙王庙被敌人攻占。

8日下午，何基沣亲率突击队从长辛店以北及八宝山以南一齐向敌人发起反攻，并与敌人展开白刃战，夺回铁路桥及龙王庙等地。29军官兵的坚决抵抗打乱了日军作战计划。日军吃亏之后，为等待援兵，提出谈判以拖延时间。何基沣受命与日军谈判。

10日上午，中日联席会议在秦德纯住所召开。谈判过程中，日本人非常嚣张。日本驻屯军参谋长桥本群傲慢地从口袋里掏出一张纸，代表驻屯军司令念道："1937年7月7日夜，贵方在卢沟桥率先开火的不幸事件，本驻屯司令官表示遗憾。"话音刚落，何基沣立即反驳："这是颠倒黑白！7月7日晚上10点40分，是你们在卢沟桥畔率先开枪。"桥本群坚持要求中国军队撤出宛平城。何基沣大声笑道："桥本群先生，请去问问卢沟桥上的狮子，如果桥上的400多只狮子异口同声让你们过去，我就后撤！"

接着，他对日方代表愤怒地说："你们要知道，中国人不是好欺侮的！中国的军队也不是好惹的！中国的领土一寸也不让人践踏！"日方代表恼羞成怒，拔起战刀指向何基沣，何基沣毫无惧色，拍案而起掏出手枪对准日方代表。眼看强压不成，日方只好作罢，谈判无果而终。

而七七事变之前，已担任第29军副参谋长兼38师师长的张克侠，向军长宋哲元提出一个集结兵力于（北）平、（天）津、保（定）地区，主动出击的方案，计划在日军增援之前，以29军约十万之众的优势兵力，一举消灭在华北的两万日军。他将此计划通过中共北平地下党员肖明报请中共中央北方局。在中国共产党的指导和支持下，他积极进行抗日的准备工作。但由于宋哲元态度一再犹疑，错失良机。

7月27日傍晚，日军逼近南苑，宋哲元才下令军部移到北平城内怀仁堂，命令赵登禹去南苑指挥部队。晚6时许，赵登禹到南苑，张克侠向他介绍了情况，召集师、旅、团长开会，发布作战命令。然后，张克侠随军部进城。夜间，日军突袭南苑，南苑失陷，城里兵力不足，人心惶惶。杨秀峰、张申府、张友渔三人奉中共指示来找张克侠，准备发动群众帮助29军守城。28日，张克侠找宋哲元、冯治安

（城防司令）等。此时，宋、冯二人已决定当夜撤退，但并没有告诉张克侠。直到当晚，张克侠才获知撤退的消息。他立即把这一突变通知刘清扬、张友渔、杨秀峰等人，使万余名革命志士、抗日骨干得到安全转移。而眼看大好河山不战而失，张克侠极为痛苦，忍不住大哭一场。

（三）秘密入党、战场起义

1938年何基沣在养伤期间，认真思考探索救国之路，终于在中国共产党人身上看到中华民族的希望。经中共地下党员李萨南介绍，1939年1月，何基沣被批准为中国共产党的秘密党员，实现由一名爱国军人到共产主义战士的转变，并被党中央派遣返回国民党军队开展工作。从1939年秘密加入中国共产党算起，到1949年新中国成立长达10年时间里，何基沣为党和人民隐姓埋名默默奉献。周恩来曾对何基沣说过一句话："基沣，过去的事，就让它作为党的一个秘密吧。"所以直至去世何基沣也没有暴露其中共党员的身份。

1948年11月8日，淮海战役开始后的第三天上午10点，何基沣和张克侠率领的两个军三个半师总共2.3万人在江苏贾汪发动起义，这是解放战争以来在华东战场上一次大规模的起义。张克侠也是在国民党内长期潜伏的共产党员。这二人为淮海战役的胜利做出重要贡献，他们因此被称作"反戈双雄"。

三、魏国元：宛平抗日民主政府首任县长

1927年，魏国元[①]在国共合作早期的门头沟区党部任常委、县党部干事。1937年11月，任宛平县抗日救国会主任、平西游击队后勤部部长。1938年3月，任宛平县抗日民主政府第一任县长，为平西抗日根据地的开创与发展做出重要贡献。

---

① 魏国元（1906—1960），字光汉，北京门头沟区青白口村人，门头沟区中共党组织创建人之一和平西抗日根据地创建人之一。1930年参加中国共产党的外围组织反帝大同盟和革命互济会。1932年加入共青团，1933年转为中共党员。

（一）联系同志，扩大党团组织

1936年10月的一天，秋高气爽。门头沟斋堂川青白口村一大户人家的宅院里披红挂彩，正在操办婚礼，院子里笑语喧天、喜气洋洋，院子外面穿着长衫短褂的人们来来往往。这场婚礼的新郎官，正是刚刚出狱不久的当地名人魏国元。

在外人看来，这是一场喜庆盛大的婚礼。实际上，魏国元正借助婚礼的掩护，与宛平县的党团员重新恢复联系。

魏国元

1933年，长城抗战爆发，日军逼近北平城。中共宛平县委加紧组建抗日武装，向民众宣传抗日救亡政策。担任县委宣传委员的魏国元用自己的家产开了一家名叫"一元春"的药铺，成为中共宛平县委的秘密活动据点。药铺里从掌柜到伙计都是共产党员，崔显芳会看病，当坐堂郎中，高连勇当学徒，师永林管账。魏国元利用自己药铺掌柜的身份，骑马往返于青白口和北平城之间，以购买药材为名传递情报。

魏国元还在山里建立秘密的枪支修械所，他们造出30多条枪，武装一支小游击队。谁也想不到，就在深山密林间，会藏着生产抗日武器的小工厂。

魏国元的抗日活动引起当地士绅的警觉。警察查封了"一元春"药铺，将魏国元、崔显芳、高连勇等人逮捕入狱。他们以"惯匪魏光汉勾结共匪，私造军火，包庇鸦片"等罪名判处魏国元有期徒刑两年半。1936年7月，经党组织营救，魏国元被提前释放。

和党组织失去联系的魏国元特地精心策划了这场婚礼。他放出风声，请来了很多客人。一些宛平县的党团员趁机重新联系上了魏国元。这天晚上，新郎官并没有进洞房，而是和同志们商量着如何开展宛平的工作。后来，魏国元被任命为中共宛平县委书记，主要任务是在家组织武装、开展游击战争。

卢沟桥事变后，随着战事不利，国民党29军被迫南撤，战场上散落了许多枪支。魏国元抓住这个机会，以宛平7区区长的身份，召集各村村长开会，号召大家收集武器，建立自己的武装，保卫家乡。一时间，各村纷纷建立起民团，魏国元在原来游击队（枪支修械所）的基础上，很快拉起一支30多人的游击队。然后又陆续建立9个游击队。这些地方抗日武装后来大都编入八路军正规部队。也正是魏国元的努力，八路军邓华支队开进平西时迅速从一个团兵力扩大到两个团。

（二）发动群众武装，壮大抗日队伍

平津失陷后，国民党嫡系卫立煌部队在髽鬏山一带与日寇激战。战斗期间，魏国元带领地下党员、进步青年一面为国民党部队带路、出粮、捐款、出牲口，支援抗战；一面保护老百姓利益不受侵害，组织村民转移，躲避战火。

战局不利，普通百姓流离失所，年轻学生内心苦闷。魏国元耐心地给年轻学生分析抗战形势，肯定地告诉他们："抗日是有希望的，党领导的八路军已经出师华北。"他的话，坚定了大家抗日救国的信心，很多人报名参加抗日队伍。

1938年初，魏国元到晋察冀边区阜平汇报工作时，聂荣臻问他："现在主力部队开到平西去，能不能站住脚？"魏国元毫不犹豫地回答："能。"因为他已将平西地区的群众充分发动了起来。

（三）建立根据地，拔除抗日障碍

斋堂川地区号称"京师咽喉之地"，战略位置十分重要。1938年初春，八路军主力来到斋堂，在东斋堂万源峪成立宛平县历史上也是平郊历史上第一个抗日民主政权——宛平县抗日民主政府，魏国元任县长。

当地的国民党政权负责人谭体仁，是魏国元的老相识，两人曾一同在河北省区长训练班培训。谭体仁毕业后任8区区长。南口抗战，卫立煌部队在宛平地区作战期间，谭体仁被委任为战时宛平县长，手下有一个保卫团。此人思想反动，拥兵自重，处处与八路军作对。

抗日民主政府成立没几天，魏国元就向谭体仁发出邀请。走进县政府所在的宅院，谭体仁心情复杂。这处宅院原本是谭体仁被委任为战时宛平县长后，给自己找的办公用房。没想到，自己还没上任，卫立煌的部队就撤退了。时隔半年，斋堂川成了共产党的天下，昔日同学魏国元成了县长，这处宅院也换了主人，谭体仁心里很不是滋味。

魏国元客气地给谭体仁让座，"谭先生对我们抗日政府的工作，有什么意见吗？"谭体仁满脸不屑："我能有什么意见？"魏国元不急不恼，"抗日政府实行统一战线政策，团结民众一致抗日，我想，谭先生总不会反对吧？"谭体仁皱皱眉头，一言不发。魏国元则继续给谭体仁讲共产党的策略主张，并告诉他，政府有意请他做抗日工作，或担任参议等职务。

谭体仁冷笑一声，"谭某不才，干不了你们共产党的事"。在他看来，卫立煌3万大军都一溃千里，几百个八路，还是土枪大刀，怎会胜利？魏国元知道他在想什么，笑着说："谭先生既然不肯合作，想必抗日也不热心。你不要以为八路军待不长，告诉你吧，八路军在斋堂扎下根了。"

话不投机，谭体仁转身离去。此后，他私下联络清水一带的地主武装，准备暴动，推翻县政府，赶走八路军，成立"维持会"。谭体仁不知道，他们的行动并没有逃过魏国元的眼睛。待保卫团的人在斋堂村外山上集合时，早已埋伏在四周的八路军突然包围上来，保卫团的人只好缴枪投降。谭体仁也被抓获，当夜被押到阜平。谭体仁这根钉子被拔除后，很多村子成立了党组织和农会，斋堂成立了巩固的抗日根据地。1938年春末，魏国元按照党组织的安排，前往斗争更艰苦的涞水、怀来等地区开展抗日工作。

四、邓华：平郊抗日先锋

邓华

1927年，年仅17岁的邓华①加入中国共产党，开启了他轰轰烈烈的革命生涯。邓华的一生，可谓战功累累。土地革命时期，他参加湘南起义后跟随朱德、陈毅等将领前往井冈山根据地，先后率部参加了中央苏区历次反"围剿"作战和直罗镇、东征、西征、山城堡等众多战役，取得辉煌战绩。特别是在中央苏区第五次反"围剿"作战中，曾率部会同主力部队与国民党3个师激战三天三夜，击退敌军。

1937年7月，全民族抗战爆发，国共合作抗日。同年8月25日，中共中央军委发布改编命令，将中国工农红军改编为国民革命军第八路军，邓华担任八路军第115师685团（团长杨得志）政治处主任，参加了著名的平型关战斗。此后，邓华在抗日烽火中浴血奋战，历任第115师685团政委、晋察冀军区第1军分区政委。当时，八路军晋察冀军区处于日军围困之中，而以杨成武为司令员、邓华为政委的第1军分区深入到北平、保定、张家口、大同之间，成为插入日军心脏的一把尖刀。

（一）开辟平西冀东抗日根据地

1938年2月，按照中共中央、毛泽东的指示，晋察冀军区司令

---

① 邓华（1910—1980），湖南郴县人。中国人民解放军高级将领。1927年3月，加入中国共产党。曾参加中央苏区反"围剿"斗争、长征、平型关战斗、百团大战、辽沈战役、平津战役、海南岛战役等。新中国成立后，担任中国人民志愿军第一副司令员兼第一副政治委员及代司令员兼代政治委员、沈阳军区司令员、中国人民解放军副总参谋长、军事科学院副院长等职。1955年被授予上将军衔。

员聂荣臻抽调兵力，以晋察冀军区第1军分区第3大队为主，组成邓华支队，邓华任支队司令员兼政治委员，决定进军冀东。2月20日，邓华率部队从涞源出发，逐步开辟平西、房山、涿县、涞水、良乡、昌平、宛平等抗日游击区，并在平西部分县建立抗日政权，组织地方武装，扩充部队，为挺进冀东建立了前进基地。

1938年3月初，邓华支队从涞源出发，出紫荆关沿长城东北行进，经涞水的板城、涿县的野三坡进入斋堂川，司令部设在西斋堂村中的聂家大院。这是抗日战争时期北平地区第一支八路军主力部队。八路军邓华支队进驻斋堂后，协助地方成立平郊第一个抗日民主政权——宛平县抗日人民民主政府，后又建立中国共产党的地方组织——平西地方工作委员会。不久，邓华支队便以斋堂川为基地向周围地区发展，北平第一个抗日根据地——平西抗日根据地在斋堂初步形成。邓华支队在北平郊区扎下根来，扩大队伍，打击日寇。

1938年5月，八路军总部又将在晋西北活动的宋时轮支队调到平西，与邓华支队合并。邓、宋两支队伍会师后，根据5月17日八路军总部的电令，邓华支队改为11支队，宋时轮支队改称12支队，两支队合编为八路军第4纵队，由宋时轮任司令员，邓华任政委，率部挺进冀东。随后，协助中共地方党组织领导了有20余个县和开滦煤矿共20余万人参加的冀东大暴动，发展冀东抗日武装10万余人，开创了冀东抗日游击根据地。

1939年2月，在平西地区成立以萧克为司令员的冀热察挺进军，邓华担任挺进军11支队司令员兼政委，下辖3个团。邓华率领11支队在平西地区发动群众，建立抗日根据地，扩大部队和筹措经费，寻找机会打击敌人，支援冀东抗日斗争，为完成挺进军"巩固平西、开辟平北、坚持冀东"的三大任务做出巨大贡献。

（二）夜袭日伪军据点

为配合正面战场的作战，牵制日军南下，晋察冀军区于1938年2月、4月和7月，对平汉路等重要交通线发动3次破袭。7月6日至8日，晋察冀军区对平汉路进行第三次破袭时，邓华的1分区部队夜袭

1938年春,邓华支队攻入香山碧云寺

易县城、店北车站、二十里铺等据点日军,毙伤敌300余人。

邓华部队的顽强斗争让日伪汉奸惊惶不安。日寇对抗日根据地恨之入骨,用尽一切办法企图割裂八路军与群众的联系。北京档案馆保存的1941年12月档案资料,记载了日伪进行的第三次"治安强化运动"的情况。当时,日本特务机关、伪警察局对八路军进行经济封锁。一张北京当时的地图上,红色的"占"字几乎围满了边界。

(三)怀柔抗战,挺进冀东

沙峪战斗打响了怀柔抗日第一枪,处在日本侵略者黑暗统治中的怀柔人民看到胜利的希望。这场关键战斗中,邓华领导的支队功不可没。

1938年5月31日,4纵指战员5000余人,浩浩荡荡,由斋堂出发,分南北两路,经平北向冀东挺进。在邓华率领下,31大队一营强行越过平绥路,直攻延庆,掩护主力部队通过平绥路。战斗打响后,日伪军不知所措,晕头转向,慌忙退至鼓楼死守。战斗打得很激烈,击毙日军十几人,完成任务后撤出战斗,东进攻克永宁。主力部队在康庄过路时,消灭了驻守之敌。东进部队很快又打下四海,杀日军10余人,缴获一批枪支弹药。初战的胜利,为八路军行动争取了主动,想打就打、想走就走,战士们士气高昂。当地群众欢欣鼓舞,送茶送水、筹集军粮,支援八路军。

邓华支队路过永宁时，天色已晚，他们严格遵守纪律，不惊动百姓，露宿街头。次日清晨，战士们打好背包，泼水扫街，清理垃圾。许多人见到这种情景，都说从来没有见过这样的军队。6月10日夜，邓、宋两支队在铁矿峪、洞台、兴隆城、南冶、沙峪一带会合。6月11日凌晨，邓华支队在沙峪村首先拿下伪警察所，接着又捉到3个汉奸特务，经过审讯，得知日本关东军驻密云古北口染谷中队正朝沙峪方向行进，企图支援四海守敌。

为策应冀东大暴动，八路军总部曾指示4纵在东进路上，尽可能避免与敌人正面接触。然而，这次日军迎头而来，4纵东进受阻。不消灭这股日军，八路军就不能顺利通过怀柔地区。听到这个消息，邓华果断地说："这股敌人可能是来增援四海之敌，对我军的行踪还不了解，我们可以在这里等他来，打一个伏击。"经过商议，决定利用地形痛击日军。

沙峪村东，有一条通向怀柔县城的必经之路。路两旁是1米多高的土坡，坡北是土山，坡南是怀沙河，河南是高山。伏击侵略者的战场就选在沙峪村的东山嘴。纵队参谋长李钟奇做了周密部署，邓支队31大队1营埋伏在河套南山，二营埋伏在河套北山，在日军前进方向的正面部署一个连的兵力。战斗打响后，34大队也赶到投入战斗。

上午11时，在远处河边的小路上，一队日军由东向西疾速而来。河边小路越来越窄，日军不得不变成一路纵队，中队指挥官走在队伍之前。当日军完全进入八路军埋伏圈时，指挥员一声令下，隐蔽在山上的八路军战士立刻向敌人猛烈开火，机枪、步枪、手榴弹声霎时间响成一片。日军官兵还没来得及摘下枪，有的就被击毙，有的被炸伤，走在前边的指挥官也一命呜呼了。在一阵慌乱之后，日军开始还击。这时埋伏在两侧山上的八路军战士，在机枪的掩护下向敌人冲杀过去。战斗最激烈时，展开肉搏战，敌我双方伤亡都比较大。八路军战士怀着对国家、民族满腔的爱和对敌人刻骨的恨，打得非常英勇顽强。在沙峪河套边、山坡上、谷地里，日军丢盔弃甲、尸横遍野。

下午3点多钟,枪声渐稀,但仍有五六十名鬼子拒不投降。邓华紧锁眉头,在指挥室里踱来踱去,他转身对31大队队长季光顺说:"你组织一个突击队,隐蔽前进,绕到敌人的背后,用手榴弹消灭掉敌人的重机枪。"季光顺组织了一个排的战士,每人带上10颗手榴弹,匍匐爬向前沿阵地。在没膝的高粱掩护下,战士们很快接近了敌人。"打!"指挥员一声呐喊,冰雹似的手榴弹在敌群里开了花,炸得鬼子血肉横飞,鬼哭狼嚎。战斗持续到下午4点多钟。这次伏击战,全歼日本关东军驻密云古北口染谷中队120余人,缴获步枪80多支、轻机枪3挺、掷弹筒3个。八路军也付出较大代价,伤亡200余人,纵队参谋长李钟奇负重伤,党总支书记郑良武等70多人英勇牺牲。沙峪战斗的胜利,保证了4纵主力顺利通过怀柔地区到达冀东。

1938年7月,中共冀热边特委根据中央指示,在中共河北省委领导下,由八路军第4纵队配合,发动了大规模冀东抗日暴动,沉重打击了日伪军,为冀东抗日武装斗争打下了坚实的基础。

五、宋时轮:开辟"红色走廊"

"西山犹在不用愁,自有太平时候。"这是齐白石老人在北平沦陷期间写的两句诗。当年,对挣扎于日伪铁蹄下的北平人来说,城外不远处的西山,是他们的精神寄托,那里活跃着让敌人胆战心惊的抗日力量。这股强大的抗日力量,与宋时轮[①]的卓越贡献密不可分。

(一)开辟平西,挺进冀东

1938年4月,正在晋西北与日军作战的宋时轮奉命率领部队进入平西(北平以西)地区。这支部队纪律严明,装备精良,从吕梁山浩

[①] 宋时轮(1907—1991),湖南醴陵人。1927年1月,加入中国共产党。曾参加中央苏区历次反"围剿"、长征、东征、西征、冀东抗日武装暴动、孟良崮战役、淮海战役、渡江战役、抗美援朝战争等。新中国成立后,担任中国人民志愿军副司令员兼第9兵团司令员和政委、军事科学院院长等职。1955年被授予上将军衔。

浩浩荡荡开向平西斋堂川后，宋时轮支队改称12支队，与晋察冀军区第1军分区邓华支队合编为八路军第4纵队，宋时轮任纵队司令员兼12支队司令员。

12支队以作战灵活、英勇顽强著称，按照4纵队的部署，宋时轮率部在居庸关和南口之间穿过平绥铁路，经平北奔赴冀东。当时的警察和伪军听说八路军来了，赶紧逃进了昌平县城。此时昌平城内已驻守日军一个中队。为了扩大八路军的政治影响，打击日伪的嚣张气焰，

宋时轮

部队奉命奔袭昌平县城，将昌平县城团团包围，激发了敌后抗战的热情。

平西抗日根据地不断发展，挺进军活跃战斗在平西，除了一般意义上的消灭敌人、壮大自己、锻炼部队、培养干部、收复失地之外，还在战略意义上牵制了大量日伪军兵力，对华北敌后各个抗日战场，起到直接或间接的配合与支持作用。

6月，宋时轮同政治委员邓华一起，率领部队挺进冀东，配合李运昌、胡锡奎等组织领导冀东抗日武装暴动，并一度挺进到当时的北平郊区，大震八路军声威。其后协助地方党组织领导有20余县和开滦煤矿共20余万人参加的冀东大暴动，发展冀东抗日武装10万余人，开创冀东抗日游击根据地。

（二）立足城外，震慑城内

平西根据地对北平形成进攻态势。1938年7月7日，全民族抗战爆发一周年之际，平西的八路军袭击石景山发电厂，让北平城一连几天处于黑暗之中，卢沟桥畔插上了中国国旗，昌平城日军再次遭到重创。平西八路军的反"五路围攻"、反"十路围攻"，直接牵制日

1938年夏,八路军宋时轮、邓华支队穿越平北,挥师冀东

军达到上万兵力;塔岭沟打落敌机,沿河城重创日军主力一个中队,小龙门消灭日军辎重大队……日军在平西战场上损兵折将,感到走投无路,士兵自杀自尽事件屡有发生。

平西抗日战场的战斗和胜利,震慑着北平城日军的指挥中枢。平常小股日军轻易不敢出城。当八路军挺进北平城下,在妙峰山、北安河、石景山、香山、八大处游击活动时,当《挺进报》贴到西直门城墙上时,日军疲于应对,调兵遣将,将派往南方的第27师团紧急调回,可谓焦头烂额、应接不暇。

平西抗日根据地的建设与巩固是在中国共产党抗日民族统一战线的旗帜下取得的。在抗战最为艰苦的3年当中,八路军冀热察挺进军和冀热察区党委是平、津、唐、张地区抵御日伪军的中流砥柱,是高高飘扬在华北地区的一面抗战旗帜。

全民族抗战的8年间,北平形成这样一种奇特的局面:虽然整个城市沦陷,城内的反抗却从来没有停歇,有组织的袭击、反日宣传不断。北平民众也从来没有屈服和绝望,他们开展反日锄奸斗争,为城外的八路军送情报、送物资、送药品、送人员。宋时轮支队挺进平西,创建平西抗日根据地,在城市和乡村间,搭建起一条条秘密交通线,成为北平、天津中共地下党组织与边区联系的"红色走廊"。

六、萧克：儒将旌指平西

走进京西马栏村，沿一条青石板路而下，是一座明清时期的四合院，门侧题写"冀热察挺进军司令部旧址陈列馆"。这里曾经是萧克[1]带领平西军民抗击日军侵略的指挥部。推开挺进军司令部旧址的大门，司令员萧克的一首诗便映入眼帘：

> 北渡拒马河，百花山在望。
> 建立挺进军，深入敌心脏。
> 放眼冀热察，前程不可量。
> 军民同协力，胜过诸葛亮。
> 抗战虽持久，笑我力正壮。

这首诗是萧克当时心情的真实写照。他后来回忆到，不论条件多么艰苦，我们对于冀热察地区抗日斗争的前途，充满了信心。

（一）从延安到平西，组建挺进军

1938年11月25日，雪后的延安如往昔一样，但对萧克来说，却迎来不平常的一天。根据中共六届六中全会精神，中央军委决定成立八路军冀热察挺进军，刚过而立之年的萧克任冀热察挺进军司令员。

冀热察挺进军司令员萧克

---

[1] 萧克（1907—2008），原名武毅，字子敬，湖南嘉禾人。中国人民解放军高级将领。曾参加北伐战争、南昌起义、井冈山斗争和长征等。全民族抗战时期，任八路军120师副师长、冀热察挺进军司令员、晋察冀军区副司令员。1955年被授予上将军衔。

1939年1月初,正值北国隆冬,萧克向毛泽东要了一份比例为二十万比一的热河地图,向李富春要了些干部,便向晋察冀军区驻地——河北省平山县蛟潭庄进发了。到达晋察冀军区后,聂荣臻司令员主持召开会议,制定冀热察区委与挺进军的战略目标和主要任务,宣布冀热察区委和冀热察挺进军主要领导名单。贺龙、萧克、彭真、关向应、马辉之等人参加会议。

会后,萧克带上干部开始挺进平西。行军途中,他写下《北渡拒马河》以表达激动的心情。1月下旬,萧克到达平西的野三坡,立即与在此开展游击战的宋时轮、邓华、马辉之、姚依林等同志商量着手组建挺进军的工作。

根据党中央、八路军总部的决定和120师、晋察冀军区的部署,1939年2月7日八路军冀热察挺进军在平西的野三坡正式成立,编制序列直属八路军总部,由晋察冀军区代管。同时,成立以萧克、马辉之、伍晋南、宋时轮(后为程世才)、邓华等5人组成的军政委员会,成立由马辉之为书记的中共冀热察区委。萧克任挺进军司令员兼军政委员会书记。冀热察挺进军的成立,就像一把钢刀插入敌人心脏,直接动摇日伪在华北、伪满地区的统治。

挺进军成立后,首先将活跃在这一带的东北流亡学生组建的抗日先锋军、冀东抗日联军以及分散的其他抗日武装进行统一整编,壮大抗日队伍。

接着,萧克开始整顿挺进军下辖部队。挺进军主力是宋时轮支队和邓华支队,以及来平西整训的冀东抗日联军,蓟县、遵化的游击队等武装。冀东抗日联军是国共合作建立的抗日武装,干部成分较复杂,整顿工作比较费力。萧克将抗日联军大部和由共产党员白乙化领导的抗日先锋队进行了合编。

3月间,萧克等初步总结前一时期工作的经验与教训,确定"巩固地向前发展"的方针,以"巩固平西抗日根据地,开展冀热察游击战争"为挺进军当前斗争任务。

（二）三位一体，包围北平

萧克率领挺进军谋划将平北、平西与冀东连成一片协同作战，利用地理条件威胁日伪军指挥中枢和进入伪满洲国境内，配合华北各地以及正面战场创造反攻前进阵地等问题，作为战略突破口。为找出答案，萧克反复研究六届六中全会文件精神，认真研读《论持久战》《孙子兵法》《战争论》等著作，逐渐勾勒出在冀热察地区开展游击战争的概念，即"巩固平西，坚持冀东，开辟平北"的"三位一体"战略方针。

萧克认为，平西的巩固，需要平北的开辟与冀东之坚持；冀东之坚持需要平西的巩固与平北的开辟；平北的开辟需要平西的巩固与冀东之坚持。这3个基本任务，无论在军事上、政治上都是相互关联、相互依存的，需要相互配合才能共同完成好。

"三位一体"任务的提出，对统一平西、冀东、平北地区广大军民的思想，创建冀热察根据地、坚持敌后游击战争具有重要意义。在萧克带领下，经过一年多艰苦卓绝的斗争，3个地区终于连成一片，真正变成"三位一体"，形成三大块互相邻近、人口达320万的根据地。北平这个千年古都，完全处于八路军包围之中。

（三）平西抗战，寄情罗霄

萧克的儒将风范远近闻名。在转战平郊期间，他随身携带大量古今中外书籍，除政治、军事书籍外，还阅览大量文学作品，稍有闲暇就提笔创作。战斗期间，萧克创作了不少文学作品，最有名的就是长达40余万字的军事题材小说《浴血罗霄》。

《浴血罗霄》大部分是在平

儒将萧克（於俊杰 画）

西创作完成的。作为挺进军的高级指挥员,萧克只能在繁重公务之余进行写作。大家经常看到他在昏暗的煤油灯光下奋笔疾书的身影。有天晚上,萧克写得正投入,爱人蹇先佛翻越十几里山路赶来,她一进门便急切地喊了两遍:"孩子生病了!"萧克竟没有注意到,气得蹇先佛扭头就走。直到几天后,萧克到蹇先佛的住地才知道此事。看到萧克脸上惊讶的表情,蹇先佛哭笑不得。由于种种原因,《浴血罗霄》直到1988年才出版,1991年3月荣获第三届茅盾文学奖荣誉奖。

在平西,萧克还留下许多传奇故事。1940年1月30日,日军侦察机在冀热察挺进军司令部所在地马栏村上空盘旋,侦察着这个与众不同的小山村。2月1日,日军轰炸机分成几个梯队,向司令部所在的小院子俯冲投弹。警卫员焦急地拉起萧克往防空洞里钻。只见萧克微微一笑,蔑视地说:"这是来看望我萧克的呀!"像这样与死神擦肩而过,对于萧克来说不止一次两次了。

半年后的一天,挺进军司令部在四面环山的冷水泉村过夜。萧克住的院子,有一棵枝叶茂盛的老槐树,他就住在树后的西厢房。拂晓时分,日军飞机前来轰炸,炸弹正好落在院子之中,轰然炸响后老槐树被炸焦,但繁茂的枝干挡住了四散的弹片。房东老大爷气喘吁吁地跑来,惊恐的目光落在安然无恙的萧克身上,半天才吐出一句话:"真是老天爷保佑!"5天后,北平《世界日报》却用大号黑体字,在头版赫然刊出"萧克毙命"的标题。

这位"毙命"将军,经历了抗日战争、解放战争,参与了新中国的成立与建设,见证了新世纪祖国的发展和壮大,直到2008年10月24日在北京安然逝世,享年102岁。美国新闻记者海伦·福斯特·斯诺(笔名尼姆·威尔斯)在《中国老一辈革命家》一书中称赞萧克是"中国共产党军队最年轻的指挥员",是"军人学者""非凡的人"。

七、董毓华：从北平学运领袖到华北抗联司令

（一）一二·九学生运动领袖

1935年12月9日，为反对"华北自治"，在中共北平党组织的领导下，北平学联举行请愿示威游行。董毓华①就是发动与领导这场运动的学生领袖之一。

1935年12月初，日军已侵占丰台和通县，汉奸殷汝耕成立伪冀东防共自治政府。北平几所大中学校学生代表秘密集会于燕京大学，议定于12月9日组织北平学生抗日救亡运动大示威。

9日凌晨，董毓华等率领中国大学的同学们高举红旗，冲出校

董毓华

门。这支首先走上北平街头的队伍沉着坚定地前进。走到府右街南口，董毓华远远看见那里布满岗哨，他示意队伍停下来，然后和几位中大同学迎着警察走去。面对警察的拦阻，董毓华装作怒气冲冲的样子："好了！把队伍解散，你也就好交差了！"话音刚落，只见董毓华向大队两手一挥，表示解散。他回身对警察说："走散的人群我也管不了。"随即冲过警察防线，昂首走在前头，向新华门而去。

在新华门前，同学们合理合法的请愿诉求没有得到回应。为了表达抗日救国的愿望，董毓华、宋黎等北平学联的几位负责人当机立断，决定将请愿行动改为示威游行。当游行队伍走在六部口附近时，遭遇武装警察阻拦、毒打，消防车水龙向学生喷来。游行示

---

① 董毓华（1907—1939），曾化名王春裕、王仲华，湖北蕲春人。曾任冀东抗日联军司令员、华北人民抗日联军司令员。1939年6月，因长期疾病和奋战劳累而病逝，终年32岁。2014年9月，被民政部授予抗日英烈荣誉称号。

威的队伍虽被冲散,仍迎着刺骨的水柱挽臂而行。到王府井大街南口,学生们在朔风中迎着水龙几经冲锋,都未能冲过。董毓华等学联负责人急中生智,带队伍向北折入王府井大街,在闹市人烟稠密处分成若干讲演小队进行街头宣传,造成重大影响。直至警察开始捕人时,董毓华才下令收兵,一二·九示威活动宣告胜利结束。

一二·九运动中,示威学生进入王府井大街

(二)浴血奋战积劳成疾

1938年,董毓华参与酝酿准备的冀东抗日大暴动取得胜利。日军急忙从天津、东北调来大批军队,在飞机大炮的配合下,疯狂扑向冀东地区,企图将冀东抗日武装一举歼灭。针对这种情况,党组织决定将抗联部队全部向平西转移。

董毓华率领的高志远部作为西撤的先头部队,率先向平西转移。当时部队要同前堵后追的日伪军作战,生活极端艰苦。险恶的环境加上艰苦的条件,使得一些人无法承受。一天,竟有几十人把枪口对准董毓华，责问他为什么让大家出来受苦。董毓华不急不躁，耐心向大家讲解部队转移、建立根据地、开展游击战争的道理，那些人最终放下了枪、低下了头。经过浴血奋战，董毓华带领1700余名将士胜利进入平西根据地，受到党政领导和老百姓的热烈欢迎。

1938年10月底，董毓华接受整训冀东抗联部队的任务。11月，他率部配合八路军4纵出击房山县十八台。经两天战斗，歼灭该地土匪2000余人，平西抗日根据地得到进一步巩固和扩大。1939年4月，白乙化领导的抗日先锋队开进平西，与冀东抗日联军合编为华北人民抗日联军，董毓华任司令员，白乙化任副司令员。由于长期涉险奔波和浴血奋战，董毓华早已积劳成疾，身体每况愈下。6月，正在前线抱病奋战的他，回军区卫生部医治时，不料针剂过期，经抢救无效，不幸逝世，时年32岁。

八、白乙化：神奇的"小白龙"

"小白龙"——这个带着神话色彩的外号，可以看出这是一个充满传奇的人物。至今在密云、延庆等地还流传着抗日英雄"小白龙"的故事，他就是白乙化[①]。白乙化好穿白衣，指挥作战灵活机动，传说他能够在枪林弹雨中穿行自如，来无踪去无影，常常让日寇胆战心惊，"小白龙"的美名由此而来。

1931年九一八事变爆发后，正在北平中国大学读书的中共党员白乙化挥笔疾书"余愿得偿矣，杀敌在今朝"。经校方同意，他保留学籍回家乡抗日。1932年5月，在家乡组建"平东洋抗日义勇军"，任司令。1935年参加一二·九学生爱国运动，被誉为运动中的"虎将"。1939年，冀热察抗日根据地负责人萧克接到八路军359旅旅长王震的一封信："我这里有200多名平津流亡青年学生……有不少是

[①] 白乙化（1911—1941），字野鹤，满族，辽宁辽阳人。著名抗日英雄。1930年加入中国共产党。1939年任华北人民抗日联军司令员、八路军晋察冀军区10团团长。

白乙化

共产党员。他们年轻,有文化知识,领会党的政策快,会做群众工作,为首的叫白乙化。"萧克阅后立即回复:"欢迎白乙化率抗日先锋队来平西!"之后,白乙化率领不足200人却有72名大学生的抗日先锋队与八路军359旅会师。

(一)枪法好,击毙日军飞行员

白乙化的枪法被公认为全团第一。在指挥平西娄儿峪战斗时,他曾经用步枪3枪击倒3个日军旗语兵,第四枪将日军小膏药旗击飞,使日军指挥中断。诗人田间与白乙化相识,1946年8月1日在《晋察冀日报》发表一首叙事诗《林中之战——题白乙化司令》,专赞其如神枪法。

1940年2月,万余日军发动对平西根据地的"十路围攻",白乙化率领的10团奉命在青白口一带阻击敌人。日军不但有猛烈炮火掩护,还派出飞机助战。日机欺负八路军没有防空武器,低空盘旋,扔炸弹,机枪扫射,给10团造成很大伤亡。白乙化气坏了,一面命令战士对空射击,一面从警卫员手中要过一杆三八步枪,单腿跪地,瞄准飞机连开数枪,子弹击中驾驶员,日机摇摇晃晃撞在山上,战士们一片欢呼。战后,白乙化找到飞机残骸,看到飞机上的双筒连体重机枪没有摔坏,便命人卸了下来,从中间锯开,分给1营、3营各一挺,从此10团有了重机枪。

(二)投弹准,手榴弹炸炮楼

白乙化身高力大,投弹是他的另一绝活。他投弹和别人不一样,别人是攥着木柄甩,他却先拉弦,再在手里转一下,攥着铁头往前扔。

按他的解释，这样投有两个好处：一是缩短引爆时间，让敌人捡不起来；二是不发飘，有准头。10团战士形容团长投的手榴弹像炮弹，又远又准。

1940年6月，为掩护丰滦密地区开辟工作，白乙化率10团1营展开外线作战，大张旗鼓地跨出长城，深入伪满洲国的滦平、丰宁境内吸引日伪军，并故布疑阵，让每个班在宿营时都挖一个排的灶坑，造成大部队出关的假象。敌人不明虚实，非常恐慌，纠集300余名日军尾随而行，既怕跟丢，又不敢靠近，周围据点更是紧张，忙于自保。白乙化不慌不忙牵着日军在山里转了几天。一天夜里，突然甩掉敌人，北上捣毁五道营子据点，东进重创小白旗的敌人，再南下突袭司营子据点，又北上攻克虎石哈据点，然后销声匿迹。

当敌人还在原地找他们时，白乙化的部队又出现在百里外的丰宁县大草坪，向大草坪据点发起强攻。大草坪是敌人的重要据点，驻有伪满军一个营，装备精良。10团攻至中心炮楼几十米处，被敌人机枪的猛烈火力压制。白乙化不顾危险来到前沿，见此情景，要过三颗手榴弹，用他的独特手法奋力投出，其中两颗手榴弹就像长了眼睛，从炮楼枪眼飞了进去，爆炸声中，敌人的机枪哑了，战士们高喊着冲进炮楼。此战全歼伪满军一个营，消息传到伪满"新京"长春，日伪惊呼："延安的触角伸进了满洲，扰乱了帝国新秩序！"

（三）题壁诗，直抒抗日情怀

1941年1月，中共冀东平（谷）密（云）兴（隆）联合县县委书记李子光由平西返回冀东，途经丰滦密。一日闲暇，白乙化陪李子光到密云赶河厂村西的龙泉寺游览。龙泉寺已有几百年历史，林木茂密，环境清幽，清澈的白河水在寺前山脚下潺潺东流。白乙化等进入寺内，住持老僧亲自引导游览。他见为首的军人浓须倒长，谈吐不俗，便讨教姓名。

当得知眼前的军人就是威震敌胆、能文能武的"小白龙"白乙化团长时，老僧又惊又喜，连忙取来笔砚，坚持请白团长在寺院影壁上题诗留念。白乙化推辞不过，只得接过笔墨，略加思索，大步走到影壁下，以豪放舒展的行草字写下五言律诗一首：

古刹映清流，松涛动凤愁。
原无极乐国，今古为诛仇。
闲话兴亡事，安得世外游。
燕山狂胡虏，壮士志增羞。

诗以明志，白乙化借这首诗表达了誓把日本侵略者赶出中国的迫切心情和坚定信心。

战友们凭吊民族英雄白乙化

1941年春节前夕，白乙化牺牲在挥师杀敌的抗日疆场上，实现了生前誓言。从此，他的动人事迹和不朽名字，被广为传颂。

九、包森：剑吼长城东

1991年2月的一天，天津蓟县盘山烈士纪念馆来了一位白发苍苍的老人，一进门就对纪念馆工作人员说："我是日本人，今日特来拜谒包森①包司令。"纪念馆来了日本人，这还是头一遭，老馆长赶忙迎上前去询问。这位日本老人略显激动，提高声音继续说道："我叫冢月正南，1940年白草洼战斗的幸存者，我来拜谒包司令！"一番交谈后，冢月正南献上一个花圈，亲手在白色宣纸上书写了一副挽联："惊弓之鸟漏网之鱼，不死之人拜谒包森。"

包森

包森究竟是怎样的一位抗日大英雄，能让冢月正南这名当年的侵华老兵在50多年后专程从日本来拜谒呢？让我们一起回顾抗日名将、冀东军分区副司令员兼冀东八路军13团团长包森的故事。

（一）化整为零　潜伏山村

全民族抗战爆发后，包森被派往晋察冀抗日根据地独立1师工作，任邓华部33大队总支部书记。1938年6月，包森奉命率一个连40多人到冀东，在河北兴隆一带开辟抗日游击区。面对人生地不熟、孤军活动困难大等情况，包森凭着渭北打游击的经验，与敌人巧妙周旋，使日伪军连连扑空。包森每到一地，都及时召开群众大会，张贴布告，宣传党的抗日政策，号召群众参加抗战，筹办粮食和军需物资。他还广泛联系同情抗日的人士。仅两个月，包森部就扩大

---

① 包森（1911—1942），原名赵宝森，又名赵寒，陕西蒲城人。著名抗日英烈。1932年2月，加入中国共产党。1937年3月，赴延安，在中国人民抗日军政大学学习。曾任冀东军分区副司令员兼13团团长。

到200多人，开辟了兴隆东南、遵化东北的游击区，后来成为冀察热辽核心地区之一。

8月，4纵队和抗联在遵化铁厂镇会师，成立冀察热辽军区。1938年10月，冀东大暴动之后，根据上级指示，4纵队和抗联撤回平西，冀东只留下八路军3个支队坚持抗战。其中包森的2支队200余人，在遵化、兴隆、迁安一带活动，向南北扩展。

从1938年冬到1939年夏，日寇在冀东增设许多据点，企图彻底消灭冀东抗日力量。为缩小日寇攻击目标、保存实力，包森把队伍化整为零，分散活动，在冀东地区灵活机动、神出鬼没地打击敌人。他带领27名战士在蓟运河一带打游击，人称"二十八宿"。敌人频频发动大规模"扫荡"。包森在当地民众支持下，先后以奇袭、奔袭、强攻等战术，攻克迁西撒河桥、三屯营，遵化的堡子店、东新庄、平安城，兴隆的黄花川，玉田的辘庄等据点，并在夏庄子、周桥子、刘备寨、万字峪、梁屯、户部庄等地作战数十次，歼灭日伪军数百人，缴获众多枪支弹药。游击区迅速扩大，遵化全境、兴隆东南部、迁安西北部和玉田边界，都在他们的活动范围之内。包森支队的战绩为全冀东之冠。

包森积极创新战法，积小胜为大胜，成为当时敌后游击战的模式。他们充分发动群众，依靠群众，认真执行抗日统一战线政策，得到社会各阶层的广泛支持，极大地鼓舞了广大人民群众的抗日士气，也使日军大为震惊。

（二）巧妙用兵　战功显著

盘山，是华北通往东北的咽喉，是冀东和晋察冀、平西往来的必经之地，自古以来就是军事要地，战略位置十分重要。1940年2月，包森奉命率部全力开辟盘山抗日根据地。1940年7月，日寇号称"常胜军"的关东军武岛骑兵中队70多人窜入盘山，在盘山一带连续疯狂"扫荡"，扬言要"踏平盘山"。包森率所部在白草洼设伏，与日军激战14个小时，自中队长武岛及以下70余人全部被歼，开冀东地区整建制全歼日军战斗的先河。同年秋，冀东军区13团正式组建，包森任团长。经过一年浴血奋战,在盘山周围地区建立7个联合县政府,境内人口200多万。

1941年,华北日寇在辖区推行所谓"治安强化运动",妄图采取"以华治华"的手段变根据地为敌占区。冀东抗日游击战使日寇人心惶惶、坐卧不

包森骑着白草洼战斗中缴获的日军战马留影

安,冀东成为敌人推行"治安强化运动"的重点。日军调集两个旅团和共4万人的"满洲队"及"治安军"开始大规模"扫荡"冀东。面对敌人的疯狂进攻,包森率根据地军民英勇还击。在他的指挥下,部队取得一个又一个胜利。先是在遵化四十里铺一带,包森率部击溃"治安军"第3集团第6团一部,歼其团部,毙、俘敌400余人,获辎重150车,首战告捷。接着率13团进攻"治安军"第5团一个营的东双城据点,全歼该据点守敌。在冀东创连战20小时攻坚克敌首例,军威大振。

1942年1月3日,包森率部宿营于玉田黄家山,侦知驻玉田城"治安军"第2集团次日将进燕山口"扫荡",率部连夜急行军,到达燕山口内果河一线迎战。这一仗包森以7个连兵力连续作战10余小时,全歼"治安军"第4团,击溃第2集团司令部和第3团,毙、俘"治安军"中校团副以下官兵千余人,缴获大批辎重,创造了以少胜多、以弱胜强的奇迹。这在冀东是空前的胜利,在全国也是少有的。

短短3个月里,12团和13团进行了23次战斗,日伪兵力损失1/3,挫败了日寇"以华治华"的阴谋,摧毁了"治安军"接替冀东日军防务的计划。侵华日军派遣军总司令冈村宁次哀叹说:"到冀东如入苦海。"当时冀东一带包森的大名妇孺皆知,人们亲切地称他为

"包队长""包团长""包司令",而日伪军则把他视为克星,发生口角时,经常以"出门打仗碰上老包"为咒语。

(三)活捉日本宪兵大佐赤本

1939年春,日军进行春季"大扫荡",疯狂屠杀抗日人民和抗联家属。为了保存实力,包森把队伍分散,让战士隐入群众家里,自己也化装成老百姓,背着篓子,到各村联系。也就是在这种情况下,包森派出的侦察员生擒了赤本。这在抗战史上不能不说是个传奇。赤本是日本裕仁天皇的"表弟"①,任日军唐山特务机关长、宪兵大佐,1939年初侵占遵化。赤本对冀东数次"大扫荡",深知包森的厉害,但其自命不凡,认为冀东抗日势力已基本被消灭,遗憾的是没逮住包森。赤本突发奇想,想找包森面谈,劝他投降。如果不降,就设法活捉包森。

1939年4月25日晚上,支队部的贾振远、5大队队长年焕兴、手枪班侦察员马兰田、警卫员王志民(即夏永江)及另外3名战士共7人组成的小组,奉包森之令,到张家坟执行侦察任务,当夜隐蔽在村里。

第二天上午,战士们一身农民打扮,在一个坝台上帮老乡脱坯。快到晌午时,就见坝台下的一条小路上,打西边走来了3个人。前边一个人穿粗布便衣,后边不远处跟着两个穿大褂的买卖人。侦察员马兰田定睛一瞧,吓了一跳:走在前边的人,不就是和他一个班的王振西吗?他两三个月前被捕了,怎么在这儿突然出现了?他给年焕兴、贾振远使了个眼色。贾振远小声说:"注意!听我的命令。"于是,几名战士继续给老乡干活,装作啥也没看见。

原来4月的时候,包森的警卫员王振西探家途中,被遵化日军守备队抓获。有汉奸告诉赤本,王振西是包森警卫班的战士。于是,赤本就把王振西从监狱提了出来,要他带路找包森。王振西一琢磨,这

---

① 关于"赤本三尼是日本天皇裕仁表弟"一说,是当时被活捉的翻译官对马兰田等人讲的,后汇报给上级。1946年叶剑英曾提过此事,但一直未见文字记载。曾有旅日华人学者查阅日方档案,未见赤本三尼的有关记载。另一说赤本三尼本名赤本信次郎。

不是一个脱身的好机会吗？万一碰上游击队，兴许还能把鬼子活捉呢！于是，满口答应下来。把赤本带到十里铺后，王振西对赤本说："太君带这么多的人，包森看见，还不跑路的干活？再说，太君这身衣裳也不行啊。"赤本觉得此话有理，就叫人找来礼帽、大褂，他和翻译都换上了便装，让王振西带路打前站，大部队在后边二三里远跟着。赤本万万想不到，他不仅没有活捉包森，反被八路军活捉了。

很快，两个穿大褂的家伙也走到坝台下，贾振远、年焕兴和马兰田从坝台上跳下来，拔出手枪，用枪口顶住两个人的腰眼儿，大声喝道："不许动！"鬼子伸手刚想掏枪，就被战士们撕开大褂，缴了手枪。从前边跑回来的王振西说："快走，鬼子大队就在后边。"于是，战士们赶紧押着鬼子和翻译往北走。路上，贾振远从翻译嘴里得知，活捉的鬼子是日军唐山特务机关长、宪兵大佐赤本三尼，听说是天皇的"表弟"。

押着赤本走了十几里，快到侯家寨的时候，后面的枪声越响越密，估计是鬼子大队人马发现后追上来了。赤本一听枪声，说什么也不走了。于是，战士们生拉硬拽，把他拖到侯家寨北边长城敌楼里。战士们开始审他，就见赤本"叽里呱啦"地叫着，翻译说赤本要和包森见面。

大家拖着赤本，继续往北撤。过了长城，后面的枪声还在响着。傍晚，到了只有几户人家的开庄柳树沟子，又渴又饿，就在一户老乡家吃饭。战士们给赤本盛上一碗，没想到，这家伙死活也不肯吃。

吃完饭，战士们叫赤本走。就见这家伙跪在地上，撕开大襟，露出脖子上系着的小铜佛爷，嘴里不停地"叨叨咕咕"，像是在念佛。看到赤本耍赖皮，一个矮个子战士就从身后拽他。不料赤本腾地站了起来，侧身就是一脚，把小个子战士踹出去好远。这下把大家气坏了，上前按住他。赤本一边嚷，一边重新跪在地上。

贾振远和年焕兴商量几句，对大家说："后边的鬼子肯定会紧追不舍，干脆把赤本就地处决算了。"于是，王振西跑到老乡家，拿来一把旧斧子，照着赤本的脑袋连砍三斧，边砍边解气地说："叫你不走！叫你不走！"

三斧子之后，就见赤本瘫在地上，立马没气了。大家又七手八脚把尸体拉到房子北边的河沟里，刨坑埋了，然后在上面插上一根柳枝做记号。埋完赤本，年焕兴对贾振远说："咱们分头撤吧。"

三四天后，在侯家寨东面的禅林寺，大家见到包森。贾振远惋惜地说："可惜，赤本叫我们处死了，没能把活的带来。"包森一听，笑着说："处死也有功嘛！"赤本被俘后，日伪军出动大批兵力，到处"扫荡"，企图夺回赤本。看到"武"的这一手不灵，日军又来"文"的一招。在冀东张贴布告，一份是《致八路军包司令官》，请求释放赤本司令。另一份是《告冀东人民》，晓谕三事：

第一，有赤本司令在何地相告者，赏洋五千元；

第二，见过赤本司令官一面或代交司令官手书者，赏洋二千五百元；

第三，带有赤本司令官口信者赏洋一千元。

日军还强行派遵化城里的商人往山里送信，提出愿意用50挺机枪、数十箱子弹换回赤本。信封上面写着"面呈包长官"。马兰田到侯家寨侦察情况时给包森带回了这封信。看完信后，得知送信人还在侯家寨等着回信，包森笑着说："告诉他们，讲条件嘛，两条：一是让他们滚出中国去，二是让他们投降。"

不久，八路军总部编印的《八一》杂志，刊载了活捉赤本大佐的战绩。1941年2月9日，《新华日报》发表记者袁勃撰写的通讯——《日本天皇表弟赤本大佐被俘记》。此事不仅震动日本朝野，也极大地鼓舞了华北军民的抗日热情。1939年秋，包森被任命为冀东军区副司令员。

（四）遭遇冷枪　英勇牺牲

包森上百次出没在与日伪军短兵相接的战斗厮杀中，多次负伤，但他早已将生死置之度外，每次都坚守在指挥战斗的最前沿。1942

年2月17日,包森所部在遵化境内野瓠山一带与日伪军遭遇,包森组织部队沉着应战,多次打退敌人的进攻,毙敌30多人。日伪军集中兵力配合数门大炮,疯狂围攻包森部。包森在密集的炮火中爬上野瓠山,指挥部队进行反击。当他举着望远镜观察敌情时不幸被日军狙击手射中胸部,壮烈牺牲。

包森牺牲的消息传出后,整个冀东党政军民沉浸在巨大的悲痛之中。日军得知这个消息,一反常态,所有报纸的宣传报道,都去掉污蔑攻击之词,做了"包森司令长官战死"的郑重报道,反映了这位抗日民族英雄在敌人心目中的地位。3月17日,延安《解放日报》头版登载了悼念包森的社论,指出"他的赫赫战功与英雄精神将永远留在人民的记忆中"。叶剑英元帅称他为"中国的夏伯阳"。

1982年包森殉国40周年时,天津电影制片厂拍摄了以包森革命事迹为题材的故事片《剑吼长城东》,再现了这位抗日民族英雄当年率领军民,转战冀东,打击日伪军的英雄形象。其主题歌词"千里击强虏,剑吼长城东。壮岁国难死,悲歌燕赵风",对威武不屈的民族精神做了最好的诠释,更表达了对这位抗日英雄勇赴国难、慷慨悲壮、以身殉国的赞叹。

十、沈爽:拒当伪县长的英雄

2018年9月6日,北京云蒙抗日斗争纪念碑落成,人们以此纪念在臭水坑战斗中牺牲的八路军冀热察10团和丰(宁)滦(平)密(云)联合县政府的抗日英烈,纪念碑正前方为丰滦密抗日联合县县长沈爽[①]烈士的花岗岩雕像。

(一)为抗日叔侄反目

九一八事变之后,在家乡教书的沈爽投笔从戎,化名白涤非,组

---

① 沈爽(1896—1942),字子儒,满族,吉林双城人。著名抗日英雄。1931年加入中国共产党。1940年调到中共北平地委做统战工作。1941年11月,调任丰滦密联合县县长。

沈爽

建抗日自卫军,自任司令。日伪多次"清剿"不成,便想用高官厚禄诱降他。沈爽闻之淡然一笑,"让鬼子见他的鬼去吧",但他的一些家人却心动了。

一天,沈爽的四叔来找他,劝其归顺。沈爽自小像对待父亲一样尊敬四叔,这次却直斥四叔老糊涂。他斩钉截铁地回答:"咱是中国人,决不能当亡国奴。侄儿抗日是为国尽忠,战死可以,投降不成!"四叔不死心,又劝:"听说你归顺了就当县长,这可是好事。抗日不缺咱一个,见好就收,当了县长也好光宗耀祖。"沈爽大怒,拂袖而起,斥道:"你心里要还有祖宗,就说不出这番混账话!我抗日难道是为了升官发财吗?!要当汉奸县长你去当,我不稀罕!"说罢昂然而去,从此叔侄决裂。

(二)扮先生直闯县城

1940年7月,沈爽来到丰滦密联合县做敌后工作。当时,根据地建立时间不长,敌特汉奸猖獗,而且缺少情报网,物资匮乏。要获取重要情报和购买军需物资,只有到密云县城去。

这天,沈爽扮成教书先生,头戴礼帽,身穿长袍,暗藏手枪,来到密云县城西门。守城门的伪军盘问他,他自称是教书先生,与县城大士绅苏俊峰是亲戚,因为乡下闹八路,来县城谋点事干。伪军见他长相儒雅,神情淡定,没搜身就让他进了城。他打听到伪县政府要员苏俊峰家,径直而入,直接亮明身份,说明来意,晓以大义,最后说:"我今天不请自来,要抓我请便。只要不怕血溅厅堂,你家就是我的坟场!"苏俊峰本就是被迫做伪事,被沈爽所讲道理和他的过人胆量所折服,答应帮忙。

沈爽在苏家住了几日,接触了伪县政府、伪新民会、伪商会、伪警备队的一些人，做了大量抗日宣传工作，获取了一些情报，然后大大方方出了城。

此后，沈爽又多次进出县城，购买药品、布匹等，还在伪职员、伪军中发展了一些秘密情报员。一次，他通过伪商会征收到一大笔救国捐款，塞满了两个点心盒子，以走亲戚为由，大摇大摆地带出了城。

（三）披肝胆策反敌伪

沈爽非常注重对伪军、伪组织的瓦解工作，不放过任何可利用的机会。1940年底，沈爽了解到密云县伪警备大队有个中队长叫张博，河北沧州人，穷苦出身，他的部队很少祸害百姓。于是，沈爽通过县城内的关系约其见面。两人见面后，张博方知眼前人是八路军，很紧张。没想到沈爽开口就肯定了他不与鬼子汉奸一道祸害老百姓，是个有良心的人，接着表明此来只是谈谈心，交个朋友。疑虑消除，二人

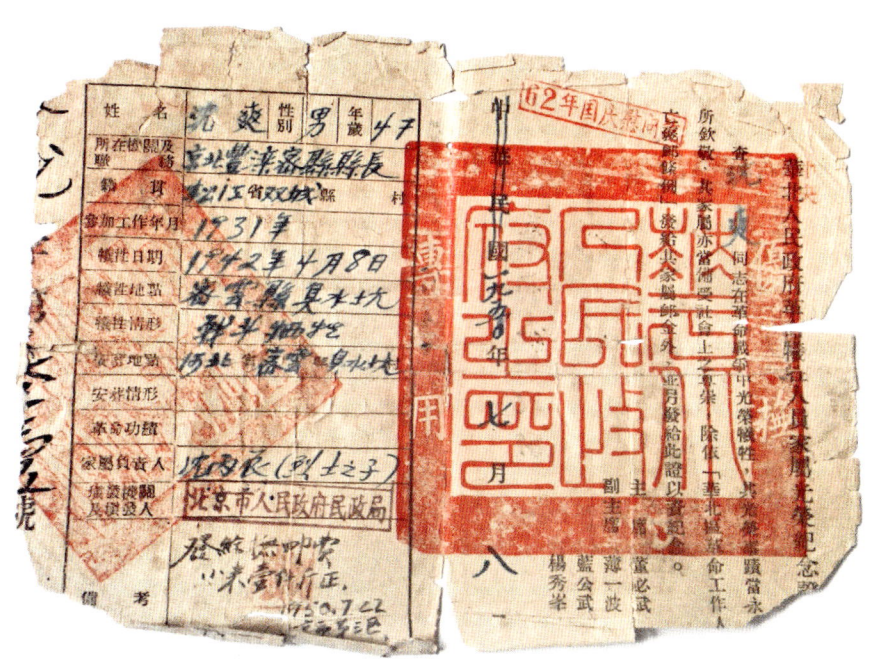

沈爽烈士证书（沈建平　提供）

谈了很久。话到深处,说得张博痛哭失声。

　　从此,二人成为朋友。张博向沈爽提供了很多有价值的情报,并在沈爽进出县城时提供掩护。过了一段时间,沈爽觉得时机成熟,便劝说张博弃暗投明,张博也有此意。1941年8月,张博率本中队70余人借跟随日军"扫荡"之机,携2挺机关枪、数十支步枪战场起义,加入八路军10团。

　　1942年3月底,沈爽率县政府和10团团部一起隐蔽在黄花顶山下一个叫臭水坑的地方,由于居住时间长,被敌人发现。4月8日,1000余名日伪军突然包围了臭水坑。听到报警枪声,沈爽立即命令将机密文件埋掉,然后指挥干部战士突围。但敌人太多,封住了所有出口,他们只能且战且退,一直退到东沟的东北角,被悬崖拦住。沈爽和警卫员背靠背对敌射击,一直打到只剩一颗子弹。沈爽对警卫员讲:"出去告诉同志们,多大困难也要坚守住我们的根据地。"然后枪顶头部扣动扳机,饮弹自戕。残忍的日寇将其头割下,挂在村头示众。臭水坑惨案及沈县长牺牲的消息传出,丰滦密根据地军民极其悲痛。王亢团长率10团战士眼含热泪,安葬了沈爽及其他烈士。

十一、马福:焦庄户抗日老村长

　　1943年冬,顺义焦庄户村外的马家坟地,又多了一座坟,但这是个假坟。几天后日伪军进村要缉拿马福[1],乡亲们说马福最近暴病死了,不信到他坟上去看。敌人气急败坏之下,把马福的母亲打了一顿,临走时放言:捉到马福上秤称,有一斤分量给一斤钞票。这个"假死"的马福,就是焦庄户抗日老村长。

---

[1] 马福(1895—1979),顺义焦庄户村人,早年闯过关东。1939年加入中国共产党,是村里的第一位共产党员。1942年任村党支部书记。1943年被选为村长。

(一)组建抗日民兵

焦庄户处于冀东与平北的连接点上,是通往平西、平北根据地的必经之路,战略地位重要。焦庄户也是反抗日本侵略军较早的地区之一,1933年曾支援长城抗战,1935年反抗日本帝国主义扶植建立的冀东伪政权。1938年夏,冀东抗日大暴动的浪潮波及这里,焦庄户群众参与了冀东武装暴动。

1938年冬,日伪军入侵焦庄户,制造了焦各庄惨案。为加强对这一带

马福

的控制,日军还在村外二里地的龙湾屯修了炮楼,设立据点,5天一"清乡"、10天一"扫荡",实行"三光"政策。一时间,村里人走的走、逃的逃,800多人的村子只剩下不足200人。

1939年夏,八路军邓宋纵队第3支队来到焦庄户,宣传抗日救国,组织成立青救会、妇救会、民兵自卫队、儿童团等。当时40岁出头的村民马福秘密入党,成为村里第一名共产党员。随着冀东抗日根据地的建立和发展,马福按照区委指示,发动群众,夺取武器,成立民兵队伍,消灭伪村政权。1942年4月,村党支部秘密建立,马福任支部书记。1943年4月,马福被选为村长,化名"老统一",成为全村对敌斗争的带头人。

在马福带领下,焦庄户民兵经常到敌占区袭扰、破坏,闹得敌人日夜不宁。1943年秋,马福等带人蹲守,利用地雷炸翻日军的一辆汽车,缴获电台一部,子弹500多发。冬天又冒着大雪连夜破坏敌人电话线10多公里,砍电线杆40多根。敌人视马福为眼中钉、肉中刺,高价悬赏缉拿。无奈之下,马福只好演了一场造假坟的戏。

(二)暗道转移,开挖地道

有一次日伪军来村里"扫荡",马福来不及向村外撤,就机警

地躲进了储存白薯的地窖。受这次偶然逃生的启发，他想到如果把各家的白薯窖连接成暗道，就可以实现从地下出村。马福找来村里的抗日骨干，一边找人设计方案、一边发动群众，白天犁地搞生产、夜晚用铁铲和镐头挖地道。为了不被日伪军发现新挖出的土，还连夜把土垫在猪圈、鸡窝里。经过一个冬天的奋战，完成了预想的地道工程。

1944年，三（河）通（县）顺（义）联合县教育科科长徐进到焦庄户推广冀中地道战的经验，借助汉字"凹"字，讲解地道设计以及利用翻板防水、防烟、防毒气的原理，具体指导村民对地道进行"升级改造"。这样，就可以避免敌人找到洞口后，使用烟熏、灌水等破坏手段对村民造成伤害。全村改造后的地道，与南边的唐洞村、北边的大北坞村建成连接三村的"地下长城"。从最初只能藏人的"白薯窖"，演变为户户相连、村村相通、四通八达、上下呼应、"能藏、能走、能防、能打"的"四能"地道网。1944年4月，日伪军又来"扫荡"了，民兵们利用地道打得日伪军大败而逃。不久，汉奸带着日伪军来抓人。全村民兵、干部闻讯下了地道，从村外的出口冲出包围圈，让敌人扑了个空。

（三）开展地道战

1944年5月，上级决定端掉龙湾屯的日伪炮楼。马福组织民兵把地道挖到离炮楼四五百米远的地方，利用地道打下这个炮楼，俘虏伪军40多人，缴获大枪37支以及很多其他军用物资。至此，焦庄户一带群众的生产、生活环境得到明显好转，焦庄户成了冀东抗日根据地安全可靠的堡垒。正如《焦庄户民兵地道歌》唱的那样：

> 地道好，地道妙，打了敌人钻地道。
> 明里打，暗里逃，消灭敌人最可靠。
> 鬼子气得干瞪眼，抗日军民哈哈笑。

能打善藏的地道使敌人不敢轻易进犯焦庄户。于是，冀热辽14

军分区卫生处第2所搬到这里，附近的伤病员也到这里来疗养，村里经常住着几十个伤员。一有敌情，大伙就把伤员抬进地道。马福把村民组织起来挖地道，创造性地利用地道与敌人展开英勇斗争，就像一把火，照亮着焦庄户人民革命斗争的道路。而千千万万个像马福这样的党员，凝聚着敌后人民坚持抗日的力量，使中国共产党在抗战中发挥着中流砥柱的作用。

十二、邓玉芬：坚强的英雄母亲

2014年7月7日，习近平总书记在纪念全民族抗战爆发七十七周年仪式上的讲话中指出："在这场救亡图存的伟大斗争中，中华儿女为中华民族独立和自由不惜抛头颅、洒热血，母亲送儿打日寇，妻子送郎上战场，男女老少齐动员。北京密云县一位名叫邓玉芬的母亲，把丈夫和5个孩子送上前线，他们全部战死沙场。"[1]这里提到的邓玉芬[2]，是一位普通的农家妇女，为抗日事业献出了多位亲人，被当地人民誉为"英雄母亲""当代的佘太君"。

（一）响应号召送儿抗日

1940年，八路军10团挺进密云西部山区，开辟丰滦密抗日根据地，猪头岭上来了八路军。这是邓

邓玉芬

---

[1] 习近平：《在纪念全民族抗战爆发七十七周年仪式上的讲话》，《人民日报》2014年7月8日。

[2] 邓玉芬（1891—1970），北京密云水泉峪村人，后嫁到张家坟村，一生务农。为了革命事业，她家先后有7位亲人壮烈牺牲。

玉芬第一次见到八路军，一遍遍地聆听八路军宣讲抗日道理，觉得字字句句都说在自己的心坎上，越听心里越亮堂。这些话使她开始懂得了只有穷苦人都行动起来，拿起枪杆打日本，才能救国救己。

不久，10团参谋李瑞徵来到村里组织游击队。邓玉芬和丈夫任宗武商量：抗日咱都得上，别人家出钱出枪，咱也得行动起来，把儿子叫回来打鬼子去吧。任宗武二话没说，揣了块糠饼子就连夜出去找儿子。7月，丰滦密第一支游击队——白河游击队在猪头岭上成立，邓玉芬的大儿任永全、二儿任永水加入这支游击队。从此，邓玉芬的心就和八路军、游击队紧紧连在了一起。

9月，三儿任永兴不堪忍受财主的欺凌跑回家来，邓玉芬知道游击队正缺人手，又送三儿参加了白河游击队。不久，游击队改编为主力部队，到外地作战，邓玉芬托人给三个儿子捎去话："别惦记家，安心打鬼子。"同时邓玉芬让自己的丈夫任宗武给八路军跑情报，自己跟另外几个儿子一边开荒种地、一边照顾八路军伤员。邓玉芬的家成了八路军游击队的一个常住地点。

1941年在抗日环境最残酷的时候，邓玉芬又叫丈夫把在外扛活的四儿子、五儿子找回来，参加了抗日自卫军模范队。至此，邓玉芬的家里，除了未成年的六儿子和七儿子外，全部成为抗日队伍中的成员。她独自承担起全部的家务活，带着年幼的孩子开荒种地。

（二）父子为国捐躯

1941年秋末，日本侵略军对丰滦密抗日根据地发动万人"大扫荡"，实行残酷的烧光、杀光、抢光的"三光"政策，疯狂制造"无人区"。

1942年春天，邓玉芬和许多群众为响应抗日政府"回山搞春耕"号召，决定重返"无人区"。邓玉芬让丈夫任宗武和四儿子、五儿子一起，先回山里，照料在柏梯子养伤的白河游击队队长任永海，自己在城里搞种子准备回山里种地，不料却再也没有见到自己的丈夫和两个儿子。

日军得知任永海的藏身地点后，100多人穿着便衣，把枪藏在柴草内，装成打柴的，在傍晚包围了村子。日军布置好了之后，机枪、步枪、炮就响成一片。年迈的任宗武刚想跳过院子外的小沟，不幸胸部中弹倒在沟边，鲜血顿时染红了白粗布衫，当场牺牲。邓玉芬的五儿子也在这场战斗中牺牲，四儿子被抓。

父子三人一夜之间死的死、抓的抓，作为妻子、作为母亲，怎能不悲痛欲绝！邓玉芬得知丈夫和儿子的噩耗后，当场昏倒。然而，邓玉芬没有被吓倒，更没有屈服。她醒来后，不顾亲友的劝阻，谢绝亲友的挽留，拉起两个小儿子，坚定地对他们说："走，回家去！姓任的杀不绝！"就这样，邓玉芬怀着对日寇的血海深仇毅然回到猪头岭，拿起丈夫留下的镐头，没日没夜地刨地播种。她只有一个念头，把丈夫和儿子的活都干出来，多打粮食、支援部队、消灭敌人。

这之后，不幸的事情接踵而至。1942年秋，在八路军主力部队的大儿子任永全，于保卫盘山根据地的一次战斗中英勇牺牲；1943年夏，被抓走的四儿子任永合惨死在鞍山监狱中；1943年秋，二儿子任永水在战斗中负伤回家休养，因伤情恶化无药医治死在家里。

面对一次又一次白发人送黑发人，面对一个又一个沉重的打击，坚强的邓玉芬都咬牙挺住了。她眼里没有了泪，有的只是对日本鬼子的仇恨和怒火。她笑得少了，但对抗日工作更积极了，每天都拼命地干活，春播、秋收、做军鞋、照料伤员，凡是抗日的事样样用心干，从早到晚一时不闲。她对子弟兵更亲了，在她的心里，每个八路军战士都是她的儿子，都是她的希望。她的家成了八路军和伤员的经常性住所，干部战士到了她家，就像到了自己家一样。她为战士们烧水做饭、缝补衣服，为伤员接屎接尿、喂汤喂药，把省下来的粮食送给八路军。她盼望着六儿、七儿继承父兄的遗志，早日把日本鬼子赶出中国。

（三）痛失最小的儿子

1944年春天，日本鬼子为清除丰滦密"无人区"的抗日力量，发动了疯狂的"扫荡"。为躲避日本鬼子的"扫荡"，邓玉芬背着最小的儿子躲进山洞里。山洞阴冷潮湿又没有吃的，孩子生病了啼哭不止。正巧日军搜山，如果被敌人听到，不仅母子二人丧命，更严重的是必然会给旁边山洞里隐藏着的区干部和乡亲们带来杀身之祸。眼看着敌人越来越近，情急之下的邓玉芬从破棉袄里扯出一团棉絮，一狠心塞进孩子嘴里。孩子拼命挣扎，母亲紧紧搂住他，并死死地捂住孩子的嘴。

过了很久，敌人终于下了山，此时邓玉芬怀里的孩子已经脸色青紫，奄奄一息。母亲焦急地摇晃并呼唤着孩子，好半天孩子才缓过气来，微弱地吐出几个字："妈，饿，饿……"但此时此刻，敌人还没走远，为了顾及藏在附近的乡亲们的安全，她不能贸然下山。

就这样，连个大名都还没取的小七连病带饿死在妈妈的怀里。邓玉芬再也承受不住这巨大的打击，她撕心裂肺地哭了一声："孩子！"当即昏死过去。当她从昏迷中醒来时，乡亲们含着眼泪告诉玉芬，小七埋在山坡上。虽然接连遭受失去亲人的打击，她依旧顽强地生活着，又把六儿子送进了自己的队伍。

1945年8月15日，日本帝国主义宣布无条件投降。中国人民在付出巨大的流血牺牲后，赢得抗日战争的伟大胜利。邓玉芬来到亲人坟前，眼含泪花，告慰九泉之下的丈夫、大儿、二儿、四儿、五儿、七儿："鬼子被咱们打败了，咱们胜利了！"

"最后一碗米，用来做军粮；最后一尺布，用来做军装；最后的老棉袄，盖在担架上；最后的亲骨肉，送他到战场。"这不正是英雄母亲邓玉芬的真实写照吗？！

坚强的邓玉芬经历了失去亲人的痛苦，亲眼见证了新中国的成立和发展。1970年2月5日，邓玉芬因病逝世，享年79岁。为了缅怀邓玉芬的英雄事迹，2012年12月密云县修建《英雄母亲邓玉芬》雕塑：邓玉芬左手握布鞋，右手扶针线筐，眺望着远方，盼望着亲人和战士们胜利归来。

十三、曹火星：山坳里飞出红色的歌

"没有共产党就没有新中国，没有共产党就没有新中国，共产党辛劳为民族，共产党他一心救中国……"这熟悉的歌词，这激昂的旋律，唱出了亿万中国人民的心声。这一经典名曲正是曹火星①在房山堂上村创作的《没有共产党就没有新中国》。

（一）铁血剧社小骨干

曹火星虽然出生在农民家庭，但父亲和大哥受过中等以上教育，小学老师是一名共产党员，因此他自小受到进步思想的熏陶。

曹火星（右一）与战友合奏演出

1937年，曹火星考入保定中学。七七事变爆发，日本帝国主义的铁蹄践踏了华北平原，曹火星的求学道路被迫中断。国难当头，虽未成年，曹火星却和大人一样，要抗日、要救国，坚决不做亡国奴。13岁的曹火星辍学回乡，担任本村青年救国会主任。同年，他被调至平山县抗日救国青年联合会宣传队当演员、任音乐队队长。

全民族抗战伊始，《太行山上》《大刀进行曲》《到敌人后方去》等曲子在晋察冀广为传唱。曹火星充分发挥自己的特长，教大家识谱唱歌。当时曹火星不会作曲，但模仿就是最初的导师，他依葫芦画瓢，旧曲填新词，把民歌小调改为抗日歌曲。创作的梦想在火热的生

---

① 曹火星（1924—1999），原名曹峙，河北平山人，著名作曲家。1938年参加革命后，在晋察冀边区抗日救国联合会群众剧社工作。新中国成立后，曾任天津市音工团副团长、天津歌舞团团长、天津歌舞剧院院长。

活中生出了翅膀，不但要模仿，还要自己创作歌曲。

1938年4月，曹火星和一些爱国青年成立宣传抗日、鼓舞民心的铁血剧社（晋察冀边区抗日救国联合会群众剧社的前身）。铁血剧社取"铁的意志和热血"之意，是平山土生土长的抗日文艺团体，主要是运用民歌小调填上新词进行演唱，宣传抗日救亡思想。

那时，剧社通过演出宣传党的抗日政策，动员群众有粮出粮、有钱出钱、有人出人，支援抗战。因为队里没有女演员，十几岁的曹火星就扮演女主角，表演逼真动人，深受群众喜爱和欢迎。曹火星随着铁血剧社的足迹走过一条条山沟，抗日救亡的歌声唱遍了一座座村庄。在歌声的鼓动下，"母亲叫儿打东洋，妻子送郎上战场"，参军热潮一浪高过一浪。

（二）改名"火星"树大志

曹火星原名叫曹峙。1938年底，铁血剧社兴起一股改名热。几个队友嫌自己的名字与惨烈的抗日战争不协调，都改了名，像王血波、张血新、段血夫等。在他们影响下，曹峙也对自己的名字不满意。可是改个什么好呢？他想，既然这么多人都带"血"字，我就带个"火"字吧，就叫火星，星星之火可以燎原。于是，他就改名叫曹火星了。

平山县是晋察冀边区的模范县，华北联合大学设在这里。随着剧社影响的扩大，党组织送剧社队员们去华北联大文艺部学习。曹火星十分珍惜这来之不易的学习机会，师从王莘、张非、吕骥、卢肃等众多前辈，如饥似渴地从聂耳、冼星海等作曲家的作品中学习。经过8个月的系统学习，曹火星从中国大量的优秀革命歌曲中汲取养料，心灵受到巨大震撼和鼓舞，用歌曲去战斗的创作激情与日俱增。

在华北联大文艺部结业之后，曹火星抱着为抗战而创作、为人民而创作的决心，走上抗战文艺演出的岗位，边实践边创作。他和战友们经常住在老乡家里，吃"派饭"。1943年，19岁的曹火星已是晋察冀边区抗日救国联合会群众剧社的音乐组组长了。为了反"扫荡"，群众剧社化整为零，深入到群众中开展文艺活动，宣传党的抗日主张。这样，就有了曹火星和队友的堂上村之行。

（三）红歌一曲永流传

1943年，世界反法西斯战争发生重大转折，国民党中央宣传部副部长陶希圣按照蒋介石的授意撰写《中国之命运》，全书中心思想就是宣传只有国民党能救中国。从13岁参加革命起，6年多来曹火星目睹共产党领导人民抗日救国的大量事实，对国民党消极抗日政策十分愤慨，"没有共产党和共产党领导的八路军、新四军以及抗战的人民，中国不早就完了？"曹火星气愤地喊了起来，"我要唱共产党的好，要让老百姓都知道"。

10月，深秋的夜晚凉意渐浓。队友们都睡了，曹火星还披衣坐在土炕上，在马蹄灯下专心致志地进行词曲创作。他回想之前在剧社和大家在一起的日子，感到生活在革命队伍中的温暖。再联想到亲眼看见抗日根据地广大人民群众在共产党的领导下，克服种种困难坚持抗战的情形，脑海中突然跳出几天前读过延安《解放日报》"没有共产党就没有中国"的社论。想到这些，曹火星不禁心潮澎湃，便在纸上写下了一句话："没有共产党就没有中国。"新歌的题目诞生了。"没有共产党就没有中国，……他坚持抗战六年多，他改善了人民生活。他建设了敌后根据地，他实行了民主好处多……"曹火星轻轻呼出一口长气，满意地反复默读。

接下来的几天，曹火星一

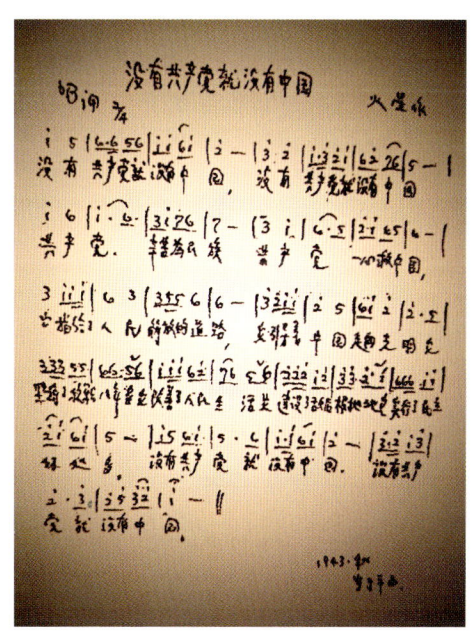

曹火星《没有共产党就没有中国》手稿（选自中国人民抗日战争纪念馆编《为抗战呐喊——中国共产党与抗战文艺》，北京出版社2011年版，第57页）

有空就坐在东屋的炕沿上,一边哼唱一边创作,经过反复修改,《没有共产党就没有中国》诞生了。曹火星先在村里教小孩子们唱,渐渐地,这首歌飞出了堂上村,飞出了平西根据地。后来,随着解放大军南下的步伐,这首歌传遍了全中国。

新中国成立不久后的一天,毛泽东在中南海听到女儿李讷唱"没有共产党就没有中国",就提出来这个话不科学、不准确。因为中国已经有几千年的历史了,是先有中国,后来才有共产党。所以,应该在"中国"前面加一个"新"字,即"没有共产党就没有新中国",这样才符合历史事实。从此,就有了流传至今经久不衰的这首经典歌曲。曹火星曾回忆道:

> 我写这首歌是动了感情的。抗日根据地的广大人民群众在共产党的领导下,克服重重困难坚持抗战,搞民主建设,使人民当家作主。搞土改发展生产,给人民改善生活……这些活生生的事实是我亲眼所见,人民的抗战积极性,对党的深情,我有亲身体会。没有共产党怎么会有坚持抗战到胜利的局面?没有共产党怎么会有今天?

十四、老帽山六壮士:他们的名字叫八路军

狼牙山五壮士的抗战故事家喻户晓、耳熟能详,但老帽山六壮士的故事知道的人却不多,那是一个和狼牙山五壮士同样悲壮的抗日英雄故事。

在房山十渡村北,耸立着一座雄伟而苍劲的高山,因其山顶形似老人的帽子,被称为"老帽山"。老帽山下,百绿丛中立着一块汉白玉石碑,这就是老帽山六壮士纪念碑。站在碑前,不禁让人想起那艰苦的抗战年代,想起那次壮烈的老帽山阻击战。

1943年4月中旬,300多名日伪军从霞云岭一带奔袭十渡。此时,房涞涿县委和县政府机关、冀中十分区银行、印刷所、兵工厂等都驻

扎在十渡、西庄等村。得到敌人偷袭的情报之后，为掩护党政机关及群众撤退，八路军的一个排在老帽山北侧山腰阻击敌人。战士们手握钢枪，目不转睛地盯着前方。突然，山口处传来一阵嘈杂声，鬼子兵和汉奸队扛着膏药旗气势汹汹地蜂拥而来。当他们闯入八路军阵地前沿时，战士们手中的钢枪、手榴弹一起响了起来，打得鬼子和汉奸晕头转向。

敌人的第一次进攻被打下去之后，战士们斗志昂扬，排长重新布置阵地。鬼子醒过神来之后，以更猛烈的火力扑了上来。战士们的钢枪喷着火舌，鬼子在阵地前成片倒下。又一群敌人冲上来，战士们就再一次用集束手榴弹把敌人打得滚的滚、爬的爬，有的干脆掉头往回跑。战斗持续了两个多小时，排长看了看表，已按计划完成阻击任务。队伍正准备撤出阵地时，突然从背后的山头上冲下一股日伪军。原来是汉奸带着鬼子绕道上山，妄图截断八路军战士后路。这时

老帽山六壮士纪念碑亭（房山区史志办　提供）

山上山下的敌人形成夹击之势，情况万分紧急。排长果断决定，留下6名战士作掩护，其余战士继续拼死突围。这6名战士边打边向山上转移，他们把子弹和手榴弹都打光了，就用石头砸，一直打到山崖边上。面对紧追不放的日伪军，6名战士宁死不屈，纵身跳下山崖，壮烈牺牲。6名壮士的英勇牺牲，换来了县政府机关部队和人民群众的安全转移。

战斗结束两天后，老百姓在山崖下找到了烈士们的遗体，将他们安葬在十渡村北的老帽山上，并种下6棵杨树。没有人知道6名战士的姓名，但他们有一个共同的名字，那就是——八路军。为了纪念6位抗战英烈，后人在山顶上建了老帽山六壮士纪念碑亭。

第四章

百折不挠　勇于胜利
——解放战争时期（1945—1949）

抗日战争胜利后,人民大众与国民党反动派之间的矛盾成为国内主要矛盾。北平是国民党统治华北的中心城市,也是中国共产党白区城市工作的重点。中共北平组织发动广大群众积极开展革命斗争,密切配合人民解放军的军事斗争,为北平和平解放做出重要贡献。叶剑英、刘仁、梁波、李炳泉、阎又文、傅冬菊、北平五烈士、华北局城工部所属北平各工委领导人、南系学委负责人、城工部地下电台群体、巧取偷袭西柏坡情报群体、为解放平郊而牺牲的英烈等众多革命志士和英雄先驱,展现出"将革命进行到底"的大无畏精神和勇气,为争取国内和平、实现北平解放做出巨大牺牲。

红色先驱们在国家命运和人民利益面前,无不展现出为人民鞠躬尽瘁、为国家赤胆忠心、为革命不惜牺牲的崇高品质。其中,隐蔽战线英雄群体,大音希声、大象无形,是真正的无名英雄。

中国人民的革命斗争是在马克思主义科学真理的指引下进行的,是为了国家和平、民族解放而进行的正义斗争。红色先驱是一群信仰真理、坚守正义、崇尚自由的革命志士,是不畏强权、坚贞不屈的英雄儿女。正是因为有中国共产党人所信仰的真理光芒的指引,红色先驱们才能奋勇向前,为和平、为正义、为理想而做出不懈努力和不朽贡献!

一、北平五烈士：黎明前倒下的"伪装者"

1948年9月19日，南京雨花台刑场在一阵枪响之后，刹那间浸染了5位烈士的鲜血。何人受刑于国民党刑场？又为何身穿国民党军服，却高呼共产党万岁？只因这5人都有着双重身份，他们既是战斗在共产党隐蔽战线的地下党员，又是在国民党军队中身担要职的军官。他们分别是国民党第11战区长官部少将作战处处长谢士炎、代理作战科科长朱建国、军法处少将副处长丁行、少校参谋石淳（孔繁蕤）、空军司令部情报参谋赵良璋。北平五烈士的事迹，成为当年的惊天大案！

（一）电台暴露、英雄被捕

故事的起因，还要从北平地下电台情报系统遭受的一次重大破坏说起。1947年的七八月份，孙连仲与共产党合作的意向暴露，

丁行（1908—1948）

谢士炎（1910—1948）

赵良璋（1922—1948）

朱建国（1916—1948）

石淳（1918—1948）

引起国民党方面的注意。孙连仲时任华北地区即国民党第11战区的司令长官，为保存实力想与共产党合作，于是找到余心清[①]商议此事。余心清便联系陈融生[②]，使其通过北平地下密台电告周恩来：孙决心合作，请速派人来商。收到电报，周恩来喜忧参半，消息虽好，却犯了情报工作禁忌，统战工作与情报工作的混淆无疑会增加暴露的风险。果不其然，余心清擅自在北京饭店招待孙连仲的举动引起蒋介石注意，使蒋介石下令加紧工作，尽快侦破北平地下党组织。

当时，国民党保密局北平站的无线电侦测电台，经过一番探测之后锁定京兆东公街附近的北平密台电波。缩小侦察范围后，他们便派出特务段云鹏进行蹲守。段云鹏外号"赛狸猫"，擅内家轻功，身手了得。连续几天的观察，段云鹏很快有了怀疑目标——交道口京兆东公街24号的住户，每隔几天就会在早上6点左右起床，拿出床下的木箱，戴上耳机，疑是在发电报。

9月24日早晨，电台人员一如往常地发完电报后，早已躲在屋檐下的段云鹏蹿进屋，当即抓捕了屋内4人（李政宣等人）。最重要的是，段云鹏等人还从屋内查获一个柳条箱，里面存放着大量未及时销毁的电报原始稿件。这些稿件相当一部分是北平地下党情报人员的亲手笔迹。李政宣等人在审讯之下，当天就投降叛变，供出数位地下党员的名字。

北平密台就这样暴露了。很快，国民党特务利用叛变人员，得到很多重要线索，再随着西安总台负责人王石坚的叛变，整个华北、东北、西北的中共地下情报系统先后遭到破坏，44名地下情报人员被捕入狱，123人牵连被捕。其中，有2位国民党中将、20多位将校级军官。就在这场牵连广泛、波及甚远的谍案中，谢士炎、丁行2位国民党将级军官，朱建国、石淳、赵良璋3位校级军官的被捕，尤使人震惊。

---

① 余心清（1898—1966），民主爱国人士，时任第11战区政治设计委员会副主委。
② 陈融生，中共地下党员、北平情报小组重要成员，时任保定绥靖公署外事处副处长。

（二）心如磐石、生死度外

5位烈士中，谢士炎出身于国民党陆军将官之家，官职也最高。他一腔热血，浩然正气，抗日战争时期曾主动请缨奔赴前线，在浙江衢州战役中以一团之众，歼敌数千，战功卓著。他看不惯国民党贪污腐化，对国民党发动内战、倒行逆施的做法失望至极，决心站在人民一边。1947年2月4日，谢士炎由叶剑英介绍秘密加入中国共产党，庄严宣誓："余誓以至诚，拥护共产主义，在毛泽东同志领导之下，加入中国共产党，为无产阶级革命，尽终生之努力。"

被捕后，谢士炎在国民党牢狱中经受住了一切威逼利诱，即使狱方提出只要他退出共产党就能官复原职的条件，他也丝毫不动摇。国民党特务谷正文曾在晚年的回忆录中写道："我不是一个轻易以貌取人的人，可第一眼看到谢世南（谢士炎）时，却被他那从容凛然的气势给震慑住了。"

在审讯谢士炎的过程中，谷正文问道："你是一名国军中将（应为少将），为什么甘愿参加共产党？"谢士炎回答说："党的名称并不重要，它们只有好坏的分别。我在国民党部队很多年，经历过许多阶层，所以我有资格批评它没有前途。至于共产党，我至少欣赏它的活力、热情、组织与建设新国家的理想，因此，我选择我所欣赏的党。"[1]

赵良璋自幼聪明好学，思想进步，深受抗日救国运动的感染和启发，十分渴望杀敌立功，为国奉献。1939年，他弃笔从戎，考入国民党中央空军军士学校，立志为国效力。然而，由于国民党的消极抗日，赵良璋深感前途无望，壮志未酬。1946年，他几经波折加入中国共产党，潜伏于国民党军队，源源不断地为中国共产党传递有关国民党空军部队的番号、驻地，飞机的种类、数量，航空人员的素质、人数等重要情报，为人民解放战争做出很大贡献。1947年，赵良璋

---

[1] 谷正文口述，许俊荣、黄志明、公小颖整理：《白色恐怖秘密档案》，独家出版社1995年版，第20、21页。

被捕，在狱中遭受连续三天的威逼审讯、严刑拷打，但始终坚贞不屈，为掩护同时被捕的难友，他将责任一揽己身，将生死置之度外。

朱建国与赵良璋的经历有些相似。1937年，抗日战争全面爆发后，朱建国毅然投笔从戎，考入国民党军校。在理论学习和实践磨炼当中，他思想觉悟很快提升，并逐步转变了人生观。当他认识到只有共产党才能救中国之后，毅然克服重重困难到中原根据地寻找组织。1945年，朱建国加入中国共产党，成为潜伏在国民党军内部的地下情报员。他有效了解和掌握国民党华北战区的一系列军事部署和规划，为中国共产党提供了许多关键情报。1947年，朱建国被捕，在狱中受尽酷刑和折磨，却始终坚守着共产党人应有的操守和气节。

石淳，1936年心怀抗日救国的理想加入国民党，抗日期间同样对国民党政府失去信心。抗日战争结束后，石淳经共产党人徐冰介绍，秘密加入中国共产党。石淳当时在军统情报机关任职，这对他开展情报工作十分有利。在此期间，他利用秘密电台提供了许多国民党军在华北战场的重要情报。

1947年，石淳被捕入狱时，正深受肺病折磨，在敌人一次次严刑审问下，已虚弱不已。面对审讯，石淳坦荡地回答："我是共产党员，我们为了大众的幸福，不能不革你们这些反动派的命。共产党是个有主义、有作为、有办法，而最后必能成功的党，她的最终目标，就是我奋斗的理想。"

丁行，早在1927年就加入中国共产党，是5位烈士中党龄最久的地下情报员。抗战胜利后，他奉上级命令，随孙连仲北上。孙连仲对丁行欣赏有加，任他为军法处少将副处长。丁行利用自己的特殊身份，在进行情报工作的同时，还营救了不少被捕的同志。1947年，丁行以赴死之心入狱，坦坦荡荡，无所畏惧！

北平5位烈士当中，丁行是受党的教育和磨炼、打入敌人内部的老党员；谢士炎、赵良璋、朱建国、石淳则都是国共内战爆发前后主动加入中国共产党的。应当看到，他们不是被别人"拉出来"，而是自己"冲出来"。在那样严峻的战乱环境中,他们能厘清局势,选择站在正义的一方,无疑是受心中的理想和信念所驱使,早已做好为国家民族、为人民群众抛头颅、洒热血的准备。因此,他们才能在敌人的威逼利诱、严刑逼供下心如磐石、生死度外。

(三)宁死不屈、英勇就义

1948年9月19日早晨,中央陆军监狱的副典狱长出现在牢房,"谢士炎、朱建国、石淳",典狱长点到他们的名字,3个人格外冷静,昂首挺胸就走了出去。"丁行",隔壁牢房的丁行听到自己的名字,随口骂了一声:"他妈的,我的遗嘱还没有写!"赵良璋住在第三个牢房里,他没等副典狱长叫到他的名字,就把穿在身上的皮夹克脱下来,对同屋的难友说:"一定有我!谁喜欢这皮夹克,拿去当纪念……"

临刑前,谢士炎赋诗一首:

人生自古谁无死,
况复男儿失意时。
多少头颅多少血,
续成民主自由诗!

赵良璋留下绝笔:

人生无不散的筵席,我是带着勇敢和信心就义。我虽倒了,但顽强的性格仍使我精神永不灭亡。

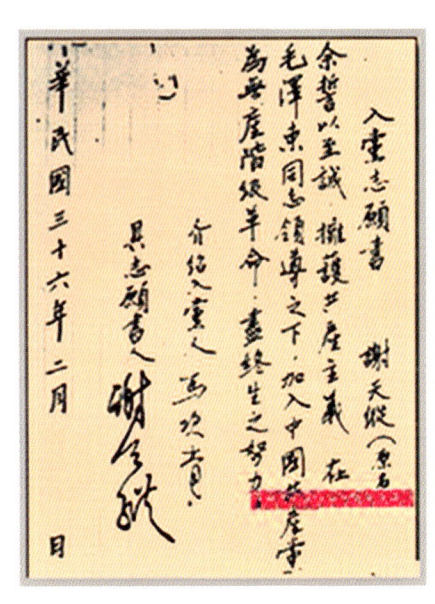

谢士炎烈士的入党志愿书

朱建国写下遗书:

二号难友,我的大衣除给内弟陈鹏作为埋葬费之外,其余衣物给难友们分用。我现在的心里很坦然，这该算是从容就义吧！一笑！朱建国。

丁行在给妻子浦洛宇的信中写道：

八月二日函收悉，所寄葡萄干等物尚未收到，嗣后凡非我去信索要之物均无须寄。孩子保育问题须特为注意，务宜从小养成其独立奋斗之精神。此事应自其日常生活中训练，希注意。

雨花台刑场上，5位同志的手脚戴着镣铐，昂首阔步走向行刑处。刽子手命令他们跪下，烈士们怒斥道："混蛋！""打倒反动派！""中国共产党万岁！"……在5位烈士雄壮有力的呼喊声中，他们倒在了洒满革命鲜血的中国大地上。那一年，丁行40岁，谢士炎38岁，石淳30岁，朱建国32岁，赵良璋26岁。

北平五烈士英魂与世永存！

二、刘仁：运筹帷幄的"老头儿"

"老头儿"其实当年并不老，而是同志们对刘仁[①]的一个亲切称呼。解放战争期间，时任中共中央华北局城工部部长的刘仁以"运筹帷幄之中，决胜千里之外"的气度、格局与魄力，领导指挥北平地下党，配合人民解放军，为北平和平解放做出重大贡献。

[①] 刘仁（1909—1973），原名段永鹝（段永强），四川酉阳（今属重庆）人，土家族。1924年考入北京师范大学附属中学，在舅父赵世炎的影响下，积极参加反帝爱国学生运动。1927年加入中国共产党，后转战于天津、内蒙古、张家口、北平等广大地区进行革命工作。解放战争时期，任中共晋察冀中央局（后为中共中央华北局）组织部副部长、城工部部长。新中国成立后，任中共北京市委副书记、第二书记等职。

（一）坚持隐蔽方针，织牢地下密网

1941年，刘仁担任中共中央晋察冀分局城市工作委员会委员时，就把工作重心转到敌后城市工作上。这一时期，由于抗日战争的需要，平津唐等地区的城市地下党早已奉命转入华北敌后根据地，城市里留下的中共党员寥寥无几，刘仁几乎是从零开始开展城市地下党工作的。

在"荫蔽精干、长期埋伏、积蓄力量、以待时机"的地下工作方针指导下，经过几年艰苦细致的工作，刘仁领导的北平地下党组织有如滚雪球般由小到大，抗战胜利时，已发展了相当数量的地下党员和进步积极分子。紧接着，中共北平市委成立，刘仁任书记。市委下设组织部、宣传部和秘书处等部门，按工作对象的不同分设学委、平委、工委、文委、铁委、警委6个工作委员会，其中所有地下党员都保持秘密单线联系的方式。北平地下党的组织建设和纪律建设得到进一步巩固和加强。

1947年在城工部工作时的刘仁

刘仁还亲手建立交通科，开辟交通线，建立通往敌占城市的秘密通道，在传递指示、运送物资和护送人员方面发挥了重要作用，有效保证了地下工作的深入开展。

地下电台的设立，是中共北平地下党情报工作中的重要组成部分。刘仁为此殚精竭虑，事无巨细地安排各种事项，包括人员选定、设备准备、地点选定、工作时间、任务安排等都亲自过问审查，确保能用最安全、最先进、最快捷的方式，与敌占城市的地下党组织保持通讯联络畅通。

解放战争时期的北平城内，大到国民党军政要害部门、各大学校、报社、厂矿,小至寻常巷陌、澡堂浴室、各种店铺,都潜藏着中共地下党员的眼线。"老头儿"刘仁,把握着北平地下党情报工作这张严密大网的每一根线,国民党的任何风吹草动,都在北平地下党的掌控之中。

(二)领导学生运动,形成第二条战线

在紧锣密鼓搭建北平地下党密网的同时,刘仁坚持公开工作与秘密工作相结合、政治斗争与经济斗争相结合、大规模群众运动与日常工作相结合的工作原则,依据"有理、有利、有节"的斗争策略,组织领导北平城内的群众运动特别是学生运动,积极开展第二条战线的斗争。

1943年,刘仁就指出:"工人工作的中心要放在天津和唐山;学生工作的中心要放在北平。"[①]抗战胜利以来,北平城内的学生运动持续不断。1945年10月,刘仁领导下的学委系统组织了针对国民党的

1946年4月,刘仁(后排右一)与到张家口参观的北平师范大学学生合影

---

① 中共北京市委《刘仁传》编写组:《刘仁传》,北京出版社2000年版,第85页。

反甄审运动。他对斗争十分关注，不时了解斗争情况，通过学委给予具体指导。在斗争胜利之初，国民党准备反扑之时，刘仁冷静分析、沉着应对，及时把可能处于危险之中的党员安全撤离了北平。

1946年12月，由沈崇事件引发的大规模抗议美军暴行运动，立刻得到社会各界的声援，全国有数十万学生走上街头游行抗议。南北两系学委也应势而为，商量对策，采取措施，有力指导了抗暴运动的发展。运动接近尾声时，刘仁贯彻晋察冀中央局会议精神，认真听取学委负责人的汇报，详细了解情况，以便日后准确地估计形势，积累经验。

1947年5月，在北平地下党的引导下，北平大学生与各大城市学生相呼应，举行了声势浩大的反饥饿、反内战运动。在国统区爱国民主运动情绪高涨的情况下，刘仁审时度势，及时制止了不符合斗争原则的"四罢"（罢课、罢教、罢工、罢市）运动，避免了重大损失。

1948年，北平各大学又先后掀起反迫害运动；举行反美游行示威活动，抗议美国扶植日本，复活军国主义的罪恶行径；进行声援东北同学的大游行示威活动；展开反对国民党八一九大逮捕运动；等等。

解放战争时期，北平学生运动此起彼伏、波澜壮阔，有力打击了国民党的反动统治，促进了国统区人民的觉醒和斗争。为此，毛泽东曾对第二条战线的意义给予了高度的评价和肯定。

（三）争取北平和平解放，迎接胜利曙光

1948年下半年，国共力量对比发生重大变化，解放战争进入战略决战阶段，全国解放指日可待。为配合人民解放军解放北平，刘仁根据中共中央和华北局的指示，周密部署中共北平地下党的工作。

一方面，积极发动各方面力量，争取国民党华北"剿总"总司令傅作义部接受改编。傅作义属国民党上层将领，想全面掌握他的情况并非易事。早在1948年初，刘仁就开始考虑和物色与国民党上层有关系的人员。他不遗余力地通过各种组织关系，先后从各地联系到曾延毅（傅作义保定军官学校同学）的女儿曾常宁、刘后同（傅作义保定军官学校老师)的女儿刘杭生、傅作义的女儿傅冬菊,让她们各自做其父亲的工作,再直接或间接与傅作义取得联系;安排李炳泉做其堂哥李腾九(华北"剿总"联络处处长)的工作;要求潜伏在傅作义身边的中共地下党员阎又文(傅作义机要秘书)潜移默化地对其施加影响。

这其中,傅作义的老师刘后同、女儿傅冬菊对其态度的转变起到至关重要的作用。此外,还有一个关键人物就是傅作义的拜把兄弟邓宝珊(华北"剿总"副总司令),他对形势和中国共产党的情况认识清晰,对和谈态度积极,也对傅作义的思想转变产生了较大影响。傅作义最终能与中国共产党进行北平和谈,是多方共同努力的结果,也体现了刘仁的远见卓识和识人之明。

另一方面,部署北平地下党组织开展各方面工作迎接北平解放。为加强北平解放前后工作的统一领导,刘仁指示南北系学生党组织合并,成立统一的北平学生工作委员会;将学委、工委、铁委、平委合并成立统一的"迎接北平解放指挥部",使学生组织、地下党组织、地下盟员(外围组织成员)以及众多积极分子在统一领导之下迅速行动起来,投入工作。

同时,刘仁对迎接北平解放的具体准备工作做出明确指示,包括对人民群众大力宣传当前的形势和党的政策;争取教授、学者、专家全部留下;发动群众保护文书档案和物资财产,护厂护校;加紧调查工作,了解各方面情况;等等。在刘仁的领导下,北平地下党组织为迎接北平城的解放,做了大量卓有成效的工作,发挥了重要作用。

"北平的和平解放,是我军运用军事打击与政治争取相结合的原则,通过谈判取得的伟大胜利。"[1]北平的和平解放最大程度上保护了古都的文物古迹,减少了人民生命财产的损失。对此,刘仁及其领导的中共北平地下党组织,功不可没。

---

[1] 中共北京市委《刘仁传》编写组:《刘仁传》,北京出版社2000年版,第188页。

刘仁一生的际遇与作为，都折射出中国共产党在20世纪艰难曲折的发展历程。他如同沙场上的将士，指挥和领导着北平城内的暗战，运筹帷幄，决胜千里；如同创建公司的总经理，白手起家，一手操办，苦心经营着北平城内的地下党组织、学生组织、工人组织系统、秘密交通线系统、地下电台系统以及敌工工作系统。正如聂荣臻所说：

> 在他身上，生动地体现了毛泽东同志亲手培养的共产党人的崇高品德和优良作风。我们永远铭记刘仁同志的历史功绩，永远缅怀刘仁同志的伟大精神！

三、知己知彼、指挥有方：华北局城工部领导群体

河北泊头的胜利街北头，有一座清末山西民居式格局的院落，庭院深深。中共华北局城工部就是在这里指挥了北平城内地下党的斗争，迎来了古城北平的和平解放。在这所院落里，留下了一个个中国共产党人和爱国民主人士的革命足迹。

解放战争时期，华北局城工部是领导国统区地下党的重要机关。它在培养党员干部和青年学生，护送爱国民主人士和进步青年学生安全到解放区，收集平津地区各方面重大情报，尤其是在领导平津地下

叶克明

苏一夫

屈绍健

斗争和促成北平和平解放等方面,做了大量卓有成效的工作。

当时,华北局城工部对外称"建设公司"。如果说城工部部长刘仁是"建设公司"的"总经理",那么北平城内的党组织以及学委、工委、铁委、平委、文委、警委的各委领导人就是"建设公司"里的得力干将。他们悄无声息地将党的组织发展到各行业,甚至进入国民党高层内部;他们严守党的组织纪律和隐蔽工作纪律,为党的情报工作、学运工作、统战工作做出重大贡献。他们是佘涤清、杨伯箴、崔月犁、宋汝棻、常明、张鸿舜、叶克明、张文松、苏一夫、赵凡、屈绍健、马光斗……让我们重温这些带有历史温度的名字,追忆当年华北局城工部领导人的光辉事迹和革命精神。

(一)佘涤清:倾心尽责的学委书记

抗战胜利后,为加强城市工作的领导,佘涤清[①]被任命为中共北平地下党学委书记。1946年2月,佘涤清奉命前往北平。初来乍到,长期在农村革命根据地工作和生活的他,对北平的一切都感到陌生。

佘涤清

为尽快适应新环境,早日开展工作,佘涤清白天在家看各种报纸,多方面了解北平,晚上找同志谈话,了解组织情况。后经人介绍,佘涤清找到一份在育青女子职业学校当国文教员的工作以掩护身份,快速融入北平生活,地下工作也随之逐步展开。

佘涤清已有多年的工作经验,但在国民党统治区进行地下斗争仍有一

[①] 佘涤清(1917—1999),河北获鹿人。1936年3月,加入中华民族解放先锋队(简称"民先队"),不久加入中国共产党。1938年4月,到达延安后,重新入党。1942年底,调往中共中央晋察冀分局城市工作委员会工作。1945年9月,任中共北平地下党学委书记。新中国成立后,长期担任北京市委组织部部长。

个适应过程。除了坚持"荫蔽精干、长期埋伏、积蓄力量、以待时机"的工作方针和"有理、有利、有节"的斗争策略,一切工作都是在斗争实践中不断摸索前进。佘涤清对北平的形势和国民党及其要人的动向,经历了一个由浅到深的认识。

1946年4月,北平学委联合各高校在中山公园音乐堂召集会议,揭露国民党"国大"选举的阴谋,却惨遭国民党特务的破坏与镇压。这使佘涤清清醒地认识到,在国统区地下党处于劣势地位、地下工作属于秘密活动,今后一切工作务必遵循实际、谨慎为之。

6月,全国内战爆发,国民党当局加紧了对国统区的控制,到处镇压共产党员和爱国民主人士,北平城内随之笼罩在白色恐怖之下。对于城内进步学生的安危,身为学委书记的佘涤清深感责任重大,学生的去留让佘涤清左右为难:若把进步学生撤回解放区,学校工作肯定会受到影响;若不撤走,遭到敌人破坏怎么办?为此,佘涤清专门召开学委会议,最终决定把暴露的学生全部撤回解放区。这个决定是否正确,50年后佘涤清仍不断反思、不无遗憾地说:

> 学委做出撤走学生的决定后,因为无法向上级请示,自己跑到军事调处执行部去打探消息。当听到师大女附中撤走几十人后,一夜没有合眼,心里十分焦急,多年辛苦培养的骨干一下子撤走这么多,今后的工作如何开展呢?凌晨4点我派人到火车站去找人,想留住他们,但为时已晚。这件事对我触动很大,人进了城,角色变了,可思想方法还没有转过来。遇事不能果断做出判断,问题的关键是没有深入到社会实际中去,不能掌握全局,不能对具体问题做具体分析。经过这件事的挫折之后,我才真正进入了工作角色,能实事求是地分析、解决问题,能独立自主地开展工作了。①

---

① 史建霞:《站立时代潮头——深切缅怀佘涤清同志》,《北京党史》1999年第5期。

经过严酷斗争的磨炼，佘涤清渐入佳境，逐渐掌握了地下工作的规律和特点，展现出他的组织才能和决策水平。1946年12月，佘涤清亲自参与北平学生抗议美军暴行运动，对运动的情势和走向冷静观察、正确判断，最终集结北平高校学生10000多人走上街头，掀起震惊中外的抗暴运动，从而迎来国统区爱国学生运动的新高潮。继抗暴运动之后，北平学委又成功领导了北平学生反饥饿、反内战运动与反迫害运动等一系列爱国民主运动，谱写了中国青年运动史上的壮丽篇章，以波澜壮阔的第二条战线有力支援了人民解放战争。

在解放战争时期，佘涤清为北平学委的工作倾心尽责，成功领导了北平学生运动的开展。他不仅是北平和平解放的贡献者，更是北平学运史上的重要先驱。

（二）崔月犁：北平和谈的统战使者

崔月犁

崔月犁[①]原名张广胤。"月犁"的名字是他在1937年参加革命以后改的。一天夜里，正值月朗星稀之时，他看到一位农民赶着牛在田里耕地，此情此景令他十分动容，便由此改名为"崔月犁"。后来，因革命工作需要，他先后使用过李春和、李道宗、李显农、李士英、李大夫等化名，但唯有"崔月犁"的名字沿用了下来，而这个名字也正是崔月犁一生辛苦操劳的真实写照。

崔月犁是1943年3月被派往北

---

① 崔月犁（1920—1998），河北深县人。1937年6月，参加革命；同年12月，加入中国共产党。解放战争期间，任北平学生工作委员会委员兼秘书长、职员工作委员会书记。新中国成立后，任中共北京市委统战部部长，北京市副市长，国家卫生部部长、党组书记兼全国爱国卫生运动委员会副主任等职。

平、天津地区从事地下党工作的。在此期间，身为北平学委委员的崔月犁，以同仁医院"李大夫"的公开身份作掩护，秘密进行地下活动，曾多次身陷险境，又化险为夷，为北平地下党组织的发展和学生运动做了大量工作。

1948年，随着全国内战形势的急剧变化，华北局城工部对傅作义在立足于打的同时，积极进行政治争取。崔月犁所在的北平学委接到城工部部长刘仁的指示：可通过各种关系去接近华北"剿总"司令傅作义周围的人，尤其是能对傅作义产生影响的人，争取促成傅作义和平起义。崔月犁分工上层统战工作，负责在傅作义身边安插中共地下工作者，甚至直接与傅作义身边的亲信高参联系，从而全面掌握傅作义的动态，成为出色的统战使者。

这年秋天，崔月犁在国民党高等法院院长吴煜恒的帮助下，第一次见到学养深厚、见多识广的刘后同。刘后同是傅作义在保定军校时的老师，也是傅作义十分敬重的恩师。当年，在傅作义先后出任天津警备司令、绥远省主席，脱离阎锡山转向蒋介石等重大人生节点中，刘后同皆起过关键作用。

初次见面，崔月犁与刘后同就相谈甚欢，十分投缘，颇有相见恨晚之感，两人约定以后每星期见两次面。一来二去，28岁的崔月犁和66岁的刘后同结成了忘年交。刘后同还跟崔月犁说："如果一星期不见你来，就认为你被'军统'特务逮捕了，我便请傅先生派人到监狱找你。"有一次，崔月犁因有急事未能如期赴约，这可急坏了刘后同，他果真要傅作义派人到各监狱查问，看有没有同仁医院的"李大夫"，听到没有"李大夫"在监狱的消息，刘后同这才放了心。

在与崔月犁密切接触的两个月中，刘后同对共产党的方针政策有了全面了解，为劝说傅作义早日做出和谈决定做了大量工作。他及时向崔月犁反映傅作义的重重顾虑和为难处境，再通过崔月犁了解中国共产党方面的指示和态度，帮助傅作义分析其中的利害得失，耐心做其思想工作。崔月犁则将每次与刘后同的见面情况及时向城工部汇报，使党中央及时调整策略。刘后同为北平和平解放积极奔走了85天,被人们称为"和平老人"。过度的劳累焦急,致使他左眼失明。

1948年12月中旬,崔月犁作为中国共产党代表正式与傅作义方面谈判。为加强对傅作义动态的全面掌握,原做傅作义秘密工作的人全部由崔月犁联系。在北平和谈的最后阶段,除刘后同外,崔月犁还与华北"剿总"副总司令邓宝珊以及傅作义的女儿傅冬菊保持密切联系,极大程度上推动了北平和谈的成功。

(三)赵凡:丹心素裹的平委书记

赵凡

赵凡[①],原名赵有成,出身于一个中农家庭,3岁丧父母,从小由三伯父抚养长大。他自学生时代,就聪明好学,追求进步。全民族抗战爆发后,他毅然投笔从戎,参加革命。在革命队伍中,他打过游击,当过组织部部长、民运部部长、宣传部部长,为党的事业做出了重要贡献。

1945年8月,赵凡进入北平,以"卖布商人"的身份为掩护,参加平民工作委员会(简称"平委")的领导工作。这时候,平委领导下的各基层组织已有一定基础,主要是在各行各业的零散工人和社会最底层的劳苦大众当中,以及少数文化界、教职员、军警宪等方面的关系中开展工作。其主要任务是"团结广大劳动阶层和基层群众,对国民党反动派的统治和资本家的残酷剥削,进行

---

① 赵凡(1916—2010),河南鄢陵人。1937年参加彭雪枫领导的八路军"学兵队",同年加入中国共产党。1945年8月,到北平做地下工作,解放战争期间任华北局城工部北平地下党平民工作委员会书记。1949年后,历任中共北平(京)市委办公室政治秘书、市委常委、市委书记处书记,北京市副市长、市农委书记等职。1978年后,历任农林部副部长兼国家农垦总局局长,农垦部副部长、党组副书记等职。

有理、有利、有节的斗争"①。

进城不久,赵凡所在的平委便领导了油盐业一次争取实物工资的重大斗争,取得胜利。后来随着国共内战爆发、全国形势急剧变化,平委在城工部的指示下,坚持"荫蔽精干、长期埋伏、积蓄力量、以待时机"的方针,深入基层群众,为将来党夺取平津积蓄力量。

在赵凡开展工作的浴池、油盐店、菜园、纺织印染等行业中,东升平浴池是他活动的一个特殊地点。东升平是当年北平城里最大、最好的浴池,价格也是最贵的,来这里洗澡的多是有钱有势的人,包括国民党特务、高级军官等等。然而,这些达官显贵绝没想到的是,平日里他们来放松消遣的东升平,却处处潜伏着中共地下党的眼线。早在日本投降之前,这里就是中共北平地下党的主要据点之一。东升平浴池虽是上等浴池,但浴池工人的生活却极其艰苦,工人们深受资本家和反动官僚宪兵的压迫,革命意识都很强烈,108名浴池职工中,有18人是地下党员。

那时,赵凡通常伪装成有钱人的样子来东升平洗澡,利用3楼的特等官堂与其他平委领导人接头,浴池里以职工身份为掩护的地下党员也会将平时收集的情报及时反映给党组织。赵凡还从浴池工人的切身利益入手,带领他们为改善恶劣的工作和生活处境进行经济斗争和政治斗争。与此同时,其他各行业的工人在平委的领导下也不断进行增加工资收入、改善生活待遇的各种斗争,很大程度上配合了以学生为先锋的爱国民主运动。

1948年10月,全国战局发生重大变化,受中共中央华北局城工部的指示,平委逐渐投入到迎接平津解放的工作中。眼看胜利在即,赵凡却因油盐店地下党员张喜增被捕而牵连入狱。这是他北平3年地下工作中的第二次被捕,而这一次的入狱使赵凡经历了非人折磨和生死考验。

自打被捕的那一刻,赵凡就打定主意不开口,不给敌人一丝可乘

---

① 赵凡:《忆征程》,中国农业出版社2003年版,第21页。

之机,也因此遭到敌人的严刑拷打。天寒地冻里,赵凡的衣服被扒光,敌人用皮带一顿毒打乱抽,又把他倒吊在墙上半小时之久,枪指脑袋、烟熏鼻孔、红铁烙烫,整整折腾了一天,赵凡依然不为所动,遍体鳞伤的他早已将生死置之度外,始终铁骨铮铮、坚贞不屈,终于挺了过来,没有使党组织和其他地下党员受到任何破坏和牵连。

最终,赵凡用自己坚定的革命意志和共产主义信仰在狱中迎来北平和谈成功的消息。具有历史意义的"北平方式"给了北平这座古城新生,也让赵凡再一次新生。北平和平解放后,赵凡立即投入到城市的接管和重建工作当中,尤其在农业和农垦工作上投入了毕生精力。他曾说:"我做的每一件事都是在为人民服务。我决心做个平平凡凡的人,因此把原名赵有成改成赵凡。"[①] 赵凡以他对党和人民的无限忠诚度过了不平凡的一生。

四、深入虎穴、不辱使命:南系学委领导群体

1946年的夏天,一支由北京大学、清华大学、中法大学、燕京大学等校组成的2000多人的学生队伍,迎着烈日,相继从大西南回到北平复校。他们是北平学生在抗战时迁至昆明的同校校友,这些学校中的地下党组织,就是后来北平地下党中的南系学委。

时隔8年,南方学生与北方学生终于会合一家。回到北平的南系学委秉承在大后方开展学运的经验和精神,积极与北平学委在平行发展的基础上互相协作,共同战斗。在中共中央关于国统区学生运动的一系列指示下,轰轰烈烈地开展北平学生的反甄审、反饥饿、反内战等一系列学生运动,对国民党当局进行了掷地有声的反击。1947年5月,毛泽东在《蒋介石政府已处在全民的包围中》一文中,高度肯定学生运动在人民运动中的重要作用,指出学生运动是反对国民党统治的第二条战线。第二条战线凝聚了南北系学委共同的心血,南系学委

---

① 赵凡:《忆征程》,中国农业出版社2003年版,第9页。

为此做出巨大贡献。

（一）袁永熙：囹圄不屈铸忠诚

1946年的暑假，袁永熙[①]率西南联大的50多名党员和150多名民主青年同盟盟员返回北平，在与华北局城工部的佘涤清取得联系后，很快建立了工作关系。此时的袁永熙，已然成为名副其实的学生领袖。

回北平之前，袁永熙经受过多年革命实践的磨炼，在西南联大有过一段思想进步最快、革命热血最沸腾的日子。他通过组织"群社"，团结进步青年，宣传党的理论政策，使之成为西南联大内群众基础最广泛的社团；还系统学习马克思主义理论知识，积极发展进步青年入党，扩大党的组织力量，使"西南联大成为大后方高校中一个'民主堡垒'"[②]；积极组织和领导昆明青年学生一二·一运动，向蒋介石政府发出"停止内战、呼吁和平"的怒吼。革命的火种早已在袁永熙的内心深处生根发芽。

回到北平以后，袁永熙以北平金城银行职员的身份为掩护，担任平津南方局系统地下党负责人，同时负责北平学委的领导工作。在南北同学的融合和团结问题上，以袁永熙为主的南系学委负责人主动带头与北方学生友好相处，粉碎了反动学生企图分裂南北同学的阴谋。在1946年12月的抗暴运动和1947年的反饥饿、反内战运动中，袁永熙领导的南系党组织和民主青年联盟都发挥了重要作用。

在一次次的北平学运浪潮当中，袁永熙于1947年8月10日迎来自己的婚礼，新娘是国民党要员陈布雷之女陈琏。与袁永熙相似的是，陈琏也是"叛离"家门而投身革命的中共秘密党员。两人于西南联大

---

① 袁永熙（1917—1999），贵州修文人。1938年6月，参加革命；同年10月，考入西南联合大学；同年12月，加入中国共产党，任西南联大党支部书记、总支部书记。是一二·一反内战运动中杰出的组织者和领导者之一。解放战争时期，任北平、天津南方局系统地下党负责人。新中国成立后，任清华大学党委书记，中国人民政治协商会议第六、七届全国委员会委员，北京经济学院院长、顾问等职务。

② 史建霞：《追求真理　无怨无悔——记袁永熙同志》，《北京党史》2000年第3期。

袁永熙、陈琏结婚照

时期相识相爱，终成连理。

然而，革命年代突如其来的危险往往比幸福多。9月24日晚，袁永熙夫妇与职青支部的同志在东城区棉花胡同家中开会时，突遭国民党特务的搜查逮捕。由于家里的《民主青年联盟章程》等文件被搜出，袁永熙夫妇当晚就被特务关入炮局监狱。这一入狱，引发北平学生的罢课抗议，直接惊动了中共中央，也惊动了蒋介石国民党政府。事出不久前，北平地下情报系统遭受一次大破坏，因婚礼上与陈琏同事交换的一张名片而使两人牵涉其中。

袁永熙在被捕的那一刻就做好了咬牙挺住、永不叛党的心理准备。狱中，敌人无所不用其极地对袁永熙进行威逼利诱，甚至严刑拷问。竹扦刺手、辣椒水灌鼻、烙铁烫肤、皮鞭抽打……种种酷刑使袁永熙几度昏厥，但他始终坚贞不屈。

狱中8个月的折磨，袁永熙没有承认自己的共产党员身份，"没有暴露组织，没有泄露领导他的和在他领导下的任何一个党员的身份"[1]，他用自己的一人之躯，保护了妻子陈琏，还保护了同时被捕

---

[1] 章学新：《"第二条战线"的闯将袁永熙的传奇人生》，《炎黄春秋》1996年第11期。

的职业青年支部委员邢福津、清华大学党支部书记陈彰远以及和他并肩战斗的南系学生领导人之一的王汉斌等人,避免了党组织可能会遭遇的一场大灾难。"度尽劫波意犹坚,青史千古明泾渭。"纵使人生多坎坷,袁永熙唯一不变的是对党矢志不渝的忠诚。

(二)黎智:临危北上、机智勇敢

1947年9月,中共中央社会部北平密台遭破坏,致使南系学委书记袁永熙等一批人牵连入狱,北平南系党组织一时失去了主心骨。黎智[①]就是在这个时候,按中共中央上海局的决定,辗转北上,重组平津南系学委,再燃平津学运烈火,为北平和谈做出奠基性的贡献。

黎智

黎智出身于书香世家,16岁便投身革命,先后辗转于鄂西、重庆、延安、上海、武汉等地进行学习和工作。早年的经历磨炼出黎智坚定的革命意志,他性格沉稳、行事谨慎、待人真诚,在学生中威望很高,是重组平津南系学委的不二人选。

到北平以后,黎智与来自上海局组织部的李之楠、原北平南系学委的王汉斌组成新的平津南系学委,黎智任书记,李之楠、王汉斌任委员。总的任务就是:领导学运,配合解放战争拓展第二条战线和开展统一战线的工作。

在王汉斌的介绍下,黎智与清华、北大等院校的党组织负责人取得联系,进一步研究了新的学运斗争策略。黎智在严守秘密工作原则

[①] 黎智(1922—2001),原名闻立志,湖北浠水人,为闻一多的嫡亲侄子。1938年11月,加入中国共产党。解放战争时期,任中共中央南方局青年组组员、平津学委会书记等职,为组织迎接平津解放做了大量工作。新中国成立后,任中共武汉市委副书记、副市长、市委书记、市长、市人大常委会主任、党组书记等职。

的前提下，既勇敢坚定，又机智谨慎。在浙江大学"于子三事件"发生后，他组织和领导了2000多人参加的于子三烈士追悼会，引发了北平、天津各高校学生的强烈反响。此后，组织声援上海同济大学的游行，反对同济血案、四九血案的抗议，举行声势浩大的"六罢"运动……一个个学生运动此起彼伏、波澜壮阔。在与国民党反动派进行针锋相对的斗争中，"平津南系学委将原则性与灵活性相结合，恰到好处地掌握了斗争火候"①，将第二条战线的斗争重新推向高潮，在全国产生了巨大影响。

在统战工作方面，平津学委做了大量细致的工作。统战范围广泛涉及工商界、文化界、知识界、军界、政界以及医药、戏剧、新闻界等各领域，甚至将统战工作有针对性地做到国民党军政上层重要人物身上，尽一切可能争取国民党内有进步倾向的人。

1948年秋，在人民解放战争进入战略决战阶段，北平解放指日可待之时，中共中央对北平地下党做出"对傅作义集团要在立足于打的基础上，积极进行政治争取，力求和平解放北平，以最大限度上减少人民生命和财产的损失"的指示。黎智所在的平津南系学委，也收到来自上海局的指示，"可通过各种社会关系去接近和影响傅作义身边的人，了解傅作义动向，尽可能争取其起义"。②为贯彻中共中央和南方局的指示精神，黎智细心物色起在平津地下党中与傅作义有关联的人。

第一个便是在天津《大公报》工作的傅冬菊。傅冬菊是傅作义的大女儿，又是中共地下党员，由她做傅作义的思想工作，必定能起到意想不到的效果。为说服傅冬菊，黎智亲自找傅冬菊谈话，向她交代任务。后来，年逾古稀的傅冬菊在谈到当年劝说父亲走上北平和谈道路的经历时说道："尽管北平和平解放之前，北平地下党的负责人王汉斌、崔月犁、佘涤清曾多次找我谈话布置任务，但在此之前最早找

---

① 易福才：《黎智纪念集》，武汉出版社2004年版，第99页。
② 易福才：《黎智纪念集》，武汉出版社2004年版，第110页。

我谈话、把我从天津调到北平并交代任务的是平津南系学委书记黎智同志。"①

黎智认为争取傅作义的工作困难重重,必须动员一切可能的关系,尤其是对傅作义能产生影响的人。因此,黎智先让李之楠找到地下党员曾常宁。曾常宁的父亲曾延毅与傅作义是在保定军校时的同学,可以以同学情谊劝说傅作义;后通过关系找到傅作义在保定军校的老师刘后同,并上门拜访,与之进行亲切诚挚的谈话。后来,在平津学委的共同努力之下,最终请得刘后同老先生出山;再就是确定由北平职青支部书记李炳泉打通其堂兄李腾九的思想工作,进而通过李腾九对傅作义施加潜移默化的影响。这种种努力都为后来傅作义的弃暗投明、为北平的和平解放起到了奠基作用。

1948年10月,由于北平局势发展的需要,南系学委与华北局城工部领导的北系学委党组织正式合并,统一由华北局城工部领导。"尽管1948年11月下旬黎智出任中共天津工委书记后,争取傅作义的和谈工作是由以崔月犁为首的平津南系学委负责并最后完成的,但大量开创性的工作是从黎智为首的平津南系学委进行的。"②历史会永远铭记以黎智、王汉斌、李之楠为代表的平津南系学委为北平和平解放所做出的努力和贡献。

1949年1月,北平终于和平解放,古都北平的历史翻开了新的篇章。曾经在平津地区舍身奋斗的南系学委负责人也迎来了各自人生新的一页,继续将对党和人民的无限忠诚播种在社会主义革命和建设事业之中。

五、梁波:平西情报站书生站长

京西的妙峰山,是一座以古刹、奇松、怪石而闻名的大山。山上

---

① 易福才:《黎智纪念集》,武汉出版社2004年版,第113页。
② 易福才:《黎智纪念集》,武汉出版社2004年版,第116页。

盛产高寒玫瑰，而山下的涧沟村，就是当年平西情报站站长梁波①战斗的地方。为什么这里的玫瑰分外美，是因为英雄的生命开鲜花！

（一）莘莘学子、投身革命

梁波

西装革履，留着分头，戴一副黑框眼镜，手里拿着进步书籍，这便是青年梁波的俊朗样貌和惯常形态。梁波出身于一个封建传统家庭，父亲是一名商人，从小家境还算殷实。然而，封建的家庭环境没能禁锢他追求进步的思想。年轻的梁波不仅阅读进步书籍、发表文章，还撰写小说、编著剧本、翻译外文，俨然一个才华横溢又文质彬彬的读书人。

1934年大学毕业以后，梁波拒绝了父亲安排的高薪洋差事。这年夏天，他和两位新闻界的记者一起徒步长途旅行，从北平一路走到广州。沿途所见的社会黑暗和人民疾苦使他内心受到强烈冲击。再次回到北平之时，梁波和几个青年朋友筹款创办了《文地》月刊，并组织文地社，以抨击当局、揭露恶行、传播进步思想。

编辑《文地》月刊第1期时正值鲁迅逝世不久，该期刊载的几乎全是纪念鲁迅的文章。梁波是编辑之一，第1期曾准备发表他的一篇文章，由于文稿过多，他主动把自己的稿子撤下来，这篇文章首次使用了"梁波"的笔名。由于经费不足，《文地》只出了两期便停刊了。

尽管历经挫折，但在革命的浪潮中，梁波像一只迎风搏击的海燕，愈挫愈勇。1937年，梁波在天津光荣地加入中国共产党，成为

---

① 梁波（1910—1947），原名杨思忠，天津人。1930年考入北平师范大学教育系。1938年8月，在中共平津唐点线工作委员会负责中华民族解放先锋队的工作。1939年任晋察冀边区党委秘书主任。1940年任宛平县县委书记。

一名共产党员。

（二）接任站长、倾心尽责

1943年，梁波被派往妙峰山，接任平西情报站站长一职。平西情报站的对外名称是"民运组"，常年设在涧沟村西边靠山坡的一个小四合院里，以便有情况可以迅速撤进山中。站内有一部电台，主要负责把收集到的北平、天津以及东北地区的情报发送到晋察冀边区社会部。

妙峰山山势险峻。涧沟村是距离山顶最近的一个村，但要爬上山顶，也要经过一段极陡的山路。为了能够及时而详尽地获取情报内容，梁波常常不顾个人安危，深入敌占区的北安河、鹫峰一带，与北平城来的交通员接头，这样交通员就可以不用进山，当天还能安全返回城内。在梁波的悉心带领之下，平西情报站最先掌握了清风店战役、国民党进攻张家口等重大情报，并及时汇报给边区领导，为八路军指挥机关做出正确部署提供了可靠保证。

平西情报站是个大家庭，有十六七人之多，住在大山之中，生活物资十分匮乏，条件很是艰苦。梁波带领大家自力更生，一起磨面粉，种土豆和西红柿，还亲自变着花样做饭给大家改善伙食。

除了"自家人"，梁波与村里老百姓的关系也相处得十分融洽。有时候工作不是太忙，梁波就会和乡亲们聊聊天，拉拉家常，关心他们的生活状况。那时候，山里人生活很苦，尤其是几个村干部，一年到头跑工作，却没有分文报酬，一家人合盖一床被子，喝一锅树叶汤。梁波看了心里很是难受，就拿出自己的钱给他们补贴家用，好让家里孩子也吃顿好的。有次一个村干部生病了，梁波就把自己仅存的一点药拿给他，还带领情报站的同志们一起揽下他家的农活。就这样，时间久了，大家都喜欢上了这个城里来的没有一点架子的大学生干部。

梁波还经常把乡亲们集中起来，给大家讲国内外形势和革命道理，宣传党的方针政策。他告诉大家，"咱们现在虽然困难一些，但胜利最终是咱们的"①。梁波曾在给同乡战友的一封信中写道:"北平一天不解放,我就一天不离开平西!"涧沟村里的人都信任他、依赖他,亲切地称他为"老梁"。

长期的革命实践和历练,使梁波再也不是那个梳分头、穿西装的书生模样,涧沟村里的梁波"一头短发,胡子拉碴,裹着一件脏兮兮的黑棉袍"②,棱角分明的脸上一直戴着那副高度近视眼镜,随性中却也透露着沉稳和干练。这便是涧沟村民印象中那个可亲可敬的"老梁"。这时,已经30多岁的梁波肩上也承担了更多的责任和使命。

(三)血洒西山、浩气长存

1947年9月,梁波所在的平西情报站得到消息,国民党已经集结大批人马准备进攻平西解放区。17日,北平城内的交通员要来妙峰山给平西情报站汇报重要情报,梁波决定亲自到七王坟与他接头。

这天下午,梁波和杜致中等人早早在七王坟等候,可等了很久,城里的交通员都没来。深夜了,久未修缮的七王坟越发显得凄凉阴森。事关重大,梁波觉得不能就这样回去,商议之后,他们决定留宿秀峰寺(位于海淀区小西山风景区,鹫峰山下,离七王坟不远),继续等待交通员。

果不其然,交通员在第二天出现了。梁波等人和他深入交谈一个多小时,详细掌握了各方面情况。离开的时候,天色已经暗了下来。当时,这一带军情严峻,为了抗击国民党军队的进攻,北安河一带已经驻扎着县大队和独立营3个连,还有几百民兵防守,北安河村各道口也埋好了地雷,随时准备迎击敌人的进攻。情况紧急又天黑路陡,梁波一行人再次决定留宿秀峰寺,明早再进山。他们收拾好东西,制定好路线,以防有特殊情况可以随时离开。夜里,警卫人员不敢睡觉,时刻注意观察情况。

大约凌晨4点钟,枪声突然响起,地雷和手榴弹的爆炸声也接连

---

① 中共北京市委党史资料征集委员会:《北京烈士传》(第一辑),北京出版社1988年版,第241页。

② 黄达:《忆旧纪年》(十七),《金融博览》2017年第2期。

响起，国民党军向北安河村发起进攻。在县大队的阻击下，国民党军进攻受阻。天刚蒙蒙亮，梁波等人就赶紧往山里转移。枪声从山南的寨口方向传来，从山上已能清楚地看到北安河村的战火浓烟。他们在山中快步急行，眼看就要到山顶了，却不料国民党军已经绕到山后，上了山顶，一阵枪林弹雨的扫射，使梁波他们不得不迅速退回山沟，转从寨雨峪方向进山。

面对这一突发紧急情况，为安全起见，梁波做了最坏的打算。他蹲在一个山洼里，拿出随身携带的背包，一把火将记录着北平地下交通员机密情况的文件、本子统统烧掉。梁波沉着冷静地对大家说："这些绝对不能落入敌人手中，我们联络员也绝不能让敌人抓活的！"梁波知道，党考验他的时刻到了，他心里已做好随时牺牲的准备！

寨雨峪也被敌人封锁住了。他们只好借着隐蔽的地势继续前进，当走到山北一个山梁处，国民党军发现了他们。机枪疯狂地朝他们扫射过来，走在前头的杜致中和刘英等人向前猛跑，冲过山梁，顺着陡坡滚了下去。后面的梁波冲不过去了，情急之下隐蔽在附近的茅草堆里。一不小心，梁波的眼镜被剐落在地上，高度近视的他一时间什么都看不清了，慌乱之中他俯下身子去摸眼镜。就在这时，国民党军冲下山顶，一下将梁波围住，强拉他下了山。梁波愤恨地甩开国民党军的手，坐在地上对这些匪徒破口大骂。被他激怒的国民党军凶狠地将刺刀一下刺入他的胸膛，刹那间喷涌而出的鲜血浸染了那一方土地……

得知梁波壮烈牺牲的消息，战友们和涧沟村的乡亲们悲痛万分、哀泣不已！人们第二天连夜将梁波的遗体抬回，含泪将他掩埋在了涧沟村村南。1953年2月，公安部将梁波烈士的遗体移葬八宝山革命公墓，并举行了隆重的遗骨安葬仪式。梁波虽然离开了，但他的革命精神如同那妙峰山上的松柏万古长青，他的赤子之心犹如那漫山玫瑰年年红！

六、阎又文：恪守纪律的隐蔽典范

阎又文

"无论于党于国于人民，父亲都是一个情操高尚的公仆和功臣，一个无名英雄。"①这是阎家子女在一次记者会上唯一诉之以求的心愿，他们不允许任何不明事情真相的人损害已逝父亲的名誉。对子女而言，阎又文②是足以用"伟岸"一词去形容和怀念的父亲。然而对现在很多人来说，阎又文这个名字却有些许陌生。他的双重身份在那个年代鲜为人知，但今天，这位中国共产党隐蔽战线上的杰出战士再也没有理由被误解和遗忘。

（一）坚守初心，失联7年志不移

"你是阎又文吗？你是山西荣河人吗？你是山西大学毕业的吗？"看着面前这个风尘仆仆自称来"寻亲"又一连三问的人，屋内的阎又文满心疑惑地缓缓点了点头。"阎又文同志，我叫张治公，是由延安来的，是党中央派我来找你的。"这样直截了当地说明来意，想必张治公这时候的内心也是万分忐忑，因为坐在他面前的阎又文，就是他这次要找的"亲人"，而这个"亲人"已经跟党组织失去联系7年，此时已是国民党高级官员，他是否倒戈，谁也说不准。而张治公，原名王玉，是此次秘密寻找阎又文而用的化名。忐忑之时，阎又文却激动地上前紧握住他的手说道："你来得太好了，我多年来就是盼着这

---

① 《傅作义秘书阎又文之谜"红色特工"深度潜伏》，《北京晨报》2009年6月29日。
② 阎又文（1914—1962），山西荣河人。1933年考入山西大学法学院。1938年秘密加入中国共产党。1939年春，任傅作义秘书，后来为促成北平和平解放做出重要贡献。新中国成立后，任水利部（时任部长傅作义）办公厅主任。1961年调入农业部，任粮油生产局局长。

一天啊！"王玉喜出望外，悬着的一颗心终于落了地。时过境迁，但阎又文没变，对党的忠心没变，党的隐蔽战士找到了！

这一年是1946年，距离阎又文与党组织失去联系已经是第7个年头了。皖南事变以后，国共关系日益恶化。在国民党掀起的"反共"高潮中，傅作义不得已将很多公开身份的共产党员礼送出境，送回延安。当时，阎又文已在傅作义的部队工作两年。由于事出紧急，阎又文是共产党员的身份并未公开，中共党组织未能妥善安排，就与他失去联系，阎又文因此留在了傅部。

阎又文自幼勤奋好学，接受过良好教育。在傅部期间，由于才华出众、文笔锋锐、处事干练，他很快得到傅作义的赏识和重用。阎又文牢记党的嘱托，在傅部"一不搞兵暴，二不搞瓦解、情报工作，唯一任务是广泛交朋友，宣传党的主张，提高抗日民族统一战线，提高部队的政治素质"①。即使在与党组织失联的7年中，他仍牢记党赋予的使命和任务，借鉴八路军的政治工作经验，通过理论宣传，整改工作系统，极大提高了傅部的政治素养和战斗能力。7年来，他全心全意为傅作义出谋划策，与傅作义经历生死抗战，到党组织派王玉与他重新取得联系之时，他在傅部的职务和地位已经很高，除任傅作义的秘书外，还兼任第12战区长官部主任、政治部副主任以及傅部的机关报《奋斗日报》社长。然而，面对党组织的到来，阎又文却没有丝毫犹豫，当即表达了自己的政治态度和立场。

（二）绝密潜伏，恪守地下工作纪律

中共中央派王玉寻找阎又文之时，就定下隐蔽工作纪律：一是建立绝密单线联系，不允许和任何地方党组织发生关系；二是了解傅部的实力和国民党的战略动向；三是了解和掌握傅作义和蒋介石的关系，别的一律不要做。从这3点可以看出，党中央对阎又文的重视和保护，以及对傅作义仍保持的统战态度。

---

① 中共北京市委组织部、中共北京市委党史研究室：《向榜样学习》，北京出版社2016年版，第139页。

阎又文重新回到党组织，王玉是他与党组织联系的唯一牵线人。通过王玉，阎又文向党中央反映了抗战以来傅部的基本情况，傅作义与蒋介石的关系以及当前的政治倾向。阎又文多年辅佐傅作义，十分清楚他的为人，认为只要时机成熟，傅作义完全可能站到人民这一边，他十分支持中国共产党对傅作义的统战思想。阎又文也按照党中央的指示，不为小的局部战场情报而暴露，循序渐进地做傅作义的思想工作，在傅作义身边潜移默化地施以政治影响，以待时机，说服傅部与中国共产党和谈。

身为隐蔽战线上的共产党员，阎又文一面肩负着党的重大任务，一面必须保证傅作义对自己的信任。身份与环境的特殊性和复杂性，要求阎又文具有异于常人的隐忍与坚韧。集宁战役后，那封轰动一时的傅作义《致毛泽东的公开电》，很多人只知道是阎又文所写，但不为人知的是，阎又文写信之时，曾左右为难，只好请王玉向上级汇报，一直请示到周恩来和毛泽东。得到党中央的同意和具体指示后，他才消除顾虑，放开来写。但这封公开信也使不明真相的人对阎又文产生了很大误会，使阎又文遭受了许多不白之冤。据阎家子女回忆，阎又文在延安的一位老朋友就因为这封信再也没去过阎家。

即使受到再多的非难和误解，阎又文也不予解释，严格遵守"保持绝密单线，决不和任何地方党组织发生关系"的隐蔽战线工作纪律，将名利得失置之度外，只求问心无愧于党和人民！

（三）推心置腹，力劝傅作义起义

早在抗日战争胜利之初，党中央就意识到，若能找回阎又文，将会对党的革命事业起到至关重要的作用。

1948年11月，辽沈战役之后，全国革命形势已发生重大变化。12月，东北野战军入关，解放军完成对北平的合围，傅作义是战、是走，还是和，成为世人关注的焦点。

阎又文知道，他多年来在傅作义身边施加潜移默化的影响，为的就是有朝一日能将傅作义和他的部队争取到党和人民一边，如今时机成熟，他绝不能辜负党的所托和期望。

作为傅作义最信赖的亲信和幕僚，阎又文多次耐心地向他说明自己的看法和建议，分析当前傅部所面临的困境和出路，指出若战，便是对历史和人民的不仁；若走，便是对自己和部下的不义；唯有和，才是正确的选择。阎又文一边辅助傅作义监视和控制城里的中央军动态，一边和傅作义的老师刘后同、女儿傅冬菊等做傅作义的思想工作。阎又文还保持着与王玉的秘密联系，及时向党中央反映傅作义的情绪波动和思想变化，并向党中央多次强调傅部的特殊性和和谈的可能性。

经过多方努力，傅作义终于同意与中国共产党进行谈判。1948年12月15日至19日，傅部与中国共产党的第一次谈判因双方要求差距过大而以失败告终。这令傅作义一度感到失望，准备放弃和谈，坚守平津，来之不易的北平和谈随时有流产的可能。在这至关重要的时刻，阎又文不敢掉以轻心，与傅冬菊日夜轮流陪伴在傅作义身边，连续十几天都没回家，甚至妻子重病，他也只是匆匆回家一趟便赶了回来。

第二次谈判是1949年1月8日至9日在蓟县八里庄进行的。八里庄谈判开始后，中共中央又一次派王玉进北平，找阎又文了解傅作义的真实思想，以便推动谈判取得成果。通过阎又文的反馈和建议，党中央得以有针对性地修改和完善谈判方案，最终使得北平和谈出现柳暗花明的局面。1月21日，经过第三次谈判之后，双方对和谈的条件达成共识，签署《关于北平和平解决问题的协议》。1月31日，人民解放军接管北平防务，北平宣告和平解放！

历史证明，阎又文多年来的蓄力谋虑，在关键时刻促成傅部与中国共产党的北平和谈，为实现北平和平解放发挥了重要作用。

1949年2月22日，阎又文随傅作义去西柏坡拜会毛泽东等中央领导人时，才第一次见到自己的直接领导人罗青长。北平解放以后，按照中央指示，阎又文的身份仍不能公开。1962年，阎又文因病去世之时，他的公开身份也一直是起义的国民党高级将领和国家农业

罗青长在《北京日报》上发表缅怀阎又文的文章

部粮食油料生产局局长。弥留之际，阎又文只留给妻子一句"有事找组织"，便带着不能说出的秘密永远离开了人世。即使是自己至亲至爱的人都未曾知晓阎又文是中共地下党员的身份。这实在令人为之动容！

后来，阎家子女一到政审问题就被卡住，这令他们百思不得其解，也因此错失许多机会。1993年，因为王玉的出现，才使困惑他们多年的谜团得以解开，他们至此才知道父亲的真实身份和为中国革命所做出的不朽贡献。1997年7月10日，罗青长在《北京日报》发表长篇纪念文章——《丹心一片照后人——怀念战友阎又文同志》，阎又文的真实身份和历史功绩第一次公之于世。此时距阎又文离开，已经35年了！

独怀凌云志不凡，
干高枝大拔群巅。
阳春三月花似锦，
英雄树下赞木棉。

读懂了阎又文的诗，便读懂了他的一生所求。斯人已逝，风骨犹存。

七、永不消逝的电波：华北局城工部地下电台群体

"嘀嘀嘀、嗒嗒嗒……"这是在20世纪40年代末，华北局城工部北平地下电台发出的电报声。这一缕缕激荡在古都北平上空的红色电波，是一群默默奉献的地下工作者对国民党当局发出的战斗之音。

情报工作是中国共产党地下工作的重要组成部分，地下电台是情报工作最得力的工具。中共北平地下电台隶属学委，1947年5月开始与晋察冀中央局（后改为华北局）城工部互发电报。

北平地下电台共有3处密台，互不发生横向关系。电台由报务员、译电员和交通员组成。为安全起见，旧鼓楼大街118号（老门牌）、帽儿胡同12号、西交民巷兵部洼91号、洋溢胡同36号、牛街沙栏胡同、宣武门外西草场12条等地都曾经是地下电台的掩护地点。电台工作

秘密电台旧址之地安门帽儿胡同2号

纪律严明，包括"一律停止党的组织生活；杜绝一切社会关系，不许和亲友往来，不允许到公共场所活动，不许上电影院；不许读进步书籍；'安分守己'，深居简出"等都是地下电台工作者必须时刻遵守的纪律。地下电台工作者每天不仅要"保护电台的安全，保证电台正常工作，使电信联络畅通无阻"，还要时时掩护身份，与敌人斗智斗勇，职责重大而艰险。

解放战争时期，北平地下电台始终严密部署、细致工作、谨慎行事，高效快捷地向华北局城工部和解放区传递了大量情报。一封封电报如同穿越敌人心腹的尖刺，他们有所察觉却始终不能发现，直到北平解放之时，地下电台不负党的期望，出色地完成了党的任务。

北平3处秘密电台能安然无恙地坚持到最后一刻，并为和平解放北平做出重大贡献，这在党的情报史上堪称奇迹，这是与每一位赤胆忠诚、心怀大义的北平地下电台工作者的坚守和付出密不可分。时隔70多年的岁月，让我们重温几位老一辈革命者在地下电台的战斗经历。

（一）李雪：帅气的地下电台负责人

说起北平地下电台的工作者，不得不提地下电台的负责人李雪[1]。当年在北平的大街小巷里，常常能看到一个三十出头、戴着墨镜、骑着摩托在城内风驰电掣的帅小伙。这个看上去甚是拉风的小伙子，就是李雪。

作为一个土生土长的"老北京"，李雪曾经是北平协和医院的一名普通劳务工人。因为对无线电技术情有独钟，便在工作之余学习无线电知识，还无师自通地掌握了电台设备的安装和修理技能。

抗日战争胜利以后，中共晋察冀中央局根据"荫蔽精干、长期埋伏、积蓄力量、以待时机"的敌占城市工作方针，加紧了对北平地下电台的筹建工作。由于李雪具备这方面的专业特长，城工部部长刘仁

---

[1] 李雪（1917—2012），生于北京，原名爱新觉罗·恒贵，满族正蓝旗人。1939年在冀中军区电台担任报务员。1940年加入中国共产党。解放战争期间，在北平担任通讯员及北平地下电台负责人。新中国成立后，曾任北京市电信局副局长。

便将秘密潜入北平、组建北平地下电台的重要任务交给了他。

在国民党统治的北平城内建立电台，要克服今人所无法想象的困难。第一个就是准备当时属于违禁品的电台设备，"没有收发报机，建立电台无疑是纸上谈兵"①。李雪承担着建台工作，但搜购设备却遇到重重阻力，这使他倍感压力，只能下定决心自己动手，组建收发报机。

首先，做好掩护工作十分重要。1946年7月，为了方便且有正当理由筹措制作收发报机的器材，李雪和前来协助他工作的赵振民在西四北大街开了一家"龙云电料行"。李雪是股东，赵振民当伙计，学委负责人崔月犁还介绍了一位叫刘志义的同志出任电料行经理，做他们的掩护人。李雪几人白天应付业务，晚上就利用电料行收集到的器材，夜以继日地悄悄组装。最终，李雪凭着过人的天资和长期的经验，组装了4部发报机，成功解决了在北平建立电台的一大难题。经过一年多的紧张筹备，1947年5月，北平地下电台第一次向城工部发出电报，李雪出色完成建台任务。

李雪

随后，北平地下电台迅速步入正轨，开始源源不断地向城工部和解放区提供情报。此时的李雪不仅一手包办各电台设置、经费筹措、技术指导、机器维修等日常琐碎工作，还经常秘密往返于北平和解放区之间，负责与解放区的联系。在这种情况下，一人多用的李雪就需要巧妙伪装。这才有了李雪当年在北平城内那一副有钱人家阔少爷的行头，即使在国民党统治的北平大街上"招摇过市"，国民党军警也从未怀疑过他的身份。

---

① 姚传富：《激荡在古都上空的红色电波（上）》，《通信企业管理》2007年第12期。

"南有李白，北有李雪"的佳话在当时流传甚广，年轻帅气的李雪将自己的一腔热血倾注到了党的地下通信事业，为北平地下电台和北平和平解放做出了不可磨灭的贡献。

（二）方亭与艾山：译电员、报务员革命姐妹

"中华儿女多奇志，不爱红装爱武装。"方亭和艾山就是北平秘密地下电台的革命女战士。

1945年3月，为迎接抗日作战大反攻，方亭和艾山等人被送往军区无线电训练大队，学习无线电报务，为北平地下电台的筹建做准备。从那时开始，两人就与地下电台结下深厚缘分。不仅如此，方亭和艾山两人也缘分匪浅。方亭的母亲是香山慈幼院的保育员，艾山的父亲是香山慈幼院的教员。两人不仅父母是同事，还自幼是同学，曾同在北平女三中读书。因为对革命有着同样的热情和追求，两人便一起投身革命，在艰苦环境下接受理论学习和实践锻炼。

1948年4月、6月，艾山、方亭先后被派往北平，参加地下电台工作。临走之前，刘仁与她们进行了郑重的长谈，向她们交代地下工作的特殊性和注意事项，特别进行了气节教育，要求她们做好随时被捕入狱甚至牺牲的思想准备。刘仁对艾山说："到敌占区去，环境是残酷的，很可能被捕，但不要怕，最多不就是一个死吗，你如果牺牲了，我们给你开追悼会。"对方亭说："要做长期打算，出去就不怕死，怕死就不出去。"[①]艾山和方亭都知道，刘仁是为了让她们树立壮士断腕的决心，绝不是让她们去冒险赴死。方亭走之前，刘仁还特地送给她一枚金戒指，让她收好以备不时之需，万一有危险可以靠着它想办法回到解放区。方亭很是感动，更加坚定了前去的信心和决心。到北平以后，艾山和方亭分别担任报务员和译电员，两人很快投入到地下电台的工作当中。

那时，城工部苦心钻研出几套密码供地下电台变换使用，以防敌

---

① 方亭：《难忘我们的青春岁月》，《中华魂》2011年第3期。

人破获。方亭在此基础上,反复学习密电码的使用方法,又自己发明了一套密码。她在西单商场的书摊上买了两套当时流行的言情小说《惜分飞》,自己和组织各一套,以这部小说为密码底,经过特定的变换和演算,形成密码,以便更好地开展工作。

北平的地下生活与解放区很不同,纪律性和警惕性的要求很高。刚到北平不久,方亭在巷子里遇见一个中学同学,为避免不必要的麻烦而迅速搬了家。报务员、译电员的工作严格分明,互不接触,交通员也不知道电台的具体地址。方亭与联系自己的交通员固定见面,一连两三个月这是她唯一见过的同志,每次短暂交涉便匆匆分开,对方的名字都是快解放时才知道。回到北平的方亭,已经4年多没有见过母亲了。近在咫尺却不能见面,方亭只好将思念藏在心底,期盼北平早日解放。

艾山同样不负使命和责任,牢记党组织的嘱托,工作中严于律己、兢兢业业。每当她经过北大红楼时,总会情不自禁地被墙内那沸腾的革命歌声和号角声所感染,她向往那样激情的革命生活,渴望加入他们的队伍中去。但每每此时,她都会想起刘仁的话,想起自己的职责和任务所在,便收起激动之情而匆匆离去。

北平和平解放前的两个月,是地下电台工作最紧张繁忙的一段时期。组织上为了方便工作,特例批准艾山与方亭住在一起,两个情同手足的老同学又在一起工作了。即使这样,方亭和艾山对彼此的工作内容也毫不知情,她们共同的任务就是收发电报、保护电台。

她们做到了。1949年1月29日,方亭和艾山用自己的红色电波迎来北平和平解放的消息。她俩以及其他所有默默奉献的年轻女战士们,在那个红色革命年代,度过了自己最美的青春。

(三)余谷似、余诚:祖孙组合的掩护家庭

正义的事业,始终吸引着那些正义的人靠近。余谷似[①]老人就是这

[①] 余谷似(1897—1996),祖籍浙江湖州,生于天津,近代法学泰斗沈家本的孙女。原名沈仁垌,参加革命后,改名余谷似。新中国成立后,曾在内蒙古自治区工作,1957年退休后回到北京,被聘为北京市文史研究馆馆员。

样一位深明大义的人,而小余诚是在祖辈熏陶下长大的党的好孩子。

早在抗日战争时期,余谷似就与共产党有着密切联系,为党做掩护工作。余谷似的儿子余琦、女儿余铭久都在抗日战争时期先后参加革命,加入共产党。小余诚的父母早逝,从5岁开始便跟奶奶在一起生活。他很喜欢听大人讲一些浅显易懂的革命道理和小故事,从大人口中知道了抗日战争,也知道了有一个救国救民的共产党。

那时家里很是"热闹",总是有"客人"来找姑姑或者叔叔,有时候遇上在家里开会或者印一些传单,小余诚便在门口当起放哨的小哨兵。从小奶奶就叮嘱他,家里的事千万不能随便和外人说。在革命家庭里长大的小余诚,比起普通家庭的孩子显得相对成熟,早早学会了保密和警惕。抗战胜利以后,小余诚还是奶奶的搬运工,将家里留下的打字机、油印机和宣传品等,在夜深人静的时候,一个个拆开,一次次跑到离家不远的宣武门西护城河边的大臭水坑旁扔掉,以防发生不测。

1947年,城工部在筹建北平地下电台之时,学委负责人崔月犁委托给余谷似一个任务:掩护地下电台。余谷似欣然答应,还为此专门从宣武门外老墙根迁到旧鼓楼大街118号居住,暂时与一切亲戚朋友断绝了联系。搬家后,崔月犁又介绍余谷似做地下电台报务员赵振民的掩护人。前来北平协助

赵振民(左)、余谷似(中)、余谷似的孙子余诚(右)

李雪建电台的赵振民,便以表侄的身份住进了余谷似的家。这样,小余诚又有了一个革命叔叔,"祖孙三代"便组成了一个特殊的家庭。在那个年代,这样的家庭不是一家人却胜似一家人。

余谷似家庭条件不错,在西单亚北糖果店有股份,她故意将住处布置得比较阔绰,还把一张司徒雷登的照片挂在墙上以掩人耳目,在外人看来生活颇富裕。此外,余谷似还通过关系,设法给赵振民买了一张国民党骑兵上士的身份证做"护身符"。

这时候,小余诚就是奶奶和叔叔的得力助手,成了北平地下电台的一名小交通员。赵振民在屋内发电报,小余诚就和奶奶在屋外"小心门户,负责警戒"[①]。收来电报之后,小余诚还负责起跑交通、送电报的任务,经常在什刹海西边或南锣鼓巷一带与地下电台的交通员张彬碰头,再带回需要发的电报。电报都密写在一张薄薄的小纸片上,机灵懂事的小余诚,每次都能圆满完成任务,从未出过差错。

在全国内战愈演愈烈之际,为了隐蔽和安全,余谷似"祖孙三代"又迁到了地下党在地安门帽儿胡同2号买的房子里工作和生活。北平围城期间,交通线被切断,电台是唯一能与解放区联系的工具。地下电台经历了一段最紧张繁忙,也是最发挥作用的时期。在赵振民工作时,小余诚就上房顶放专门养的鸽子,借机观察动向,奶奶则在家做应急的准备。在余谷似祖孙俩的小心掩护之下,电台度过了那段危急的日子。余谷似和余诚,一老一少,用自己的正义之举,帮助中国共产党实现了顺民心、得民意的正义事业,最终守护了自己的家园。

1949年1月29日,北平地下电台收到城工部发来的最后一份电报:"1月31日中午一点,我军从西直门鸣礼炮入城,组织群众夹道欢迎。通知地下党各委负责人31日下午在何钊家开会。"简短的一份电报,凝聚了多少地下党人的心血与付出,地下电台的工作者都激动万分,按捺不住内心的喜悦,高呼"解放啦,解放啦"!第二天,刘

---

① 何钊、艾山:《地下电台的小交通》,《北京党史研究》1997年第3期。

仁在何钊家确认3处电台都安然完好之后，便高兴地大声宣布："通知电台，停止联络！"至此，北平地下电台退出了历史舞台，但它在党的历史上却留下了光辉灿烂的一笔。

在革命战争年代，电台工作被称为"党在白区工作的生命线"[①]，而每一个地下电台的工作者就是地下电台的生命源泉。默默奉献的人啊，你们终于不用再"遮云掩雾"了，停下来好好看看这座由你们守护下来的古城是多么美好和安详。让我们记住他们：刘仁、崔月犁、李雪、王超向、赵振民、岑铁炎、艾山、方亭、何钊、余谷似、余诚……

八、胜抵十万兵马：巧取偷袭西柏坡情报群体

1948年10月，蒋介石和华北"剿总"司令傅作义密谋了一出"一剑封喉"的"霹雳作战计划"[②]——闪电偷袭石家庄和中共中央驻地西柏坡。

傅作义集结10万兵力准备进攻，而中国共产党留驻华北解放区的兵力严重不足。毛泽东得知这一重大情报之后，于10月25日、27日、31日，紧急连发《蒋介石妄图突击石家庄》《华北各首长号召保石沿线人民准备迎击敌军进扰》《评蒋傅军梦想偷袭石家庄》3篇新华社电讯，公开揭露蒋傅阴谋，宣称中国共产党方面已充分做好迎战准备，分析敌我作战利弊，使出了一招精彩绝伦的现代"空城计"。

毛泽东的确韬略如神，仅用3篇广播稿就吓退了傅作义的10万兵马。但中国共产党在危急之中能一招制胜，保卫住石家庄和西柏坡，除了毛泽东的准确判断和果敢决策之外，有赖于掌握了大量、及时、准确、可靠的情报。那些获取、传递偷袭西柏坡情报的地下党员，就

---

① 黄磊：《永不消逝的红色电波》，《炎黄春秋》2017年第4期。
② 肖荣华：《"霹雳作战计划"偷袭西柏坡破产始末》，《文史春秋》2014年第3期。

是站在毛泽东和人民身后名副其实的"十万兵马",他们是隐蔽者、是潜伏者,更是战斗者。

(一)华北"剿总"参谋处刘光国小组

抗日战争时期,刘光国为了生计,极不情愿地考入北平日伪政府当办事员。在一位中共地下党员的影响下,刘光国萌发革命理想,一心想参加革命。入党之后,刘光国按党组织指示先后回到日伪政府进行策反工作,打入国民党孙连仲部队执行潜伏任务。

在蒋傅密谋偷袭西柏坡之时,刘光国担任华北"剿总"参谋处司书,是中共中央华北局社会部甘陵情报组的成员。这一绝密计划的所有作战命令和部队调动,华北"剿总"都用密码传递,具体工作由华北"剿总"参谋处处长和作战参谋何祖修办理。刘光国感觉到傅部这次可能要有大动作了,便旁敲侧击地向参谋处的同事、绘图员崔德义了解情况。崔德义对刘光国毫无戒心,还将所绘地图的轰炸目标,即石家庄、阜平一带指给他看,刘光国有了不好的预感。

10月22日,一件事让刘光国的内心一下激动起来。作战参谋何祖修让他和金某某将关于偷袭石家庄、阜平、平山等地的作战命令和计划抄写下来。如此天赐良机,刘光国在抄写的同时赶紧将全部内容背了下来。

情报紧急,内容重大,必须尽快把情报发出去。多位中共北平地下交通员几经辗转,共同完成了这次意义非凡的情报传递任务。

第一次传递是金某某与情报负责人甘陵接头。二人在一家回民饭店将情报内容确认无误之后,立即

中共晋察冀中央局社会部交通员刘之骥及夫人

分手。由于甘陵情报组密台被人动了手脚,他只好让情报组成员戴继清把情报内容整理出来,缝在内衣里继续进行情报传递任务。

第二次传递是甘陵与情报组交通员刘之骥接头。甘陵嘱咐刘之骥情况紧急,电台不行,务必赶回边区送情报,让他背下情报内容,回到解放区一字不落报告给机关首长,并将密写情报内容亲自交到聂荣臻司令员手中。

第三次传递是刘之骥和华北局社会部徐水交通站50多岁的交通员靳国璋直奔解放区。二人从北平乘坐火车出城,到达松林店镇之后改换步行,一路经高碑店、拒马河,穿青纱帐、南高洛村,历时一天终于赶到解放区的西洛堡村。刘之骥急忙用电话分别向军分区和满城情报站站长王兴华汇报紧急情报,进而上报给华北军区聂荣臻司令员和华北局社会部部长许建国。靳国璋则继续赶往满城情报站,将密写详细情报交由王兴华转至党中央。

10月25日早上,《蒋傅军妄图偷袭石家庄》的消息从新华社发出,甘陵情报组的刘光国等人知道,此次情报传递任务完成了!

西柏坡危情解除后,聂荣臻司令员对甘陵、刘光国等人授予嘉奖。然而,潜伏在华北"剿总"的刘光国等人却面临着更为严峻的考验。不甘失败的敌人在内部展开大审查,进行"面对面突审,背靠背揭发,严刑拷打,威逼利诱,无所不用其极"[①]。高压之下,刘光国沉着应对,意志坚定,化险为夷。

(二)《益世报》采访部主任刘时平

1937年10月,刘时平加入中国共产党,积极投身抗日民族统一战线工作和全国解放事业。他一生疾恶如仇、淡泊名利,曾"冒生命危险报道李公朴事件","冲破重重阻力探明沈崇身世"[②],还原事情真相,揭露和抨击美国、国民党当局的丑恶行径,在当时是一位很有影响的记者。

---

① 寒青:《潜伏华北剿总,刘光国情报解围西柏坡》,《大经贸》2010年第1期。
② 史建霞:《传奇记者刘时平》,《北京党史》2002年第1期。

1948年10月，蒋介石飞赴北平，与傅作义密谋偷袭西柏坡计划之时，刘时平任傅作义部《益世报》采访部主任，是北平南系平津学委职业青年支部的地下党员。职青支部书记李炳泉奉刘仁之命，将随时关注蒋傅动态的任务交给刘时平。

恰巧刘时平与国民党骑兵12旅旅长鄂友三、华北"剿总"爆破队队长杜长城、国民党宪兵3团营长刘建龙都是绥远老乡，与鄂友三还是绥远一中的同学。刘时平利用同学、老乡的关系，在平时就注意跟他们保持联系。

10月23日，蒋傅召开华北"剿总"部署偷袭石家庄的紧急会议。当晚，刘时平便约鄂友三、杜长城、刘建龙3个老乡吃饭，借饮酒欢聚之名打探消息。这3人对傅作义长期统治绥远，近来还连吃败仗极为不满，借着酒劲，发一顿抱怨牢骚。席间，鄂友三脱口说道："委座有令，要老傅明天去端共产党的老窝。这次兄弟要大显身手了。"① 刘时平听后大吃一惊，一边殷勤劝酒、一边委婉套话，推杯换盏间，便将偷袭行动的情况摸清楚了。为确认消息是否属实，刘时平第二天一大早，亲自到西直门火车站，利用《益世报》记者身份做掩护，探明杜长城所属的爆破队确实装车待命。

离行动只有3天了，紧急情况之下，刘时平立刻将此重大情报汇报给职青支部书记李炳泉，经由北平学委、城工部迅速传至党中央。

蒋傅偷袭西柏坡计划失败之后，刘时平也遭到过国民党特务怀疑。当枪指着刘时平的脑袋时，他镇定自如、毫无畏惧，成功度过一次生死劫难。

（三）国民党联勤总部赵龙韬将军

赵龙韬是一位与中国共产党保持亲密关系的国民党高级军官，"取信于民易，取信于敌难，南有基沣，北有龙韬"②。叶剑英短短4句话，便充分说明了赵龙韬的为人与功绩。

---

① 刘岳：《中共获取傅作义偷袭西柏坡秘密情报的四条渠道》，《百年潮》2013年第3期。

② 赵东阜：《不平凡的一生——赵龙韬传略》，《党史纵横》2002年第8期。

赵龙韬将军

赵龙韬毕业于东北陆军讲武堂,是张学良的亲信部下。他正直坦诚、富有爱国情怀和革命热情,曾积极参与西安事变,为促成抗日民族统一战线做出贡献。从未接触过红军的赵龙韬,受左权将军革命事迹启发,对红军的钦佩之情悄然萌发在心底。1945年,国共和谈之际,赵龙韬主动向人民解放军滕代远部驻北平办事处主任申伯纯表达自己的革命意愿,自愿和北平党的地下组织建立密切联系,提供秘密情报。赵龙韬深明大义,这也是他后来支持自己的儿子走上革命道路,成为中共地下党员的重要原因。

1947年11月,赵龙韬任傅作义部北平联勤第5补给区少将副司令。在儿子的引荐下,与华北局城工部专门负责军事策反工作的王甦取得秘密联系。为了更安全、更迅速地传递情报,赵龙韬还把地下党员王彤带回家中,安排在自己手下工作,将国民党华北"剿总"系统的后勤供应、军事调动等情报,源源不断地从赵府秘密传向华北局城工部。

1948年10月,蒋介石和傅作义集结重兵,准备偷袭石家庄和西柏坡等中共中央所在地的计划,自然少不了对联勤方面的军事部署和命令。赵龙韬接到将炸药装车待命的任务后,立即向地下党员王甦汇报这一重大消息。情报由城工部发出,中共中央得以及时做出正确决策,最终粉碎了蒋傅阴谋。

此后,赵龙韬继续为中国共产党提供傅作义方的动态和情报,以至于解放战争期间负责敌军策反工作的王甦后来说:"国民党补给区副司令长官皮包里有的绝密文件,我们这里一件也不少。"①解放战争结束以后,叶剑英和刘仁对赵龙韬在这一时期为党所做的工作和贡献都做出过很高的评价。

1987年3月2日,87岁的赵龙韬在病榻上完成了他这一生最后的夙愿——光荣地加入中国共产党。两个月后,这位革命老人走完了自己不平凡的一生。

(四)国民党华北"剿总"二处石门情报站李智

李智曾用名李洪义、石峰、殷志杰……单从这时常变换的名字,就可以看出李智的真实身份不一般。他是中国共产党地下情报系统中的"谍中谍"。作为游刃于共产党和国民党两方的机密特务,李智为情报工作肩负了巨大的责任。

早在1946年夏,李智就按党组织的秘密指示,打入国民党"军统"特务任福禄的石家庄第5纵队谍报队,并且当上试用情报员。1947年11月,石家庄解放,党组织决定让李智继续潜伏在任福禄的特务组织内,随其到北平,专门侦破国民党的特务组织。

在北平担任国民党华北"剿总"二处特务的任福禄,派遣李智继续潜伏石家庄,重建军统地下情报组织。为赢得任福禄的信任,李智依照中共晋察冀和石家庄相关领导的指示,和殷明非、王耕、张治华、李中孚、李中业、马根山等人,很快组织了一个混淆国民党视听的所谓"石门情报组"。任福禄得知这一消息,直夸李智"表现出色",当即就把他任命为国民党保密局石门情报站中校站长,还专门给李智的石门情报组配备了一部电台。此后,李智便通过这部电台将中国共产党公开并经过上级批准的情报,每隔3天向华北"剿总"二处汇报一次,再换回国民党的有关情报汇报给共产党。

这天,石门情报站的电台突然接到国民党华北"剿总"二处的一封密电,告知李智等人傅作义要攻打石家庄和西柏坡了,是以"围魏救赵"的方法,打击中共之要害、缓解太原之困境,要求李智尽可能

---

① 赵东阜:《不平凡的一生——赵龙韬传略》,《党史纵横》2002年第8期。

提供石家庄中国共产党的军政设防情报,并迅速离开石家庄设法继续隐蔽等等。

李智自知此电报事关重大,便立即报石家庄市公安局和石家庄市委,火速报送党中央。中共中央、毛主席得到蒋傅妄图偷袭西柏坡的情报后,"枪杆子"和"笔杆子"双管齐下,一面军事阻击、一面政治宣传,成功让蒋傅阴谋半途而废。李智密台在这次反偷袭中,积极配合中共中央,发挥了石门情报组的独特作用,不仅及时获取了傅作义方面的军事情报,还遵照中共中央领导指示,在萧克、陈叔亮、王应慈等的直接指导下,连续向华北"剿总"二处发电报17封,真真假假,以假乱真,迷惑敌人,为保卫石家庄、保卫西柏坡、保卫党中央做出重大贡献。

巧取偷袭西柏坡情报、完胜反偷袭暗战,这无论在中国共产党情报史上还是革命战争史上,都是值得称道的大事件。这些获取情报、配合暗战的潜伏者和战斗者,就像北平地下党向四面八方撒出去的网,遍及北平城各个角落,他们用无声的行动形成一股合力,共同推进了中国革命和北平解放的进程!

九、李炳泉:为北平和谈穿针引线

作为革命年代的进步青年,李炳泉[①]在西南联大读书时就开始中共地下党的工作生涯,长期以来为党和革命事业做出重要贡献。其中最为重要的,就是他在北平和谈中,为中国共产党和傅作义之间穿针引线,最终保全了古都北平的历史功绩。

---

① 李炳泉(1919—1970),原籍河北任丘,生于山东济南。1938年进入西南联大学习。1940年12月,加入中国共产党。1946年来到北平,担任国民党华北"剿总"机关报《平明日报》采访部主任,为北平和平解放做了重要工作。新中国成立后,曾先后担任《人民日报》记者、《北平解放报》副刊组副组长、新华社国际部副主任、外事部主任兼全国记者协会书记处书记。

（一）为了和谈，争取堂兄李腾九

1948年后半年，解放战争进入战略决战态势。面对局势的变化，中共中央认为时机已经成熟，对待傅作义要在武力斗争的准备下，积极进行政治争取，力求和平解放北平。

在华北局城工部部长刘仁的指导下，北平地下党开始通过多种途径，去接近和影响傅作义身边的人，进而间接或直接地做傅作义的思想工作。当时，李炳泉作为中共地下党员，公开身份是国民党华北"剿总"机关报《平明日报》采访部主任，而李炳泉的堂兄李腾九是傅作义华北"剿总"联络处少校处长。因此，党组织派给李炳泉的任务就是"打通李腾九的思想，通过李腾九动员傅作义放下武器"①。

李炳泉（刘可兴 提供）

实际上，李炳泉和李腾九年龄差距很大，抗战时期天各一方，两人之前联系并不多。直到李炳泉来到北平，李腾九把他介绍到《平明日报》工作后，才有了较多接触。平日里，李腾九经常会来李炳泉家，与他闲聊。这时候的李腾九对时局已有悲观之意，向李炳泉发过不少牢骚。但李炳泉只是委婉地与他交流进步思想，希望能够影响他，不要与人民背离太远。

在城工部部长刘仁下达指示之后，李炳泉心情振奋，开始思索着如何更好地去说服和影响李腾九。他叮嘱妻子刘可兴："如果近日李腾九来到家中，要像往常一样，见面寒暄，倒茶送烟，然后退出；要提高警惕，注意放哨；不该知道的不要问，务必严格保

---

① 刘可兴：《为北平和平解放城内城外奔波的李炳泉》，《炎黄春秋》1999年第12期。

密。"①李炳泉也和自己的二哥李炳煌说,希望他能在做李腾九的工作上起些配合作用。

当再与李腾九接触时,李炳泉就抓住机会,不再回避交锋,在谈话中逐渐涉及一些时事政治问题,后来甚至直说和谈内容,包括"历史发展的不可逆转,顺应时代潮流的才是俊杰;也谈到了共产党对和平起义人员的优待政策,以及将来在政治协商基础上共同建设新中国的光明前景……"②李腾九后来回忆说:"原来炳泉那时一直在潜移默化地做我的思想工作。"

在李炳泉的耐心劝说之下,李腾九的思想终于有了松动,心中尚存的几丝疑虑和防备,也在李炳泉坦明自己的共产党身份之后而彻底消除。最终,李腾九一扫心中的烦闷转而激动起来,当即答应愿意去做傅作义工作,坚决协助共产党。

(二)传递情报,为和谈牵线搭桥

辽沈战役、淮海战役、平津战役的接连发动,已经使傅作义元气大伤、压力重重,东北野战军兵临城下,更让整个傅部惶恐不安。危急情况之下,傅作义到底该做何选择,才对得起一生的戎马生涯和出生入死的部下,这一度使他焦躁不安、心烦意乱。

李腾九自然看得出傅作义的纠结和为难之处,可碍于傅作义是身经百战的将军,想劝之交兵解甲、答应和谈是谈何容易,若情急之下惹怒傅将,当场毙于枪下也不是没有可能。但想到李炳泉的话,为了保全古都和人民,也为自己寻得一线生机,李腾九心一横,便找准机会向傅作义进谏,向他慢慢道出自己对当前形势的看法,以及共产党对于和平起义的政策。当傅作义问到,这些是听谁说的?李腾九担心万一情况有变,会给李炳泉带来大祸,便不肯说出李炳泉的名字,只说是一位中共北平地下党的代表,这令傅作义

---

① 刘可兴:《为北平和平解放城内城外奔波的李炳泉》,《炎黄春秋》1999年第12期。

② 刘可兴:《为北平和平解放城内城外奔波的李炳泉》,《炎黄春秋》1999年第12期。

十分不悦。

好在党组织已经决定派李炳泉以公开的中共党员身份面见傅作义,以当面了解他对和谈事宜的态度。次日,李腾九便直截了当地向傅作义说明了李炳泉的名字和身份,希望傅作义给予机会与李炳泉见面,洽谈有关和平解放北平的问题。

在战争情势的压迫之下,傅作义决定尝试着与中国共产党进行谈判。12月10日,李炳泉在李腾九的陪同下,来到傅作义的办公室,说明来意,并陈述中国共产党方面关于北平和谈的态度和期望,初步了解了傅作义的和谈条件。

这是李炳泉代表中共北平地下党与傅作义的首次会晤,应傅作义要求,北平地下党决定让李炳泉带领傅方代表崔载之,一同出城,去解放军前线与中共领导进行面谈。此时,北平和谈的桥梁在李炳泉等人的共同努力之下已悄然搭建。

(三)奔波往返,北平和谈建功勋

为推动双方和谈的成功,李炳泉在敌我枪炮对峙的战争局面下,多次奔波往返于北平城内外,将生死置之度外,甘当北平和谈的牵线人。

第一次出城牵线。面见傅作义之后,1948年12月13日,李炳泉带着崔载之等4人秘密出城。不料出城不远,就被傅作义巡查部队拦截,崔载之携带的电台被发现,因这次行动事关重大,其中缘由不便直说,他们一行人只好原路返回。15日,李炳泉和崔载之等人再次秘密出城,崔载之放弃了电台,这才一路经过汽车、三轮车、步行,终于到达了解放军前沿阵地。可是又没与城工部来接头的人碰上,李炳泉只好请求路过的部队将他们当作"俘虏"送往司令部。好不容易到达东北野战军11纵队司令部之后,部队首长并不知晓此次和谈之事,起初还将李炳泉认作傅作义的人,后与城工部部长刘仁联系以后,才确认了李炳泉的身份。

几经波折,李炳泉终于不负所托将傅作义方代表崔载之带到距解放军平津前线司令部驻地蓟县孟家楼不远的一个小村子——八里庄,其中的艰辛不言而喻。19日，平津前线司令部参谋长刘亚楼与崔载之开始正式谈判。

第二次返城牵线。第一次谈判期间，因傅作义不予回应而沟通无果，李腾九又致电崔载之迅速返回，随着傅方代表的离开，这次谈判便无果而终。崔载之回城之后，12月31日又给李炳泉发电，希望中国共产党能再次派人出面详细商洽和谈之事。解放军平津前线领导人要李炳泉返回北平与傅作义见面，并当面传达中共中央军委在1949年1月1日指示的关于同傅作义谈判问题的"六点意见"，要求李炳泉烂熟于心，传达给傅作义。

1月2日，李炳泉立即返城回北平，再次穿越交战区，通过德胜门外的盘查，当天回到城内，次日便在李腾九陪同下，当面向傅作义传达了中央军委的"六点意见"。关于李炳泉此次传达的"六点意见"，傅作义虽没有当即表态，但后来的事实证明，快要流产的和谈又重新有了生机，其中不无李炳泉的功劳。

第三次出城牵线。1月4日，崔载之告知李炳泉，"傅先生要做件大事，你放心好了"！[①]他表示傅作义会再次派人出城谈判，愿意放下军权，希望保留政治上的地位和名誉等。李炳泉听后，自知此行效果已见，便找到北平地下党说明和谈情况后，又匆匆赶回解放军平津前线司令部，及时汇报面见傅作义的情况。这时，北平和谈进入最为紧张和关键的时期。李炳泉便留在解放军的前沿阵地，一边负责与城内的电报联系，一边兼顾接待傅方代表的工作，参与听会和记录。

在人民解放军的军事攻势与政治攻势双管齐下的情况下，傅作义第二次派代表出城谈判。1949年1月7日下午，华北"剿总"的周北峰少将与民盟的张东荪到达蓟县城南八里庄。李炳泉在这里负责接待。但这期间，傅作义还在犹疑观望，想讲价钱。10日，淮海战役以解放军大获全胜而结束。14日，解放军对天津发起总攻，同

[①] 刘可兴：《为北平和平解放城内城外奔波的李炳泉》，《炎黄春秋》1999年第12期。

时准备攻打北平。在解放军的强大军事压力之下,经过第三次谈判,傅作义最终下定决心,签署《关于北平和平解决问题的协议》。1949年1月31日,北平宣告和平解放!北平的和平解放加速了全国解放的进程。同一天,李炳泉跟随解放军进入北平,完成了党交给的任务。

在这场没有硝烟的北平暗战中,李炳泉始终战斗在敌人的心脏。新中国第一部电影《中国人民的胜利》,记录了1948年12月17日,李炳泉将傅作义的代表引荐给解放军前线司令部的代表,由此开始了和平解放北平的谈判。我国著名学者李慎之在生前遗作《怀念报人李炳泉》一文中,曾这样描述:"炳泉穿着一身蓝袍子,他本来个子就高大,在电影里顶天立地,几乎撑足了整个画面,那形象是十分引人注目的。"[1]

这部电影是中华人民共和国开国大典之时,斯大林亲自委派到中国的摄影队和中国电影界的合作之果,用以纪念中华人民共和国的伟大成立,是当时极其罕见的大型彩色文献纪录片,因此在1951年荣获"当时中国人心目中的世界第一大奖——斯大林文学艺术奖"[2]。李炳泉在北平解放中以公开的地下党员身份,不遗余力地为北平和谈牵线搭桥的历史功绩,连同电影一起载入了中华人民共和国成立的史册。

十、傅冬菊:向父亲吹响解放的号角

说起傅冬菊[3],当年很多人都知道,她可是鼎鼎大名的国民党爱

---

[1] 李慎之:《怀念报人李炳泉》,《炎黄春秋》2003年第8期。
[2] 李慎之:《怀念报人李炳泉》,《炎黄春秋》2003年第8期。
[3] 傅冬菊(1924—2007),又名傅冬,傅作义长女。1941年在重庆加入进步青年组织号角社。1946年从西南联大毕业,到天津《大公报》担任记者、编辑。1947年11月,加入中国共产党。1949年8月,参加第二野战军西南服务团,参与《云南日报》的创办。1951年3月,调入人民日报社工作。1982年借调到新华社香港分社,任编辑部副主任。

傅冬菊

国抗日将领傅作义的千金大小姐。然而,傅冬菊却与其他衣饰鲜丽的官宦小姐们显得格格不入,她总是一身布衣布裤,简单朴素。质朴的衣着却并未遮掩住傅冬菊的显贵气质,她性格开朗热情,有着与傅作义将军一样的豪爽果断,说话直来直去,与人很好相处。北平的和平解放,是很多北平地下党、革命志士以及国民党先进分子共同努力、合力促成的旷世之举,傅冬菊是其中不可或缺,更不可替代的重要人物之一。

(一)名将之女、坚决入党

傅冬菊是傅作义与原配夫人张金强的第一个女儿,从小很受疼爱。在傅冬菊还小的时候,傅作义是阎锡山晋军部队中的一名团长,他先后参加了北伐战争、中原大战、长城抗战和绥远抗战等战役,后升任绥远省政府主席、国民党35军军长。

1937年8月,傅冬菊还在上初中,日军兵临山西,山西陷入危境。傅冬菊等几个孩子在父亲的安排下,随母亲一路辗转来到重庆。而傅作义对抗击日军侵略,旗帜鲜明、态度坚决,立即全身心投入到抗战当中。抗战中,傅作义屡建奇功,多次被毛泽东称赞为"国民党中有爱国思想的将领"[①],在抗日战争中做出了不朽贡献。

来到重庆的傅冬菊,经历了一段思想上激流勇进的青春岁月。从西南联大毕业以后,傅冬菊通过投稿自荐,被天津《大公报》聘为记者。这时候,全国内战的爆发已经显露端倪,傅作义有意让女儿去美国留学,可傅冬菊认为此时国内局势不稳定,或许国家和父亲都需要

---

① 高凤英:《殊途同归父女俩——傅作义和傅冬菊》,《党史文汇》2010年第1期。

她,她不能离开。在傅冬菊的一再坚持之下,傅作义放弃让她出国留学的想法。来到天津《大公报》不久,傅冬菊便主动向中共党组织递交入党申请书,瞒着父亲成为了一名共产党员。

(二)调回北平、重任在肩

1946年6月26日,国民党无视来之不易的和平,不顾全国人民的强烈反对,悍然向解放区发起了大规模进攻。时任第12战区司令长官的傅作义凭借兵强马壮,在内战中屡屡得手,甚得蒋介石的赏识。1947年12月,蒋介石成立华北"剿总",任命傅作义为总司令,统揽华北5省军事指挥大权。

这一时期,在天津《大公报》担任记者和编辑的傅冬菊,常常以"傅冬"的名字发表一些相当"左"的文章。在编辑副刊时,傅冬菊有时会遇到一些骂她父亲傅作义的文章,她也照发不误,因此天津《大公报》副刊上经常刊登一些别人不敢登的进步文章。经她编辑的副刊"成为在国统区宣传进步思想,引导知识青年健康向上的一个园地"[1]。

1948年初,华北局城工部在中共中央的指示下,有了争取和平解放北平的意向和工作。北平地下党也曾派人到天津找到傅冬菊,要她做傅作义的工作。后半年,全国内战形势愈演愈烈,中国共产党革命的有利条件和形势也越来越明显。傅作义作为华北"剿总"总司令,对华北局势、战与和的抉择,有举足轻重的影响。可以说,北平能否和平解放,争取傅作义是关键。

1948年11月初,辽沈战役刚结束,淮海战役、平津战役接连发动,北平解放指日可待。"根据刘仁同志的指示,南系地下党学委立即把傅冬菊从天津《大公报》调来北平全力做争取傅作义的工作"[2],以发挥她的独特作用。傅冬菊也站在父亲的角度,考虑到傅作义与蒋介石之间存在的嫌隙、与中国共产党在抗日时期的合作情谊以及当前

---

[1] 胡邦定:《怀念傅冬》,《百年潮》2009年第10期。
[2] 《派傅冬菊做傅作义的工作——王汉斌细说北平和平解放》,《百年潮》2011年第1期。

所面临的左右为难处境，认为这种形势是有利于她做父亲思想工作的。傅冬菊便以报社组稿为名，留在傅作义身边，开始对父亲施加潜移默化的影响，以争取他早日做出起义的决定。

（三）情之所至、劝父和谈

住进中南海之后，傅冬菊有了能与父亲朝夕相处的时间，她便一边细心照顾父亲的生活起居、一边伺机完成党交给她的任务。

傅冬菊后来回忆说，她回到北平后不久，就惊奇地发现父亲竟然在阅读毛主席的著作，像"《论联合政府》《论持久战》《目前形势和我们的任务》都是在他桌上看到的"[1]，书中还用红蓝笔勾画了重点。此后，傅冬菊便经常偷偷地将解放区的进步杂志和书刊放在父亲的书桌上，傅作义也不会多问，有时还会翻看。这让傅冬菊喜出望外，及时向党组织反映这一情况，使党更加坚定了对傅作义政治上的争取。

无论是茶余饭后的闲聊，还是严肃正式的谈话，傅冬菊每天与傅作义说的都是国家和社会方面的事情。有时候激动了，便当着傅作义的面，直接骂国民党是如何的黑暗腐败、不得人心，国统区是怎样的民不聊生、怨声载道。对于傅冬菊的直截了当，傅作义只当她还是孩子，告诫傅冬菊跟他说没关系，但在外面一定要注意言行。傅冬菊自然是知道父亲不会拿她怎么样，许多别人不敢说的话她都敢说。

随着战争局势的急剧变化，傅冬菊看到父亲心事重重、压力剧增，一面好生安慰着傅作义的情绪、一面按照党组织交代她的话娓娓道出她对于当前局势的看法，向傅作义讲共产党在解放区的方针政策和影响力，包括对于北平问题的解决办法。对于傅冬菊所讲的话题，傅作义并不阻拦，他一开始就知道傅冬菊平日里交往的是什么人，也知道她的政治立场。但是慢慢说得多了，傅作义也不禁怀疑傅冬菊是不是加入了共产党，这时候傅冬菊往往玩笑着说："我是您的女儿呀，入了共产党，人家还以为我是您派出去的奸细呢。"傅作义便不再多问。傅冬菊后来回忆说："北平解放以后，父亲从别人那里得知我是

---

[1] 史建霞：《访傅作义的女儿傅冬》，《北京党史》2004年第1期。

共产党员,但他却从来没有再跟我提过这件事。"

1948年11月2日,辽沈战役结束,国民党反动统治的败局已经注定。蒋介石情急之下,在南京召开了最高军事紧急会议,名义上对傅作义许以东南军政长官之职,实则希望他带军南撤,再掌控他的部队以加强长江防线。傅作义本来对蒋介石已经失望,南京会议之后,更是彻底绝望了。

傅作义思前想后,虽已有跟共产党和谈的意愿,但仍然顾虑重重。他向傅冬菊坦言,无论战和降,他都颇感为难。他与共产党对战多年,伤了感情,共产党真的能接受他?若和谈成功,跟着他这么多年出生入死的部下该如何安置?这种种顾忌,傅冬菊都一一汇报给地下党组织,再依据党组织的指示,回来细细劝说傅作义,打消他的疑虑。后来傅作义还亲自让傅冬菊传过一次电报给毛泽东,表达和谈意向,但那时中共中央认为傅作义还心存幻想,便没有予以理会。

11月底,东北野战军源源不断进驻北平周围,中共中央加大对傅作义的军事压力。面对火烧眉毛的情势,傅作义在办公室如坐针毡,思想情绪陷入极度的矛盾之中。这时候傅冬菊日夜陪伴在傅作义身边。此外,还有阎又文、李腾九、刘后同等人一同在做傅作义的思想工作。傅作义每天的神情、言谈、活动,甚至一些唉声叹气、发脾气、咬火柴这些细微的情绪变化,傅冬菊都及时向北平地下党汇报。有时前天晚上发生的事,第二天早上就能知道;上午发生的事,下午就能知道。这对于平津前线指挥部做出及时正确的判断和决策,起到至关重要的作用。

多方劝说之下,傅作义终于在1948年12月13日,第一次派出代表崔载之出城正式与中国共产党进行秘密谈判。在此期间,中国共产党曾公布了一份国民党军队中43名头等战争罪犯的名单,傅作义是第31名。这一公布不要紧,惹得傅作义勃然大怒、悲观失望至极,自觉共产党不信任他,竟想交出华北军权,任凭蒋介石处置。傅冬菊知道事情的严峻性,立即向党组织反映这一情况。这才有了中共代表李炳泉紧急带回的"六条意见",向傅作义说明这是中国共产党故意而为，明则敌对、实则交好，更有利于彼此，才使快要流产的北平和谈再次有了希望。

最终，经过前后3次秘密谈判，中国共产党与傅作义方达成《关于北平和平解决问题的协议》。1949年1月31日，北平宣告和平解放，古城免遭战火！

聂荣臻元帅在回忆录中，高度肯定北平地下党和傅冬菊的历史功绩，称如此及时准确地掌握对方最高领导人的动态，在他的战斗生涯中是极其罕见的。傅冬菊也曾回忆，父亲跟她说过，他是冒着"三死"的决心去进行北平和谈的：一是万一走漏消息，蒋介石会以叛乱的名义处死他；二是部下如果不认同，会起来打死他；三是共产党可以以战犯的名义处死他。如此压力之下，傅作义能做出这样深明大义的决定，与傅冬菊在其中做了大量细致烦琐的工作、用血脉亲情发挥了任何人不能代替的特殊作用有直接联系。也由此可见，傅冬菊的个人秉性和革命信仰是多么的坚定和纯粹！

结　语

　　北京是中国近现代历史的重要舞台，是富集革命传统的红色沃土。在这里，一批批红色先驱为实现民族独立、人民解放和国家富强、人民幸福而舍生忘死、前赴后继，凝聚着"我以我血荐轩辕""甘洒热血写春秋"的英勇气概和红色基因，是我们永远铭记和传承的宝贵精神财富。

　　他们是敢为人先、追求真理的红色先驱。陈独秀在上海创办《青年杂志》，吹响了新文化运动的号角，北京成为新文化运动的主阵地。李大钊一篇篇欢呼俄国十月革命和介绍马克思主义的文章，宛如一位撞钟人撞响了中国共产主义运动黎明的晨钟。五四运动的爆发，促进了马克思主义在中国的传播，为成立共产党早期组织做了思想和干部上的准备。陈独秀、李大钊在北京最早酝酿建党，留下了"南陈北李、相约建党"的佳话。京汉铁路大罢工，形成全国第一次工人运动的高潮。抗日战争时期，中共北平党组织发动青年学生开展抗日救亡运动，特别是一二·九运动的爆发，推动全国抗日救亡运动不断走向高潮。抗战胜利后，面对国民党"劫收"北平的现实，北平党组织带领人民进行了艰苦卓绝的斗争。正是马克思主义在中国的广泛传播，中国人民才能在精神上由被动转为主动；正是以马克思主义为行动指南，中国共产党才能保持无产阶级先锋队性质；正是不断推动马克思主义中国化进程，中国共产党才能领导中国人民不断取得革命、建设和改革的伟大胜利。

　　他们是勇于献身、视死如归的革命英烈。以再造"青春中华"为使命的"播火者"李大钊,面对敌人的绞刑架,慷慨赴死、从容就义;"骨头烧成灰,还是共产党员"的邓中夏,以一个共产党员的钢铁意志,顶住了敌人惨无人道的摧残;"一支笔胜抵十万军"的著名新闻工作者邵飘萍,积极宣传马克思主义,面对死亡仰天长啸、取义成仁;战斗到生命最后一刻的高君宇,用他29岁的生命践行了"我愿生如闪电之耀亮,我愿死如彗星之迅忽"的诺言;为信仰笑对死亡的革命先驱马骏,行刑前一路高唱《国际歌》,临死都没有泄露党的半点机密;"恨不抗日死"的秘密共产党员吉鸿昌,蔑视着敌人的枪口,宁可站着死,决不跪着生;三一八惨案中清华大学韦杰三、女师大刘和珍和杨德群等40多人献出了年轻的生命,他们都是中共北京党组织领导下的革命青年……一个个熟悉的名字,一场场感人的情境,凝聚着血与火的考验,凝聚着崇高的理想信念,凝聚着"为有牺牲多壮志,敢教日月换新天"的豪情壮志。

  他们是不畏强暴、抵御外侮的民族英雄。法国巴黎和会,中国以战胜国资格参加会议,却没有得到战胜国待遇,北洋政府竟然准备在丧权辱国的《凡尔赛合约》上签字。面对国家和民族的生死存亡,一批爱国青年挺身而出,高呼:"中国的土地可以征服而不可以断送!中国的人民可以杀戮而不可以低头!"爱国学生的民族气节感天动地,全国民众奋起抗争,奏响了浩气长存的爱国主义壮歌。九一八事变后,北平党组织积极奔走呐喊,以实际行动支援东北抗日义勇军。长城抗战爆发后,北平各界爱国团体迅速行动、声援慰问。卢沟桥事变拉开了全民族抗战的大幕,中国第29军奋起抗击,北平地下党组织发动群众团体募捐、慰劳和战地服务等,有力鼓舞了军心士气。沦陷后的北平依然燃烧着复仇的熊熊怒火,北平城内党组织不畏强虏,团结抗日民众,坚持城内斗争,并组织大批党员、民先队员、进步青年,纷纷奔赴各个抗日战场,有力配合根据地抗日斗争。中国共产党创建的平郊抗日根据地,在日本法西斯暴行面前,团结一心,浴血奋战,用血肉之躯筑起新的钢铁长城,彰显出中华民族威武不屈的浩然正气,诠释了"天下兴亡、匹夫有责"的爱国情怀。

他们是坚忍不拔、革命到底的顽强斗士。北洋军阀的残酷镇压，没有消磨掉广大青年学生走上街头表达爱国热情的强烈意愿，从而唤起了中华民族的伟大觉醒；二七惨案、三一八惨案等，没有使幼年的中国共产党望而却步，而是为着中华民族的光明未来愈挫愈勇、前仆后继；日寇铁蹄的践踏，没有使中国共产党人畏缩不前，而是率先喊出"停止内战，一致对外"的口号，引燃全国性的抗日救亡运动；抗战胜利后，国民党蒋介石悍然发动全面内战，北平军民在中国共产党领导下毅然投入到伟大的解放战争之中，最终迎来了北平的和平解放和全国解放战争的伟大胜利，迎来了新中国的诞生。

红色先驱是一群信仰真理、坚守主义的革命志士，是一批不畏强权、坚贞不屈的英雄儿女。他们在中国共产党人所信仰的真理光芒指引下奋勇向前，为民族、为和平、为理想做出了不懈努力和不朽贡献！今天，我们已经迈入实现中华民族伟大复兴中国梦的伟大征程，必须大力弘扬党的光荣传统和优良作风，把初心使命放在心中，把责任担当扛在肩上，以不畏艰险、攻坚克难的勇气，以昂扬向上、奋发有为的锐气，不断把中华民族伟大复兴事业推向前进。

后　记

根据全国文化中心建设领导小组总体部署，在中共北京市委宣传部统筹指导下，市委党史研究室组织编写了"红色文化丛书"。丛书由原中央党史研究室副主任李忠杰担任主编，市委党史研究室主任李良及副巡视员刘岳担任执行主编，副主任陈志楣、张恒彬及原副巡视员范登生、副巡视员运子微担任执行副主编。

为打造精品力作，邀请邵维正、柳建辉、关海庭、杨凤城、王树荫、黄如军、包国俊等著名党史军史专家学者组成丛书编委会，并下设刘岳及曹楠、宋传信、方东杰、黄迎风、高俊良、王桂环、祁霄等人组成的办公室。编委会负责制定方案、确定书目、遴选主编、审定大纲及书稿。办公室负责组织联络督办、出台书写规范、组织作者培训等工作。曹楠负责丛书协调工作，宋传信负责丛书图片统筹工作，骆洪刚负责部分图片修版工作。

《北京红色先驱》是"红色文化丛书"之一，由中国青年政治学院张春丽副教授（主编并撰写本书导言、结语和全书统稿）、硕士研究生丁盘龙（撰写第一章）、刘文晴（撰写第二章）、袁昕（撰写第三章）、刘妮妮（撰写第四章）共同完成。全书共4章，主要反映了新民主主义革命时期北京35位红色人物和11个英雄群体，展示他们求索、奋斗、忠诚、牺牲的家国情怀。宋传信阅改第一、二稿，修改各章导言、结语并承担联络员工作；海淀区史志办副主任赵习杰阅改第二稿；国防大学联合勤务学院邵维正教授、中共北京市委党校秦德占教授分别审改第一稿。国防大学军事文化学院副教授、大校刘波审定书稿。韩勤英润色全书，范登生审改导语、结语。原中央党校副校长李君如，中央党校（国家行政学院）分管日常工作的副校（院）长何毅亭、副校长谢春涛，原中央党史研究室副主任龙新民等老领导、专家学者对本书提出宝贵意见。北京出版社编辑对全书进行了严谨细致的编辑加工，在此一并表示衷心感谢。

由于时间仓促和水平有限，书中难免存在疏漏和不足之处，敬请广大读者批评指正。

中共北京市委党史研究室

2019年8月